CCTV
感动中国2010年度人物
MOVES CHINA

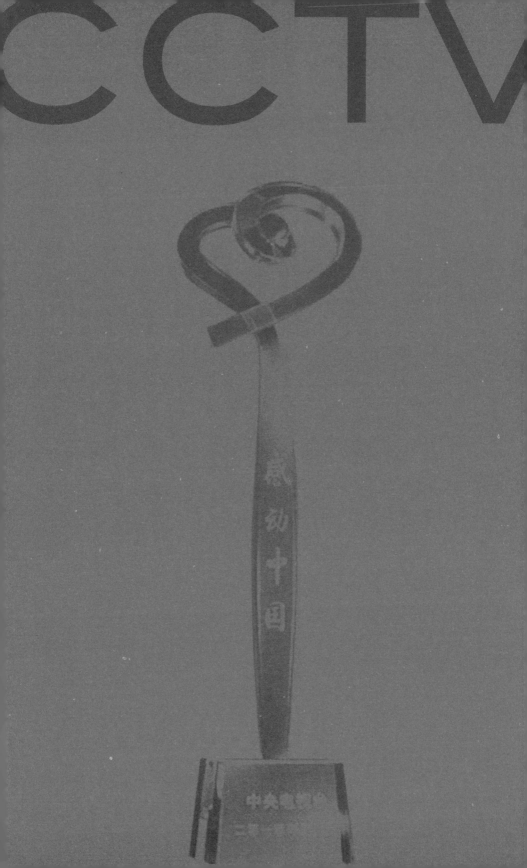

CCTV
感动中国2010年度人物
MOVES CHINA

名誉主编：梁建增　关海鹰　朱　波
主　　编：呆文川

中共中央党校出版社
The Central Party School Publishing House

《感动中国》：
书写中国人的年度精神史诗

中央电视台《感动中国》节目总策划

梁建增

《感动中国》创办的背景

《感动中国》属于人物类年终盘点节目。现在国内的平面、网络、电视上同样类型活动非常普遍，但是在 10 年前还远远不是这样。西方国家的媒体，《时代周刊》、《新闻周刊》、CNN 等等，他们都有这样的传统，每到年底，他们的观众和读者都在期待当年的风云人物评选出笼。这种年度风云人物的评选，首先是对过去一年历史的梳理，选这个不选那个，由媒介来把握，可以说年度风云人物评选，是媒介观点非常重要的出口。

大概是 2002 年秋天的时候，考虑到 2003 年就是《东方时空》创办十周年，中央电视台已经聚集大批的电视精英，电视走近老百姓生活的理念也基本实现，因为需要新的动作，新的传播方式，求新求变，我们就想到了年度人物评选这种方式。中央电视台的受众有 10 亿之多，也需要在一年结束的时候，通过一种特别的方式，放大自己的观点和声音。我们希望从年度人物入手，梳理过去一年。

有了想法，但是从什么角度进行评选？如何评选？大家心里的确没底，当时中国的主流媒介圈还没有类似的做法，都无此先例。我们没有经验可循。

这种梳理或者评选必须有中央电视台独特的

视角，有职业新闻人的敏感以及符合国家新闻规范的价值理念。怎样才算是独特的？怎样的尺度才能引起观众共鸣？

从最早的讨论开始，各种有激情的想法开始碰撞。讨论到最后，大家有了一个简单的共识："梳理过去一年所发生的事，发掘新闻事件中的主角，感性地刻画历史瞬间，放大历史细节"，这应该是《感动中国》最早的"核"。

有了"核"，然后再打磨"细节""瞬间""故事""感性"这些关键词，再联系到人的因素，考虑最广泛的观众群的头脑中，他们所共有的东西是什么？最容易触动他们的是什么？这样，最本源的东西——情感就浮出来了。"感动"两个字随后就蹦出来了。

《感动中国2002》是我们制作的第一期节目，当时的情况还历历在目。那些当选的人我都还记得。有郑培民、张荣锁、王选、张瑞敏、刘姝威、张前东、赵新民、姚明、黄昆、濮存昕。这10个人有企业家、官员、律师、矿工，有学者、警察、运动员、科学家、演员，老的80多岁，年轻的刚刚20岁出头，基本上没有重合的领域，完全是综合性，超越了身份、年龄、性别、影响力所有的外在因素。我们当时只求一个内在的东西，那就是感动。不管是从那个角度感动，只要他特别感动你，我们就考虑。这种设计在2002年，还是非常独特的，没有媒介这样做过。

至于传播效果，当时是没法细考虑的。我们只求本着职业敏感和良心，努力去做。没想到，节目在2003年初一播出，立刻引起轰动，影响超出了我们的想象，收视率很高，观众口碑、业内评价都不错。中央有关领导的评价也来了："中央电视台《感动中国》节目办得好，看了给人以力量，给人以鼓舞，弘扬了主旋律，相信广大群众看了都会感动的。我就是流着热泪看完这场晚会的，这个晚会再次证明，主旋律的节目，只要坚持'三贴近'，是不会枯燥的，而且是会有强烈的吸引力和感染力的。希望坚持'三贴近'，让更多主旋律节目感动人，教育人。"

观众满意，领导满意，剩下的就是我们再接再厉了。就这样《感动中国》作为品牌就在人们心目中树立起来。

"感动中国"标准的制定

"感动"这样一个词，可以说是非常感性的。它会因人而异，不同的人有不同理解。如果你问一个人：除了悲伤，还有什么东西能让你流泪？他的回答可能非常出乎你的意料。如果每个人都把这个理由写出来，可能是非常奇妙的。而且"感动"也是一个随时代变化而变化的事。过去感动的事，你现在可能只是会心一笑。年轻时候无动于衷的，年纪大的时候，会突然被触动。

　　这样一个内涵外延都非常丰富的词，按道理来讲，是很难来作为标准的，但是你应该发现一点，"感动"这个词从来就没有负面的含义，让你感动的总是美好的东西，是超越了人的身份、阶层、年龄等等所有外在因素的一种东西，而且感动是和人的内心联系最密切的一个动词。

　　也有些学者和我讨论：新闻行业讲的是客观、冷静，现在做一个新闻节目，名字叫《感动中国》，这和职业个性有矛盾吧？我恰恰不这么想。我们说新闻冷静，客观，可是从来没有人说新闻应该是冷冰冰的，观众是人，我们不应该忽略人的基本情感需求。现在我们把要传播的价值和情感一起送给观众，这没什么不妥。

　　感动是这样，那么怎样才算是感动中国？什么样的人才能做到让10亿人的内心有所触动？很多人问过我这个问题，也促使我不断地思考。感动的标准，我们最初制定下来，写成文字，把它分发给各位推选委员，他们都是各领域行业内的知名人士。他们和我曾经就这个感动标准讨论过多次，是不是该这样写，要不要包括那个等等。这个时候，作为新闻人，我有比较冷静的想法。

　　我们提倡的感动，不是文学家、美学家所说的那种细微的、个体的感动，这应该是一种会产生广泛影响的、属于一个巨大社会群体的心理体会，能够向社会传播，也能够让受众接受认可的一种情绪和价值判断。它必须是以时代、整个社会为背景的代表先进文化的一种东西。

　　具体说，它首先应该体现社会主义核心价值观。有民族精神的爱国主义，有坚持不懈的改革创新精神，有为人民服务的利他传统。在我们年度人物里，比如钱学森、钱伟长，这都是具有强烈的爱国主义情怀的。我们向科学家致敬，因为他们的成就，更因为他们所代表的改革创新精神。更多的来自基层的平凡人，比如2010年的郭明义、刘丽、王万青，都是非常典型的利他主义。

　　其次，围绕这个核心价值，我们还有一个计算感动的方法。感动人的事迹是发生在具体情境中的，一个人能感动别人，我想不是因为他做到了什么，付出了多少，感动不是一个绝对数。一个人付出的数量做出的成就是和他的能力、生活场景、时间跨度密切相关的，把这些因素全面考虑，我们就知道了谁最能感动人。所以最大的慈善家，我们往往没有考虑，但是作为一个刚刚温饱的洗脚妹，她能资助几十个孩子，我们就认可她，我们认为她更感动人！

《感动中国》给我带来的特别感受

正如我前面说的，这是一个和传统电视新闻非常不一样的节目。做这样的节目，需要客观冷静的眼光，也非常需要热情，这种热情不是工作热情，而是作为一个人，他内心所拥有的善良、责任和激情。很多精彩的感动中国人物，他们做了很多伟大的事，我们没有做到，我们必须要表达敬意，把整个社会的敬意送给他们，让他们觉得不孤单，让他们为自己的作为骄傲。

说实话，这是我非常偏爱的一个节目。节目的制作过程非常艰辛，但也非常愉快。我们的主持人敬一丹、白岩松每次在节目开场的时候都有简单的表白，非常有特点。比如，今年他们说：

还是这个季节，还是这个时间，还是对温暖的渴望，还是您期待的目光。

在这个急剧变化的时代里，总要有一些不变的东西，让我们向前走的时候，会更踏实。

这都是发自他们内心的话。观众期待这个节目，主持人期待，我们整个团队都非常期待。我们期待的是什么呢？是一种温暖，一种来自人内心的力量。感动人物的作为，正是这种温暖和力量的源泉。

整个节目的录制过程，听他们的访谈，看观众的反映，心里随着故事起伏。好像心灵受到一次洗礼。这都是真实的故事，就在我们身边发生，比编剧创作出来的感动真实得多，它能带给我们的东西也更有力量。

每次在现场看完录制过程后开车回家，音乐的旋律挥之不去，那些人那些事总是在浮现。那是一段非常幸福的路程。这些人、这些事，让人的内心特别的平静，也非常纯净。我每次都特别享受这段回家的路。

因为节目的特质，它产生一种特别的吸引人的力量。每年一到深秋，大家开始主动联络，相互收集自己听说的感受到的感动，只等时间一到，就放下手头的工作，投入到《感动中国》中来。大家聚集在一起，讨论感动人物，讨论他们在不同情境下的选择，都非常投入。不论是什么岗位，都能提出自己的想法意见。

媒体是在求新求变，很多节目制作团队每每都要喜新厌旧。但是我们这里,不变的标准,不变的颁奖流程,这么多年没有特别大的变化,而我们节目制作团队都非常钟爱这个节目。九年来,节目的主创队伍基本没有改变,他们太热爱这个节目了,不愿意离开。

制作团队对于创作过程的感觉是非常期待、非常享受,这说明了一个问题,首先是我们被感动了,我们期待这样的温暖和力量,期待一个精神产品,然后才能去感动别人。所以,当制作团队情绪高涨地进入制作过程的时候,我就放下一颗心:又到了收获感动的时候了!

《感动中国》十周年的规划和打算

2012年,那时候我们有整整十年的"感动"。这是100多个让人感动的故事,这么多感动捧在手里,谁都会觉得自己是个富有的人。我们会惦念那些感动人物,他们过的怎么样了?《感动中国》为他带来了什么?他获得了感动的荣誉,他给周围的人带来了什么?感动了别人,他是不是能坚持?十周年的时候,我们会有一些举措,重新再看这些感动人物。

这还是基础层面上的,这十年来,每年一度收获感动,虽然说核心不变,但是我们每次都在争取创新,争取从新的角度观察社会,发现新的感动。每次有新生事物、新的价值取向,我们都会悉心考察。十年下来,我们发现有些新内容、新价值经过大家的推广,很多也成了日常生活的元素。

十年沉淀下来的感动,是中国人心灵的历史,是一种慢慢变化的精神价值。这段历史,这些价值,需要我们站在2012年这样一个维度重新观察和思考:这十年,我们这样一个社会和民族在心灵上都经历了什么?我们已经拥有了什么,我们还缺少什么?

再者,《感动中国》作为一个受到观众认可的精神品牌,在媒介传播领域上有它独特的价值。我们是怎样做到这些的,还有哪些是没有做到的?怎样才能创造更多的精神品牌?在传播规律上,我想,我们还有相当多的东西需要梳理和总结。

感动中国的人物不断涌现,我们对于"感动"的敬意不变。明年,我们不仅要做好节目内容,同时也做好节目品牌的宣传与推广,全面系统地梳理好历年来的感动价值和品牌内涵,使《感动中国》这一精神品牌,更好地发挥社会效益,更好地履行国家级媒体的社会责任。

目录

第四部分

附录

第一部分

01

赤子

钱伟长

"感动中国"组委会
授予钱伟长的颁奖辞：

从义理到物理，从固体到流体，顺逆交替，委屈不曲。荣辱数变，老而弥坚，这就是他人生的完美力学！无名无利无悔，有情有义有祖国。

用毕生践行爱国的"万能科学家"

我是爱国的，对国家好才行。我没别的要求。我希望国家强大起来。

——钱伟长

　　钱伟长，我国近代力学奠基人之一，著名的科学家、教育家，杰出的社会活动家，中国民主同盟的卓越领导人，中国共产党的亲密朋友，中国人民政治协商会议第六届、七届、八届、九届全国委员会副主席，中国民主同盟第五届、六届、七届中央委员会副主席，第七届、八届、九届名誉主席，中国科学院资深院士、上海工业大学校长。钱伟长因病于 2010 年 7 月 30 日 6 时 20 分在上海逝世，享年 98 岁。消息一经传出，立即引起全国各界的高度关注，引起学界的缅怀追思热潮。

　　钱伟长与钱三强、钱学森被周总理合称为"三钱"。钱三强先生 1992 年辞世，钱学森先生 2009 年仙去，如今，钱伟长先生也离开了我们。

奇特家族里教育出大批的济世英才

　　钱伟长这个家族先后出了钱玄同、钱三强、钱学森、钱钟书、钱俊瑞、钱正英、钱其琛、钱复、钱松、钱君等许许多多的名人，族人遍布五大洲的 50 多个国家，祖上都是吴越王钱镠。钱镠（公元 852—932 年），是唐末节度使，吴越国建立者，在位 26 年，将两浙 13 州建成了五代十国中最为富庶的王国，终年 81 岁。

钱镠的后代到第 22 世孙钱心梅时，已经在江苏省无锡县啸傲泾河北岸有了 10 万亩的良田，成为富甲一方的江南巨贾。因分建七处住宅，故命名为七房桥镇，钱伟长一家也在这里。岁月荏苒，多年后，钱氏七族的经济地位有了分化，到了钱伟长父亲钱挚的时期，这一支脉已经家道中落了。

钱挚字声一，以"一鸣惊人"的典故作字，1889年（清光绪十五年）出生，保送进入常州府中学读师范科，屠文博校长因他品学兼优而推荐他到南京高等师范学堂深造。但钱挚感到家庭贫寒，又要培养 3 个弟弟读书，便返回家乡，创立又新小学，任校长。民国初年，一直在乡间办学、任教，为地方贤达，威望颇高。北伐胜利后，为了满足乡村教育发展的需要，成立了无锡乡村师范学校，钱挚任校长。

钱伟长家世代书香门第。四叔钱穆历任燕京大学、北京大学、清华大学、四川大学、齐鲁大学、西南联大等大学教授，也曾任无锡江南大学文学院院长。1949 年迁居香港，创办了新亚书院，任院长，1964 年退休。其间曾获得香港大学、耶鲁大学名誉博士称号。1966 年移居台湾台北市，为台湾"研究院"院士，台北"故宫博物院"特聘研究员。六叔钱艺，以诗词和书法见长于乡间，登门求墨宝者不绝于途。八叔钱文，善小品和笔记杂文，《小说月报》和《国闻周报》经常刊登其文章。

青年钱伟长

后来七房桥村老屋失火，钱挚从大火中只抢救出了先祖留下的《家训》。全家被迫迁到无锡县荡口镇。四叔钱穆教伟长在方砖上蘸水写毛笔字，八叔钱文教伟长怎样写作文。伟长16岁时，作为乡村教育家的父亲钱挚病逝，母亲拉扯着5个孩子，生活极度困难。伟长随四叔钱穆在苏州上学读高中。苏州中学的数学老师严晓帆、西洋史老师杨人缏、中国史老师吕叔湘、地理老师陆侃舆，都是名师，文学课则由四叔钱穆任教，所以，钱伟长文史知识底蕴深厚。

为振兴中华而弃文学理

1931年，伟长获得了化学家吴蕴初为母校无锡第一中学设立的"清寒奖学金"，他在高考时，被清华大学、中央大学、唐山铁道学院、浙江大学、武汉大学五所名牌大学同时录取，按照钱穆的意见，伟长以中文和历史两个100分的成绩考入了清华大学，历史学大师陈寅恪希望他读历史系，朱自清、闻一多希望他读文学系。朱自清听说他是钱穆之侄，将伟长召到家中，热情鼓励。谁想到，第二天发生九一八事变，伟长与同学亲眼目睹了国家贫弱遭人欺凌的惨象。他刚刚萌生的"文学梦"破灭了，"强国梦"在心中逐渐生成。他决定转到物理系学习，以振兴中国的军力，完全无视个人的风险得失。

在少年时代，经常转学的伟长没有学过四则题，代数也是一知半解，系主任吴有训一看他的入学成绩，是个明显的偏科生，就说："你的物理才考15分，数学、化学共考了20分，英文0分，文史考得这么好，还是读中文系吧！"伟长执着地磨了系主任一个星期，吴有训被其诚意感动，答应他试读一年，一年中普通化学、普通物理、高等数学有一门考不到70分，就转回中文系。

伟长从没系统学习过数学，连代数符号都搞不清楚，只有自己自学苦读。学校晚上10点统一熄灯，伟长就到唯一亮着灯的厕所去夜读。清晨6点，当他到科学馆去读书时，发现有人比他还早，是中学没有学好数理化的华罗庚，两人互相鼓励，每天都只睡5个小时。伟长花3个月时间，把中学的数理化知识弄懂了，又花2个月时间补习了大学的数理化知识。一开始，伟长按学古文的方法，熟读强记物理学的典籍。而吴有训教给他，不要以为书本上的东西都是正确的、都已经完善了，每读一本书都要能够看到没有完成的部分，发现一些新问题。伟长学到了这一点，并成为他一生治学的特点。毕业时，华罗庚和他分别成了数学系和物理系最优秀的学生。

　　1931 至 1935 年，伟长和同学顾汉章进行了北平地区大气电参数测定工作，这在当时的条件下，只能用自制的手工操作仪器，要连续几天 24 小时的不断监测，才能有结论。1935 年，当他们的论文《北平大气电的测定》在"青年物理学年会"上宣读后，受到好评。伟长以第一名的成绩考入本校物理研究生，并得到了商务印书馆总经理高梦旦的研究生奖学金。

　　1935 年，伟长参加"一二·九运动"和民族解放先锋队，上街游行，宣传救亡图存。1936 年，他们的自行车宣传队曾遭南京军警拘留，直到清华大学梅贻琦校长出面干涉，学生们才得到自由。在这场斗争之中，伟长结识了他的终身伴侣、清华大学中文系二年级的同学孔祥瑛。

青年钱伟长

1964 年全家福　左起：前排夫人孔祥瑛、钱伟长，后排长女钱开来、儿子钱元凯、小女钱歌放

1935 至 1939 年，伟长在吴有训指导下，做稀土元素等的光谱分析 X 光衍射，在黄子卿指导下研究溶液理论。有3 篇论文发表在《中国物理学报》（1937—1939 年）。其中，《硒的单游离光谱分析》开创我国稀土元素研究的先河。硒的光谱是 4f 电子光谱的基础，在 20 世纪 30 年代是用来验证量子力学计算的重要研究园地。该光谱线条众多，能位复杂，长期未能分析。1935 年，首先由哈斯帕斯（Haspas）公布了一些分析结果，钱伟长证明其大部分是不可靠的。1937 年，艾伯森（Albertson）和哈里森（Harrison）公布了从 600 条谱线中分析得到的一批能级，大部分的 J 值是 21/2、31/2，钱伟长把能级的 J 值扩展到 41/2，低能级扩展到 38 个，高能级扩展到 75 个，共分析了 925 条谱线，大部分离亮度的谱线都得到分析，并和玛吉诺（Margenaw）观察到的齐曼（Zeeman）效应相互校正。这一工作受到国际物理学界的重视，是稀土光谱的奠基性工作。

1939 年元旦，伟长历经各种艰难，经香港，绕越南海防，最后到达在昆明的西南联大。恰巧，叶企孙教授调到中央研究院任总干事，给伟长留下一份热力学讲稿。伟长接替了叶企孙的授课任务。主任吴有训通过各种关系，找来外国的各种科技书籍和杂志，使西南联大的物理学教研工作始终站在我国物理学领域的前沿。

1939 年 8 月 1 日，在林家翘、傅承义等学友的帮助、催促下，伟长与祥瑛举行了战时的简单婚礼。主婚人是朱自清，证婚人是吴有训。日本人轰炸的警报和抗日救亡的歌声交织在一起，让所有师生抱定决心，不逐日寇，国之不宁，家之难保。

钱伟长与夫人孔祥瑛

1976 年全家福　左起：前排
孙子钱乐川、夫人孔祥瑛
孙女钱泽红、钱伟长，后排
小女钱歌放、儿子钱元凯
儿媳刘凤茹、长女钱开来

内禀理论论文学冠中外

中年钱伟长

　　婚后，伟长考上中英庚款会的公费留学生。

　　1939 年 9 月 2 日，中英庚款第七届留英学生 22 人到香港时，恰逢第二次世界大战爆发，所有赴英客轮扣做军用，伟长等学生暂回昆明，等待再作安排。在此期间，伟长从王竹溪那里借到拉夫著的《弹性力学的数学理论》，发现当时国际学术界关于弹性板壳理论十分混乱，伟长决心寻找一种统一的以三维弹性力学为基础的内禀理论。就在这等通知的几个月里，他以高斯坐标张量表达的微分几何来表示变形和应力分析之创新思想，居然获得了前所未闻的统一内禀理论，伟长科研工作争分夺秒的精神由此可见一斑。

　　1940 年 1 月，中英庚款会召集他们赴加拿大留学，但英国人给留学生办的是日本护照，遭到中国留学生抗议。只好再回昆明。8 月初，庚款会第三次通知伟长等留学生，到上海坐"俄国皇后号"邮轮赴加拿大。伟长对前来送行的四叔钱穆说："我此次西行，绝不是为了自己，也不是为了家庭，而是走向一条科学救国的道路。"钱穆说："中国是个好学的民族，昔日唐僧能去天竺取经，我们今人为什么不可以卧薪尝胆，深入西方，去寻求现代科学技术，位卑未敢忘忧国，小小精卫去填海，当今年轻人岂能苟安？"9月中旬，钱伟长终于抵达加拿大多伦多大学，这所加拿大规模最大、学科最多、师资力量雄厚、设备齐全先进的多伦多大学也是第一次迎来了中国研究生。

伟长的导师辛吉教授原籍爱尔兰，是英国皇家学会会员，师徒第一次面谈时，发现两人都在研究板壳理论，辛吉用宏观的内力素张量求得在外力作用下板壳的张量平衡方程，称之为宏观方程组，而把伟长的方程称为微观方程组。辛吉认为：虽然两种理论所用的力学量和符号有所不同，但其实质是等同的。

伟长按辛吉教授提出的把两种理论合在一起的要求，写成一篇论文《弹性板壳的内禀理论》，他用微分几何与张量分析方法，从一般弹性理论出发，给出的薄板薄壳非线性内禀方程。论文在冯·卡门教授祝寿文集里分成几部分发表后，一时间成为北美力学研究生的必读材料，被当做理性力学的开山之作。文集里收入的文章都是因二战而集合在北美的欧美学问大家所著，钱伟长是唯一的来自中国的青年学生作者。爱因斯坦看后感叹："这位中国青年解决了困扰我多年的问题。"这篇论文的发表，很受力学界和数学界的重视，先后在多伦多大学、加拿大数学年会、美国加州理工学院航空系、美国数学学会西部年会等场合作学术报告；在英国和澳洲，有人写过著作，进一步研究这一问题，这使钱伟长在美国科学界的学术地位一下子提高了。

1942年，世界导弹之父冯·卡门教授在伟长未获博士之前，将其招到加州理工学院和美国国家喷射推进研究所做博士后研究，与钱学森、林家翘、郭永怀一起，在冯·卡门教授指导下，从事航空航天领域的博士后研究工作，参加火箭和导弹实验，并发表了世界上第一篇关于奇异摄动的理论，被国际上公认该领域的奠基人，也是美国导弹事业的奠基人。1943年钱伟长获多伦多大学博士学位。

1939 年到 1941 年期间，冯·卡门和钱伟长研究了柱壳在轴向力下的局部失稳和球壳在外压下的局部失稳现象。如果把局部尺寸看做是壳的有效跨度，则对于局部区域而言，也可以看做是浅壳，用浅壳大挠度方程求解。圆薄板大挠度卡门方程，也可以由浅壳方程蜕化得到。1951 年 8 月，在美国斯坦福大学举行的海军结构力学研讨会上，冯元桢和 E.E.. 塞克勒发表了《弹性薄壳的失稳》，文中的浅壳方程就是"钱伟长一般方程"，文中的浅圆柱壳方程就是"圆柱壳的钱伟长方程"。

1946 年，钱伟长与冯·卡门合作发表了《变扭率的扭转》一文。冯·卡门曾说这是他一生中最后一项较满意的弹性力学工作，是经典性的工作。

1973 年，荷兰 H.S. 鲁坦教授在《壳体渐近理论和设计》一书中多次推崇这篇文章："辛吉和钱的工作是三维理论的基本工作，仅用力学状态的内禀变量，应力和应变，严格地从三维理论中导出了任意形状的薄壳都适用的非线性方程，这里在各向同性的假定下，把应力和应变分量按厚度方向的坐标展开为泰勒级数。近似的二维方程只有 6 个基本待定量，3 个代表中面拉伸应变，3 个代表中面弯曲变形分量，这是辛格与钱工作最重要的特点。"

1980 年，美国理性力学权威 A.C. 爱林根访问中国，特意到清华大学的照澜院拜见钱伟长，他说，当年他花了几个月时间拜读钱伟长的板壳内禀统一理论，从而开始了自己在理性力学方面的开创性工作，他把钱伟长认做自己的前辈。

1982 年，在上海国际有限元会议上，大会介绍钱伟长时说："钱教授有关板壳统一内禀理论的论文，曾是美国应用力学研究生在 40 ～ 50 年代必读的材料，他的贡献对以后的工作很有影响。"故而，海外报刊曾称钱伟长为"中国的力学之父"。

开创了我国大学里第一个力学专业

经过 14 年的长期抗战，在国际力量的共同努力下，中国终于赢得抗日战争的伟大胜利。一贯忠诚于祖国的钱伟长要回来报效祖国。由于他的研究涉及美国火箭、导弹技术，有关方面和导师一直不同意他回国。钱伟长以思念没有见过面的 6 岁儿子为由，于 1946 年 8 月 6 日回国，当年 10 月，清华大学复课，伟长应聘为清华大学机械系教授，主讲材料力学、应用力学、理论力学、振动力学、弹性力学 5 门课程，兼北京大学、燕京大学教授。一般教授每周上课 6 次，12 课时，而伟长每周授课 17 次。他还担任《清华工程学报》的主编，《中国物理学报》和《清华物理学报》的编委，用他掌握的新理论推动中国物理学的发展，鼓励扶植青年学者，常常忙到深夜。与此同时，伟长还挤时间研究并撰写出了有关滑轮理论、圆薄板大挠度理论、湍流力学等学科的 8 篇科学论文。工作这么累，工资微薄，物价飞涨，偏偏在这个困难的时刻，女儿降生了，奶水不足，在美国年收入是 8 万美金、衣食无忧的大教授钱伟长只好向身边的单身教师借钱，以度燃眉之急。

1947 年 8 月，探亲的钱学森看到伟长的困顿，劝他暂时返美。在美国驻华使馆办签证时，傲慢的美国签证人员问他，"如果中国和美国打仗的时候，您

中国科学院荣誉章

钱伟长与友人

忠于中国还是美国？"伟长说，"我当然忠于中国了，我是中国人，怎么能忠于美国？"伟长就填了一个 NO。结果就因为这个，美国人拒签了。之后，伟长参与创建北京大学力学系——开创了我国大学里第一个力学专业。

清华师生进行了南迁和留下大辩论，1948 年 12 月 18 日，只有 3 位教授和 2 位讲师随国民政府南迁，269 位教师留校继续上课。23 日，清华园外枪声大作，伟长镇定地讲授"设计弹道计算"，200 多名上大课的学生无一人惊慌离席，他们就这样迎来了北平的解放。

与钱学森一起创建力学研究所

1949 年 1 月 31 日，北平和平解放。1949 年 5 月 4 日，北平市军管会任命钱伟长与费孝通为清华大学副教务长。1950 年被任命为中华全国自然科学

钱伟长与友人

专门学会联合会常委、组织部部长。1951 年被任命为中华全国民主青年联合会常委、副秘书长,并开始担任中国科学院数学研究所力学研究室主任。1952 年参加中国文化代表团,出访缅甸、印度。1954 年至 1958 年任第一届全国人民代表大会代表。1955 年起,担任中国科学院学部委员、中国民主同盟中央常委。1956 年参与制定了中国第一次 12 年科学规划,与钱学森、钱三强一起被周恩来称为中国科技界的"三钱",并被任命为清华大学副校长。担任中国科学院学术秘书、国务院科学规划委员会委员、中国科学院自动化研究所筹委会主任、波兰科学院院士。参加了波兰的力学会议、布鲁塞尔的国际力学会议。1957 年中国力学学会成立,任副理事长。这一段是钱伟长科研成果丰富、大展雄才、心情舒畅的时期。

1954 年初,钱伟长开设了我国第一个力学研究班和力学师资培养班,进修教师达到 4000 人次,该班学员大多成为中国从事力学研究和学科的领军人物,为我国的机械工业、土木建筑、航空航天和军工事业建立了不朽的功勋,被后世人称为中国近代"应用数学之父"。

1955 年 10 月 28 日，钱学森回国，中国科学院副院长吴有训宣布，钱伟长协助钱学森创办中国科学院力学研究所，同时担任副所长。两人师出同门，办所的宗旨、意向与构想不谋而合。构想之一是扩大力学研究的领域，力学所设立了弹性力学、塑性力学、流体力学、物理力学、化学流体力学、运筹学以及自动控制等 7 个研究室。构想之二是力学研究应该走在工业发展前面，为工业生产指引方向。构想之三是科学理论研究应当与科学实验与生产实践相结合，强调科学理论在科学研究中的重要作用。钱学森回国不到三个月，力学所就成立了，这么高的效率，完全是钱伟长长期以来所做出的铺垫工作，加之二人配合默契，决策果断的结果。

20 世纪 50 年代初，钱伟长、叶开沅等曾经在清华大学召开薄板大挠度问题的研讨会，并出版了论文集《弹性圆薄板大挠度问题》。后来，钱伟长、叶开沅又计算了多种载荷和边界条件下的圆薄板和矩形薄板大挠度问题，有关圆薄板大挠度问题的工作，曾在 1955 年获得国家自然科学二等奖。1956 年钱伟长以副团长的身份参加了布鲁塞尔的第九届国际应用力学会议，作了《长方板大挠变问题》、《浅球壳的跳跃问题》的力学报告。在奇异摄动理论方面独创性地写出了有关固定圆板的大挠度问题的渐近解，国际力学界称之为"钱伟长方程"。有关大挠变的系统摄动法被国际公认为"钱伟长法"。

当"右派"的屈辱与"地下科技工作者"

1957 年 1 月，钱伟长在《人民日报》上发表的《高等工业学校的培养目标问题》一文中，对清华大学全面照搬苏联模式的教学思想提出了不同意见，文章中阐述了理工合校、重视基础教育的意见。因为与清华园当时学习苏联的潮流不一致，引发了一场历时三个月的大辩论，钱伟长成了备受打击的对象。北大于 5 月 19 日贴出第一张大字报，清华也不甘落后，所谓的大鸣、大放、大字报、大辩论的"四大"形式在校园里此起彼伏，清华报刊上连篇累牍地刊登出批判钱伟长的文章，批钱的信号不断被扩大，于是，无中生有、断章取义的来了，上纲上线、乱扣帽子的来了，越来越左的形势最终把一位对国家忠心耿耿的科学奇才打成了"右派"。

毛泽东得知消息后说：钱伟长是一位好教师，要保留他的教授职位。虽然他那时已经没有上课的机会了，但他得以留在清华工作，而没有像其他"右派"那样被发配北大荒劳动。副校长被免职了，而且从一级教授降成了三级教授。

被划为"右派"之后，钱伟长被强制劳动改造，先做实验室助理，扫地劳动一年，其子女被禁止上大学，后下放至工厂、农村。钱伟长对子女说："他们可以剥夺你们上大学的权利，但谁也剥夺不了你们受教育的权利！"那阶段，钱伟长成了"地下科技工作者"，当许多人解决不了科研或工作中的各种问题，登门求教或索要资料时，钱伟长都不辞辛劳，倾心倾力地予以解决或热情帮助寻找解决问题的办法。

叶祖沛教授曾任联合国冶金组专家顾问和冶金部副部长。钱伟长帮助叶祖沛起草了加速推广转炉的建议书，并设计出了高炉加压顶盖的机构和强度计算方案。他还为叶祖沛在首钢试验做出了相关的理论设计方案。

地质部部长李四光为解决地应力测量问题，到钱伟长家中共同商讨措施。钱伟长知道李四光缺少得力人才后，保举被错划为"右派"而发配到北大荒的研究生潘立宙来从事此项研究工作。李四光亲自把正在劳改的潘立宙调入他创建的地质力学研究所，使得优秀人才发挥了应有作用，后来，潘立宙果然不负恩师重望，做出成绩，成为我国地应力测量的开创者和学科带头人。

1960年，钱伟长从"极右分子"改为"摘帽右派"。这年秋天，北京地区冶金界和金属学界盛情邀请钱伟长给大家开设"晶体弹性力学"讲座，历时4个月。北京航空界邀请钱伟长讲授专门用于飞机结构的颤振理论，专门开设了半年时间的"空气弹性力学"讲座，听课的人数有300多人。还有汽轮机的强度设计理论基础、电机强度设计理论基础、应用弹塑性力学等。在摘帽后到"文化大革命"前的6年中，钱伟长开设了12门教学计划以外的新课程，先后写出600多万字的讲义。这期间，钱伟长作为《力学学报》的社外编审，完成审稿 300 多件，有些稿件钱伟长的审稿意见比作者的原稿字数还要多，甚至替作者做了几乎重写的工作。

"文化大革命" 中的遭遇与炉前工参与外事活动

"右派" 帽子刚刚摘掉 6 年，钱伟长又遭遇了一轮更为刻骨铭心的横祸。1966 年 8 月，钱伟长再次被 "文革" 的恶浪卷进深渊。"摘帽右派" 已经属于人民内部矛盾，可 "文化大革命" 中，"黑五类"、"老右派"、"反动学术权威"，哪顶帽子也不轻，所谓的 "革命小将" 把钱伟长当成阶级敌人来一次次地批斗，"打倒钱伟长" 的口号震天动地，文斗不过瘾，还要武斗，以显示所谓的 "无产阶级专政的铁拳" 的威力。已经 55 岁的钱伟长被按成 "飞机式" 遭批斗，遍体鳞伤，鼻青脸肿，可他绝不屈服。

心怀着一腔的委屈，面对着人格的羞辱，瞻望着渺茫的前路，一些知识分子，尤其是有留学背景的知识分子选择了永别这个残酷的非人现实世界。而钱伟长在

钱伟长毕生酷爱围棋，2009
在病房内自摆棋谱

2001 年 8 月,钱伟长校长慰问上海大学军训学生

"反右"斗争中已经经历过一次暴风雨的洗礼,性格中的憨劲儿使他增加了坚强和淡定。他被关在"牛棚"里时,反复告诫自己:"不能选择逃避,不能选择死!"他顽强地顶住了延续近100天批斗的心灵压力,表情漠然,听之任之,随你摆布,但自己心中总有一定之规而不胡乱承认。

真正的科学家最知晓人的生命之短暂,最知道时间的宝贵。在"牛棚"里,灯光昏暗,他利用造反派给他写检查的纸笔进行应用数学的验算,排列与组合,分析与推理,他完全忘记了身上的疼痛和想家的煎熬。在最屈辱难熬、最孤立无助的岁月里,是活泼可爱的数字、符号，有趣的方程、验算相伴他，它们从血雨腥风的 1937 年开始，天天与他不离不弃，已经融入到他的血液中，已经进入到了他的整个生命历程里。

1968 年的夏天，清华大学"百日大战"的武斗使造反派的精力用在文攻武卫对方上了，"牛鬼蛇神"被暂时忽视了，钱伟长回到了家里。那个温馨的家已经被造反派抄得面目全非了，4 口人除拥有一间卧室外，外带一间兼厕所、厨房、饭厅以及"专案组同志""外调"会客室于一身的小房。生活用具或被抄没，或被武斗所需而征用。在清华，因为名头大，钱伟长成了两派斗争的主要靶子，所以，断断续续地还要被拉去挨批斗。一些非"黑五类"而崇拜钱伟长的师生，常常会偷偷地给钱伟长淘换来一些外文资料，使得钱伟长又重新开始了"地下科技工作者"的营生。红卫兵阻挠其进行研究，他就趁晚上把窗户堵上，彻夜苦读。

1968 年至 1971 年，钱伟长和 40 多位教师被下放到北京特殊钢厂炼钢车间劳动锻炼。他没想到，竟然让他这位年近六旬的老人当三班倒的炉前工，他那拿笔杆的手从来也没有拿过足有 52 公斤重的长钢钎，一般人是拿不起来的，钱伟长同样也拿不起来。钱伟长发挥了自己精通力学的优势，把铁棒的一头放在一个和炉子一样高度的铁架子上，再去另一头把长钢钎按下去，这样就拿起来了。工人们试了后都说轻便多了，于是就把 10 个炉子前都做了铁架子，称之为"钱氏支架"，钱伟长一时成了人人佩服的发明家，大家看他骨头硬，脑子活，不再直呼"老钱"，而是尊称"钱教授"了。他与工人聊天，充满了智慧，工人们喜欢他，成了忘年交。特钢厂这下知道了落难的知识分子竟然有这么大的本事，马上把钱伟长调到技术革新组，钱伟长为钢厂设计了一台 800 吨的水压机、一个大型的 2000 平方米的热处理车间，以及车间内的全部设备。钱伟长还为工人讲课，使工人提高驾驭新设备的能力。这一下，连钢厂领导也喜欢上了这位力气并不大的炉前工了。

1970 年 5 月，钱伟长奉周总理的指令被调回清华，负责在造反派、工宣队的陪同下接待美国作家韩丁，造反派被迫还给了钱伟长 5 间北屋，并做了简单装修。此后，钱伟长还接受周总理的任务，接待了美国著名友人埃德加·斯诺、法国著名导演伊文思、英国记者格林等西方人士。

1972 年，美国总统尼克松访华，世界格局发生巨大变化，中国需要与外部接触，需要与西方国家往来沟通。而世界知名的钱伟长的作用愈加重要。受周总理委托，钱伟长出面接待以任之恭为团长的 24 位美籍华人教授。这一年里，钱伟长还接待了世界著名科学家杨振宁、李政道、吴健雄、袁家骝、陈省身等，还有尼克松访华前夕的"先遣将军"亚历山大·黑格。其中的一些活动是陪同周总理一起接待的。

1972 年，毛泽东、周恩来亲自点名钱伟长参加中国科学家代表团访问英国、瑞典、加拿大和美国。一些有极左思想的人不相信钱伟长对祖国的忠诚，代表团团长表示不能保证他出国后不逃走，于是，周总理更换了团长。但新团长仍然不同意钱伟长出访，一直拖到临行前一天开会时，钱伟长都不知道此事。周恩来秘书派车去清华大学找钱伟长，这才知道他当时还在首钢特种钢厂劳动。秘书又赶到首钢，带着钱伟长赶到会议现场时，周恩来发现钱伟长还来不及换下劳动服呢，叫秘书马上找衣服给他换上，并把自己的鞋子给钱伟长穿，这才得以出访。周总理特别叮嘱钱伟长要注意考察环保问题。

中国科学家代表团所到之处，受到四个国家的高规格接待。尤其是在美国，尼克松和基辛格分别在白宫和国务院宴请。美国科学院举行了有史以来最大规模的 500 位科学家欢迎宴会，临行时上海人刘女士举行了 1500 位各地各阶层人士参加的盛大告别宴会。

考察访问归来，钱伟长下功夫写出了一份 5 万字的对四国环境保护方面的考察报告，对我国环保管理和政策提出了自己的建议。周总理对此极为重视，不久，我国就成立了环保局和环保研究院。

万能科学家

　　1969 年，在珍宝岛自卫反击战中，中国边防部队缴获了一辆苏联坦克，钱伟长看后对军方说，这种坦克设计很笨，你们迎头打，打不坏它；你们让它过去的时候，从侧面打，击中率应该是百分之百。侧面打就一直打到里头去了，它这里的防护板很薄，我一看就晓得。后来，军方又缴获了两辆苏联坦克，都是击中在侧面防护板上，也陈列在苏联展览馆里头，这也印证了钱伟长的话。钱伟长还进行坦克复合装甲护板研究，他对高速撞击问题发表了多篇研究论文。他的建议书被转到军方，加以研制采用，提高了装甲抗震能力。他的专著《穿甲力学》，获过全国优秀科技图书一等奖。

　　钱伟长听说我军坦克只能走几十公里，开着开着就开不动了，因

2007 春节国内家人团聚　左起：孙子钱乐川、孙媳沈红、孙女钱泽红、钱伟长、儿子钱元凯、儿媳刘凤茹

为电池的耐力有限。为了祖国的需要，钱伟长就与化学系一位教师开始研究坦克电池。他除了学生时的一点化学基础，并不懂电池。但他骑着一辆自行车，不管天冷天热，跑遍了北京市所有跟电池有关的单位。他白天和大家一样在实验室里忙，晚上回家翻译国外最新文献资料，次日早晨把译文拿到实验室给大家交流参考，他先后查了300万字的资料。实验室经费很少，缺少原材料和实验设备，他打听到哪里有积压物资、科研器材、实验设备的"回收处理展览"，就带大家去"淘宝"，就这样逐渐地将实验室"武装"了起来。经过一年多的攻关研究，高能电池研究出来了，过去的铅酸电池，只能启动15次，电就不够了，新研制的同样大的电池，足够一辆坦克发动2000回。比美国通用公司的产品性能更高。他协助建立了一个锌氧电池厂。新的高能电池在地质勘探电源、导弹动力电源、核潜艇电源等方面都获得广泛的应用。1975年，钱伟长的高能电池获北京市科技进步奖。同年，他当上北京市人民代表，出席第四届全国人民代表大会，见到周总理时，总理还提到钱伟长的装甲车护板研究和高能电池研究呢！

"我回国以后，干了十几桩事情，"钱伟长说，"奇奇怪怪的专业，所以有人骂钱伟长是万能科学家。我不理。"他的研究项目五花八门。他推导过13000个三角级数求和公式；还研究过汉字计算机编码，发明了获奖的"钱码"。"我觉得国家需要的，我都干。"他总结道，"我的目的是解决问题。"

出任上海工业大学校长
和大胆提出拆除"四堵墙"理论

1976年10月，铲除了"四人帮"，国家迎来了改革发展的新机遇。1979年，中共中央以文件形式公布被错划为"右派分子"55位党外人士，一律予以改正，恢复名誉。此时，这55人还活着的仅有7人了。

1980 年，民盟中央决定，恢复钱伟长民盟中央常委和文教委员职务；接着，恢复他为中国科学院学部委员，他还担任了全国政协常委、中国文字改革委员会委员。1981 年被选为中文信息学会理事长、《应用数学和力学》杂志主编。但是，由于清华大学一两位"左派"的阻挠，钱伟长的"右派"改正问题又拖延了三年。

1978 年年底召开了中共十一届三中全会，实现了新中国以来中共的历史性伟大转折，中共中央向全党、全国发出了"改革开放"和"实现四个现代化"的号召。1977 年至 1983 年期间，钱伟长一方面在全国各地举办各种科学讲座，公开发表与宣讲他的科研成果与心得；另一方面，他在内地各省、市、自治区（除了青海和西藏以外）累计 180个城市作了《关于实现四个现代化问题》的报告，听讲人数愈 30 万人之众。1979 年前后，在国内高校间有个"钱伟长想离开清华大学到南方发展"的说法。上海工业大学的党委书记张华认为，若是能请到钱伟长来做校长，当然是求之不得。

从 1978 年至 1981 年，上海工大校领导曾多次试探性地向钱伟长提出，他能否到上海工大来工作，他的反应是积极的。几经曲折后，1983 年邓小平亲自下调令，调任钱伟长至上海工业大学任校长一职，并写明此任命不受年龄限制。钱伟长抵沪一个月后，才接到清华大学《右派改正书》。这一天，钱伟长辞去在清华大学的教授职务，带着复杂的心情离开了生活将近 50 年的清华园。

长期做教育工作的钱伟长出任上海工大校长时，提出了一套完整、丰富、系统、科学的中国高等教育理论。他大胆提出拆除"四堵墙"理论，对丰富中国高等教育理论作出了突出的贡献，也是对教育界存在弊端的一种改革。

第一，拆除学校和社会之间的墙，让大学变成开放的高等学府，为加强学校和社会之间的联系，为适应国家工业结构的需要，必须改造和发展。

　　第二，要拆除校内各部门、各学科之间的墙。现在有的条条块块、部门所有制已经明显地影响了当代科学技术综合化发展的趋势，这堵墙正在逐步打通。

　　第三，拆除教学和科研之间的墙，倡导教学同科研相结合，教师既要教学，又要搞科研。

　　第四，拆除教与学之间的墙，就是要克服陈腐的传统教育思想，树立社会主义新的教育思想，破除阻碍教育发展的旧条条框框的教学模式，走中国式的社会主义高等教育的道路，办出工大特色。"1993 年，钱伟长在其自传体著作《八十自述》中，对上述"第四堵墙"的说法做了更明确的诠释。他说："第四堵墙是教与学之间的墙。当今世界科学技术和文化学术飞速发

钱伟长、夫人孔祥瑛
与孙女钱泽红

展,人们原有的知识很快变得老化过时,那种认为学生只有通过老师'教'才能'学'传统教育思想,已不能满足当前高等教育的需要,从而应该逐步加以废除。教与学本来是一对矛盾,'教'虽有指导作用,但毕竟是外来因素,'学'才是内在因素,学生只有通过主动的学习,才能把所学的知识变为自己的知识。高等学校应该把学生培养成有自学能力的人,在工作中能不断学习新知识,面对新条件能解决新问题的人。"钱伟长认为学生只有通过主动学习才能把所学的知识变为自己的知识,高等教育应该把学生培养成有自学能力的人。如果学生毕业了还是不教就不会,那就说明你办教育失败了。

此外,钱伟长强调科学教育思想和人文教育思想并重,还提出了和谐教育思想和美育思想。

钱伟长一方面要求学生增强自学能力,另一方面要求教师增强为人师表的责任感。不能只顾自己搞科研、评职称而对学生放任自流,大学首要任务是传播知识,要两者兼顾不可偏废。

1988年,国家教委在全国高等院校评估中,对上海工业大学的评语是:"上海工业大学办校29周年,几经周折,直至党的十一届三中全会以后才真正走上较快发展的道路。钱伟长校长以他的远见卓识对学校的改革和提高起了积极的作用,在教学改革中,对学科建设、教师队伍建设、开拓国际交流渠道等方面做出了重要贡献。上海工业大学适应经济发展的需要,培养输送高级专业人才,承担科研任务,选送科研成果,开展科技服务,办学指导思想是明确的。"

从民国初年到抗日战争,从留学海外到新中国成立,从"反右派"斗争到"文化大革命",从改革开放到他2010年去世。在每一个民族命运的重大关头,钱伟长以自己的实际行动诠释着什么是爱国,什么是知识分子的赤胆忠心。98年啊!钱伟长用98年的漫长人生历程,研究了一门他认为最重要的科学,那就是爱国。钱伟长是在用一生的经历感动着千千万万的国民,他教会我们如何在逆境之中忍辱负重、不屈不挠,永远保持心中的理想、追求;他教会我们如何在任何时候都不浪费时间,不断学习提高,不断充实自己,使自己永远站在科学技术领域的前沿；他教会我们如何文理兼通、学贯中西，善于把世界的、古代的一切优秀文化融合到我们正在创造的新文化之中；他教会我们如何在极端不利的条件下，不讲价钱，不计报酬，默默奉献；他教会我们如何在任何工作环境中都能开动脑筋，不断创新，不断解决实际问题。

　　钱伟长虽然离开了我们，但他的精神永存，他的风范宛在，激励着一代代的中国知识分子忠于祖国，报效人民，继往开来，不断进取。

钱元凯代父领奖的现场感动

　　钱伟长的儿子钱元凯是颁奖盛典第一个走上领奖台的。中央电视台主持人敬一丹问："您父亲身处逆境的时候，您失去了上大学的机会，这对于一个诗书人家来说，这是挺难过的一关。"

　　钱元凯说："这事对我父亲的打击，我觉得比他被划成'右派'还要大！我分到首钢当工人的时候，临走，我记得他跟我说过：人们可以剥夺你上大学的权利，但任何人都没法剥夺你受教育的权利。所以我记住他这句话。我是拿着莫斯科大学的教材和铁锹一块去的首钢。按他的这个希望，也是我的希望，这几十年里我通过不断地自学，从一个装卸工变成一个高级工程师，一个高科技企业的总工，就是通过不断地学习、实践和劳动不断地完善自己，希望能给国家做更大的贡献。我觉得这是我父亲给我的最珍贵的精神财富和遗产。"

　　敬一丹问："现在回想起来，您父亲对您的影响无所不在，应该是这样？"

　　钱元凯说："应该是这样。我觉得更重要的是做人，他希望我们孩子们，永远不论有多大的本事都能够忠于职守，淡泊名利。希望我们能够胸怀坦荡，表里如一。"

　　敬一丹说："大家知道您是钱伟长先生的儿子的时候，我想他们的眼神里一定是露出对老人家的尊重。"

　　钱元凯说："我觉得大家尊重的关爱的，不是他一个人，是他们那老一辈

钱元凯代父领奖

的科学家，实际我父亲是他们的一个代表。是对他们这一代老知识分子的一种最大的尊重和爱戴。也可能他们这辈子，没有他们国外的同行得到那么多财富，但是我觉得全国 13 亿人民对他们的认可，是他们这辈子任何他们的国外同行所得不到的最大的精神财富和最大的鼓励！谢谢大家！"

推选委员杜玉波给钱伟长的推介词：

    奠基中国近代力学，他是伟大的教育家；而一生坎坷从未放弃理想，为国家谋，为天下谋，立德、立功、他的一生，是对后来者最好的教育。

推选委员纪宝成给钱伟长的推介词：

    《论语》载："子以四教：文、行、忠、信。"钱先生以毕生的身体力行，昭示了一位学者的坚持与信仰。

第一部分

02

信义
孙水林
孙东林

"感动中国"组委会
授予孙水林、孙东林的颁奖词：

言忠信,行笃敬,古老相传的信条,演绎出现代
传奇。他们为尊严承诺,为良心奔波,大地上
一场悲情接力。雪夜里的好兄弟,只剩下孤独
一个。雪落无声,但情义打在地上铿锵有力。

撒播下道德之光的信义兄弟

二十年来，我们没有拖欠过农民工的。最晚不到腊月二十九，二十年来我们没有。今年我们更不会，以后，永远也不会。

——孙东林

孙水林女儿孙云手捧父亲遗像，接父亲回家

　　为了赶在年前给农民工结清工钱，湖北黄陂的"包工头"孙水林在返乡途中遭遇车祸，遇难身亡。弟弟孙东林为完成哥哥的遗愿，在大年三十的前一天，将工钱送到了农民工的手中。《楚天都市报》率先报道了"信义兄弟"孙水林、孙东林接力送薪的故事，感动了无数中国人。

　　在那个虎年年关临近的雨雪飘摇之夜。一束灿烂的生命之花在信义的传递中，绽放在鄂豫大地。雪白血红，它开得是那样沉重而肃穆；兰幽香远，它又是那样浓郁而清新，沁人心脾，弥散在神州大地，让无数人双泪成行。这是用孙水林的生命和热血浇灌而生的花，它是用孙水林、孙东林兄弟俩生死接力的信义护养而成的。两千年前，楚人季布一诺千金；今天，孙家兄弟生死接力，用热血谱写出一段新的信义传奇。

　　在欠薪还仍然存在的今天，"新年不欠旧年薪，今生不欠来生债"，湖北孙氏"信义兄弟"以平凡的行为，感动着华夏大地上的国人。人们纷纷赞誉孙氏兄弟讲信义、守诺、豪气！为中国还有这样的"包工头"而自豪。信义兄弟成为时代的楷模、铸成了美德的丰碑。

穷不倒志，富不癫狂

　　孙水林、孙东林兄弟出生在湖北黄陂一个农民家庭。因家境贫寒，孙水林初中毕业后就辍了学，外出打工，学做木匠，为家里挣些钱，贴补家用，可农民工的工资不到年底是不发的，所以他每年只能回家一次，拿着工资回家过年。

　　1989 年，他带着弟弟孙东林拉起一支由十几位乡亲组成的建筑队伍，开始承接装修工程。没想到，当老板后的第一年，就没能从上层发包商那里结到工程款。年关临近，孙水林心急如焚，最终通过银行贷款才为所有的工友结清了工钱。

　　在层层发包的建筑业，拖欠工人工钱的事件时有发生，可 20 多年来，虽然他们也曾遭遇过多次经济危

几名农民工工友陪孙东林
（右二）在开封处理后事

发钱的单据摆满一桌

机，也屡遭无端欠款，但诚实守信的孙氏兄弟无论多么困难，却从未拖欠过农民工兄弟的工钱。至今一些信誉不良的公司还在拖欠着他们的账款。

在孙东林的记忆中，因为上层发包商工程款不到位，孙水林拿出自己的积蓄、甚至通过银行贷款，垫付工钱的事，已经十几次了。孙水林常跟孙东林说："工友们跟我们辛辛苦苦干了一年，如果拖欠他们工钱，何以心安呢？诚信比金钱更重要，只有建立在诚信基础上的财富才会取之不尽，用之心安。"孙家兄弟从来不把自己所受的委屈与损失转嫁给手下的工人。

孙家兄弟从小就记得"为人不欠隔年债"的乡风古训。他们的母亲宋腊梅也总跟他们说："你们都是做工出身的，工友跟你们辛苦了一年，工钱一定要结给他们，千万别落下骂名……莫穷得富不得，富得了不得。我们要穷不倒志，富不癫狂。"在父母的教育下，孙家兄弟从小就懂得勤俭持家、诚信为人、忠厚处事的道理。他们自己做了老板后，"每年春节前一定要结清工人工资"已成为兄弟俩的信条。渐渐地，孙家兄弟的诚信口碑在行业内传播开来，他们的队伍从最初的十几人起家，最高峰时达 300 余人。

当了老板仍不忘自己是农民工出身，永远珍藏着做人的良知，高尚的品德感天动地，这就是孙家的信义兄弟。

用生命坚守承诺

时隔一年多了，孙东林回忆起发生在那个己丑腊月里的故事，心情依然是那么黯然神伤：2010 年 2 月 9 日（腊月二十六），天气预报说，天津至武汉地区即将出现雨雪天气。为了抢在大雪封路前返回武汉，结清部分农民工的尾款，孙水林一家连夜从天津驾车回家，2 月 10 日（腊月二十七）凌晨，在河南境内惨遭车祸，车上一家 5 口全部罹难。

　　"2月1日（腊月十八），孙水林就跟我打招呼：'今年的工程款要得不怎么好，你得给我准备点钱。'我就和家里人商量，我媳妇问哥哥：'10万块钱行吗？'哥哥说：'不行，得15万。'于是，我们就给他准备了15万元钱。腊月二十六日，哥哥一家人从北京来我家(天津)时，我还在外面催收账款。我们两家本来准备转天一早结伴一起走，但哥哥在网上翻看网页时，顺便看了看天气，一看天气，他就着急了，赶紧给我打电话说：'你在哪儿呢？你赶紧回来，我得回去了。'我在电话里面问他：'你不是说好了明天早上四五点钟走吗'？他（孙水林）说：'不行，这一看天气预报明天全是雨雪，我现在就要走'。我说：'那你等我，我马上赶回来。'过了20分钟，他又给我打了一个电话，问我：'你什么时候回来？'我说：'3至5分钟吧'！我一赶回家，他（孙水林）就说：'我和你嫂子还是要先赶回家。'我说：'这么晚了，路上又不是很安全，明天再走吧！'他连说：'不行，不行，明天一片白（指大雪），今天晚上要不走，高速公路一封，我就走不了了，还有几十个工人的工资没发呢！'

　　我回到家的时候，他已把事先准备好的15万元钱拿好了。我们哥俩见面没超过3分钟，他就说要走，我当时还想：哥哥回去了，还能帮我把给工友的工资也带回去发了，我就把他们送到门口，把给他们准备好的北方驴肉，还有金橘等物品装到车上，看着他把钱搁在后备箱的备胎里面。他搬了一箱酒给我，说：'北京的兄弟们给你带了一箱酒，让我给你。'我说：'你带回去吧，吃年夜饭的时候咱哥俩再喝。'他回头跟我乐了一下，我就跟他说：'你开慢一点！'因为考虑到嫂子也是老司机，哥哥也开了十几年的车了，我还说：'累了让嫂子换着你开一下！'他说：'好嘞！'把车门一关，就走了，这是我们哥俩最后的对话。当时大约是晚上6点多钟，因为我在天津还有些事情没处理完，当晚就没有跟哥哥他们全家一起走，万万没想到的是，这匆匆的一别，竟成了最后的诀别了！"

孙东林继续回忆说，"当晚 11 点 53 分，我正准备给哥哥打个电话问问路况，结果接到朋友江新文的电话，他说：'你哥刚跟我通完电话，说他已经到河南开封了，路上还挺好走的。'为了让他开车不分心，我接到朋友报平安的电话后就没有再跟哥哥通话。"孙东林说："结果转天醒来，我 4 岁的女儿说了一句'都死了'，我觉得她可能是做了个噩梦，也没有追问她。早上 7 点多，我开始给哥哥打电话，没有人接。估算时间，他们的人、车差不多应该到湖北了，我又给家里老人打电话，老人说还没到，我开始隐隐地觉得不对劲了。在连续给嫂子、侄女、侄子、哥哥打了一两百个电话都没人接后，我开始慌了神，因为他车里有大量现金，我最

011 年 1 月 17 日，湖北省信义
兄弟农民工帮扶基金会救助
启动仪式

开始以为是哥哥一家遭到了绑架，就四处拨打 110 报警电话。先报的是北京顺义滨河派出所，他们说，你的人最后是从天津走的，要报天津的 110，天津警方接警并进行了登记。但是失踪不到 24 小时，警察一般不采取行动。然后我又用 114 查济南高速公路的电话询问：有无重大车祸，但他们始终没有回信。上午 11 点多钟，我开始坐立不安了，按捺不住我的急性子，就从天津开车沿途去追查哥哥的下落。下午 4 点钟左右，江新文来电话说：哥哥的电话终于有人接了，但是个陌生人，说是在河南兰考县人民医院太平间里！"

闻知噩耗，孙东林悲痛欲绝！在他最心痛、最无助的时候，他承包工程的合作方中国华北冶金建设有限公司党委书记汪柏琼派其侄儿汪敏前往河南兰考相助，先是到兰考县交通大队帮助去查找。最终他们在兰考县人民医院太平间里见到了孙水林一家 5 口的遗体。已回到家乡准备过年的几个农民工兄弟，知道孙水林一家遇难的消息后，也不顾天寒地冻，连夜从黄陂乘汽车转火车一路哭着赶到兰考，帮助孙东林处理后事。他们帮孙东林买方便面、找烫脚水，让身心凉透的他心生出许多温暖。

那些天，河南下了很大的雪，孙东林并没想到交通事故会是那么惨烈，望着躺在太平间里哥哥一家 5 口的遗体，孙东林泣不成声地说："哥哥，现在兄弟也帮不上你什么忙了，因为这个交通事故，我去找了开封警方，他们说这个交通事故挺大的，一时半会儿也解决不了，他们让我先回去。等过了年我再来，该怎么处理，就怎么处理，我在这里再呆下去，也没有多大意义，我先跟你告个别。哥哥、嫂子，不是兄弟我心狠，兄弟现在唯一能帮你的，就是了了你的心

工友们来到孙家，安慰孙东林（中）

愿，你回去的心愿是给工友们送工钱，我现在就去帮你完成这个遗愿，我把给工友们的工钱帮你送回去，给他们发了。你得原谅我，你别说兄弟心狠，把你扔在这里不管。兄弟现在唯一的能给你办的，能急着做的，就是了了哥哥你的心愿。"孙东林当时想：这就是对哥哥最大的安慰了。

当孙东林从医院的太平间里一走出来，脑袋就蒙了，眼前一黑，就栽倒在雪地上。他说："我从来都没有过那种感觉。我当时趴在雪地里就想，我哥哥是为了赶在大年三十前给工友们发工钱，连夜往湖北赶的，我要完成哥哥的遗愿，先赶回去把工钱发了，其他事情再慢慢打算。"

孙东林看着那个惨不忍睹的轿车，想着哥哥那死不瞑目的双眼，车祸后，车里的财物已荡然无存，一切能用做证明的证据，全都消失得无影无踪，孙水林的妻子随身携带的手提包，以及包里的手机、首饰、账本、现金、驾驶证等全都不在了。孙东林记得有一部分现金放在备胎里了，于是他撬开被撞得面目全非的轿车后备箱，打开备胎，26万元工钱还在里面。当时，孙水林轿车的前车灯还在闪个不停，仿佛在提醒孙东林："哥哥还有事没办完，你千万别忘了'新年不欠旧年薪'的承诺啊！"

化悲痛为责任

在孙东林眼中，哥哥孙水林从小就是他的苍天大树，他们俩的年纪相差9岁。孙水林在家排行老大，孙东林是家里的老小，一直以来，他就是那种大树底下好乘凉的感觉。他们兄弟两个亲密无间，虽然各有各的家庭，但结婚后，直到孙水林离世，孙东林家从来没有自己做过年夜饭。每到年三十，晚7点准时，两家人加上父母，大人孩子都会在孙水林家里吃饭，那个时候，他们围坐在一起，其乐融融。因为孙东林兄弟的母亲是孤儿，从小遭了很多罪。她经常教导哥俩说："做包工头一旦欠人家农民工的钱，名声就不好了！名声不好了，就没有人愿意来帮你们！没有人肯帮你们干活，你们也就不是老板了。"家风如此，所以孙水林、孙东林的为人也就非常豪爽仗义。孙氏兄弟不分彼此，兄弟间从没红过脸，没有为了钱的事扯过皮。而现在孙水林突然走了，永远地离开了他的兄弟，这对孙东林来说，意味着这棵大树永远没了。

"为了坚守承诺，哥哥把命都豁出去了，我不能让他带着遗憾离去。虽然我家这个年是过不好了，但我不能让跟着哥哥干了十几年的工友们也过不好年。"

当时，已经是腊月二十八了，两天未合眼，没吃饭的孙东林，顶风冒雪驱车往家赶，终于在腊月二十九日赶回了湖北黄陂这个让孙水林顶风冒雪也要回到的家。孙东林来不及休息，便通知工友们上门领钱。

不少平时跟随孙水林干活的农民工已经先期赶到孙家。屋里的气氛，凝重而肃穆，工友们你一言，我一语，个个热泪盈眶，"孙哥一家5口人都遇难了，我们这点工钱在逝去的生命面前又算得了什么呢？""孙哥为给我们送工钱遭受了这么大的灾难，现在后事还没有处理好，我们怎么能忍心……"

孙东林含着眼泪，却又不容置疑地谢绝了工友们的好意，面对跟随哥哥多年的工友，他敞开心扉说："各位乡亲，这次帮哥哥发放工钱完全是一笔良心账，因为账本、账单全在我嫂子的手提包里，可出了车祸后，嫂子包里的东西，还有我侄女的笔记本电脑全都没有了，这发工资用的26万元也是因为我亲眼看到哥哥放在备胎里才找到的，而实际要发给工友们的工钱可能不止26万元，也可能不足26万，所以这次我帮哥哥给你们发钱，就是让大家凭着良心说话，工钱由你们自己报数，你们说多少，我就代我哥给你们多少！你们报多少，我就给多少。"

经过核算，孙水林留下的26万元现金不够发工钱的，孙东林立即到银行取出仅有的现金6.6万元，还差1万元没有着落。孙东林70岁的老母亲毫不犹豫地拿出积攒多年的养老钱说："今生不欠来生债，我不能让大儿子背着欠钱的名声走。"老人朴素的话语，令在场的人无不动容。最后孙东林共为孙水

武汉市黄陂区委书记
袁堃看望孙东林

林发放了 33.6 万元工钱。

从早上 7 点，忙到晚上 8 点半，直到所有的工友们都领到应拿的工钱，孙东林如释重负，终于完成了哥哥未完成的心愿，无债一身轻了，腊月二十九日晚上 8 点半，钱账两清的时候，孙东林拉着侄女孙云的手说："我们现在可以站在咱们家二层楼的楼顶上，对外宣布：我们不欠债，这 20 年来，你爸爸到今天，不欠谁的一分钱工钱，不欠哪位农民工的一分钱血汗钱，我们 20 年来一直是这样做的，到今天也敢说这个话"。大年三十那天，孙东林的心里出奇地平静了。

虽然不少人心存怀疑，但孙东林却相信民工们不会虚报数目。"最后的金额同哥哥预算的数目基本相符。不少工人跟着哥哥干了多年，他们朴实忠厚，是我们为人处事的榜样，更是我和哥哥坚守诚信的动力！"

接英灵回家，众乡亲送别

2010 年 3 月 1 日下午，孙水林的遗体在河南开封火化，坐满了两辆大轿车的数十名农民工兄弟陪同孙东林一家，前往离车祸发生地几十公里以外的地方,把孙水林一家5口的骨灰接回湖北老家。

3月2日,天刚蒙蒙亮,孙东林携家人捧着哥哥孙水林一家5口的骨灰盒,从河南开封回到老家武汉黄陂。湖北各地的群众闻讯后,聚在高速路口迎接他们,并为孙水林一家5口的骨灰举行了盛大的迎接仪式。数千名父老乡亲自发地前往悼念,表达对孙水林一家人的深深怀念和敬意!

那天上午10时,武汉市黄陂区在泡桐长途汽车站为孙水林举行了隆重的骨灰安放仪式,偌大的停车场站满了从十里八乡赶来的父老乡亲。葬礼庄严肃穆,整齐地摆放着湖北及开封相关部门送来的花圈,现场悬挂着挽联:"义举浩然动天地 诚实守信重情义"。孙水林的亲友及农民工兄弟来为他送别;弟弟孙东林手捧武汉市黄陂区"诚信企业家"、全国总工会授予的全国"五一劳动奖章"、"诚实守信道德模范特别奖"、中国华北冶金建设有限公司授予的"华冶最佳农民工"、第十二届"邯郸青年五四标兵"等光荣称号和荣誉证书,向兄长作最后告别。这些沉甸甸的奖章凝聚着兄弟的情义,蕴涵着社会对"信义兄弟"的褒奖。

看着摆放着的5个骨灰盒,"信义兄弟"的母亲哭昏了两次,醒了之后又要挣扎着送大儿子一家最后一程,在亲友的搀扶下,虽然坐在板凳上站不起来,但仍在不断地喊着大儿子和大儿媳的名字。在黄陂泡桐,许多街坊邻居自发来到孙家探望,安慰沉浸在悲痛中的老人。"大娘,别哭了,您都两天没吃什么东西了。"一位大婶拉着孙母的手,一边抹去老人家眼中的泪水,一边掉下自己的眼泪。还有一位老人,天天到孙家,搂着孙母说说话,或给孙父点支烟。

刚从开封护送孙水林一家骨灰返乡的孙东林在现场强忍悲痛说,"哥哥在外风风雨雨20年,从未欠过任何工友一分钱。哥哥走了,留下亲友们深深的怀念,我将竭尽全力孝敬父母,继续哥哥的事业,不辜负父老乡亲们的厚爱,为社会的发展多作贡献,为乡亲们致富多作贡献。"

除了亲朋好友，孙氏兄弟企业里的不少农民工也赶到现场，还有一些外地群众自发给孙水林送行。

武汉市黄陂区区委书记袁堃说，"信义兄弟"是黄陂的骄傲和全区人民的自豪，他们就像一面明亮的道德镜子，映照着社会的诚信和责任，夯实着道德与正义的力量。

在孙水林的追悼会上，孙东林当着哥哥的遗像许下诺言，送哥哥一家入土为安后，他将带着这帮农民工兄弟继续干建筑。"我哥哥立下的规矩不能变，只要是跟着我干的农民工，我绝不会拖欠他们一分钱的工钱。"孙东林说："我所说的一起干，不仅仅是要带着工友们完成哥哥遗留下的那些工程，只要工友们愿意，我就一直带着大家干，秉承哥哥诚实待人的本性，用真心对待农民工兄弟，一如既往地对工友们好。诚实是立业的根本，也是做人的根本。"

对于孙水林一家唯一幸存下来的女儿孙云，孙东林也斩钉截铁地说："我一定会像待亲闺女一样对待侄女，把侄女抚养成人，让她学习自己爸爸妈妈忠厚老实、诚实待人的品德，将来做一个对社会、对家庭负责任的人。"

追忆逝者，情撼荆楚

孙水林的大女儿孙璐大专即将毕业，三女儿孙娇在读初三，小儿子孙锦超在北京借读。孙云是孙水林的二女儿，在湖北现代技术学校读护理专业，因留在武汉实习，没有随父母住在北京，才幸免于车祸。

在孙云看来，父亲孙水林严厉但不苛刻，每月给她600元的生活费，如果需要增加钱，父亲一般都会答应。每到暑假，姐妹三个都会到北京去找父母，姐弟四人愉快地在一起生活、学习、玩耍。而今却阴阳两隔。

孙水林的父母70多岁了，还在种田，家里几间小房子里还堆放着几袋油菜籽。每到暑假,孙水林、孙东林的孩子都会到农田里帮爷爷奶奶干农活。看到父母年岁渐高,2009 年,孙水林买了一辆麻木(机动三轮车)留给父母,以方便二老拖运肥料等生产物资或生活用品。同年国庆节时,孙水林曾对母亲说,准备 2010 年给老人做 70 大寿。而现在,随着孙水林车祸罹难,已成为孙水林一生的憾事。

孙东林的妻子彭国平说:"孙东林脾气不太好,哥哥孙水林经常批评弟弟,要他和气待人。孙水林不仅对弟弟关心照顾,对孙东林的两个小孩也非常疼爱。有一次,孙水林把侄儿接到北京,听说他喜欢吃羊肉串,一下子给几个孩子买了 70 串,后来又急急忙忙去给孩子们买消食片。还有一次,孙东林、彭国平的 3 岁女儿到孙水林家去玩,吵着要吃口香糖。乘小侄女不注意,孙水林溜出家门,到街上买了口香糖,藏在口袋里,等到小侄女再吵闹时,他又突然像变戏法似的,从手上变出来,逗得全家人都开心大笑。

孙家的街坊邻居们都说,孙水林乐善好施,每年回家过春节,都会给老人、小孩们塞点压岁钱,在当地口碑很好。父老乡亲遇到困难,只要向他开口,一般都能借到钱。有时候,老乡有事到北京去,无论遇到什么难解的事情,只要找到孙水林,他都会尽力帮助,安排食宿,让乡亲们吃好住好睡好。

孙水林的家里看上去并不十分富裕,虽说是楼房,但楼上楼下,最打眼的也就是一台海尔牌液晶电视机。与孙水林同村的彭双云说,孙家早年非常贫寒,但他们为人忠厚老实,勤奋努力,肯吃苦,乡里乡亲也经常接济他们家。孙水林自幼受到传统文化以及父母言传身教的影响,深知忠厚为人,善待他人的重要性。

道德之光 泽被后代

为了继承孙水林的遗愿,孙东林经与侄女孙云等家人商量,决定将社会各界送来的 33.4 万余元奖金和慰问金全部捐出，设立农民工帮扶基金，以此回馈社会，这项义举得到了黄陂区委、区政府的大力支持和帮助，倡议一提出，现场就认捐了 150 万元钱，截至目前，该基金已接受各类捐赠 200 余万元，并办理了设立帮扶基金的有关手续，成立了湖北省"信义兄弟"农民工帮扶基金会，"信义兄弟"之弟孙东林当选为会长。他想通过这样一个基金来帮农民工兄弟做一些急难的事情。孙东林认为："农民工是城市的建设者，也是城市发展的创造者，绝大部分农民工都在为城市发展和建设贡献力量，反过来说，农民工还是一个弱势群体，他们需要帮助，很多农民工是一家之主，是家里的顶梁柱，如果农民工在外面干活，干了几个月，甚至干了一年都没能拿到钱回家，或者是在外面打工时，遇到什么不测，有了什么困难，他们那个家就不算一个完整的家了，就像我们所说的天塌下来一样，成立这个基金会就是要帮助那些需要帮助的农民工，农民工挣的钱是回家养家糊口的辛苦钱。希望整个社会能从更高的层面，从多方面来关心帮助农民工，把各方面的一些关系处理得更加和谐。"

据悉，湖北省"信义兄弟"农民工帮扶基金会的救助行动已经启动，孙汉华等 8 位困难农民工已获得首批 4 万元的救助金。

孙水林一家 5 口人逝去后，孙东林最为关心的是哥哥遗女孙云的教育、工作问题。在社会各界的关心下，孙云现已进入湖北省口腔医院成为一名见习护士。孙东林 4 岁的小女儿，在大家的帮助下，天津华夏未来第一幼儿园破例接收了她。15 岁的儿子原先一直在天津滨湖中学上学，因户籍不在天津，无法参加当地的中考，他只得将儿子转回武汉上学。武汉市委有关领导得知此事后，积极协调，安排他的儿子进入汉口七一中学，学校不仅免除了所有的费用，还安排最优秀的老师进行专门辅导。在社会各界人士的关心下，孙家的两位老人也渐渐从失去亲人的阴影中走了出来，这是最让孙东林感到欣慰的事情。

孙东林说："我们得到了社会各界给予的支持，我们一家人只是做了我们该做的事情，这也本是天经地义的事情，可是社会各界却给了我们极高的荣誉和帮助。我有信心、有能力让父母安享晚年，侄女在得到好的教育的前提下，工作已经由湖北省口腔医院给我们积极地安排、协调好了。我想到的各级政府已经帮我想到了，没有想到的，政府也帮我想到了。我要更多地回馈于我的农民工兄弟们，我们的社会！以后如果他们遇到困难，我希望能给他们提供更大的帮助，让他们尽快走出困境，并远离困境。孙东林说："我现在已经注册成立了'湖北信义兄弟建筑工程有限公司'和'湖北省信义兄弟农民工帮扶基金'，我要在建筑和慈善领域有更大的作为，以回馈社会的关爱。"

"讲究诚信不一定能够把生意做大，可所有生意做大的公司或个人一定是讲究诚信的。诚信是立业的根本，也是做人的根本，或许会有人说我们傻，但我会一直这样做下去。不讲诚信肯定失败！"孙东林目光坚定地说。

2010年4月14日，还未处理完哥哥所有后事的孙东林，得知青海玉树发生强烈地震后，立即通过天津华冶公司和家乡黄陂李集街道办事处，向玉树灾区捐款2万元。他说，在我们家遭遇不幸的时候，各级组织和社会各方面的支持、慰问给予我们温暖和力量，现在玉树同胞遭遇了如此巨大的困难，我也要尽一份心，出一点力。

有关诚信的思考

诚如孙氏兄弟所讲，给农民工按时发工资本是天经地义的事，并不值得特别称道。他们只是在履行法律义务，保障农民工的合法权益。然而，正是这些简单行为中的诸多难能之处，照亮了孙家兄弟人格上的高贵一面。一般人会认为，为了保障自身出行安全，孙水林完全可以待天气好转后回家发工钱。相反，为了让农民工弟兄们过上一个放心年，他选择在恶劣天气中连夜赶路，以致遭遇不幸。作为弟弟，孙东

孙东林止不住悲痛

孙东林在哥哥孙水林车祸现场悲痛不已

林也完全可以先处理哥哥的后事,待自己和家人的心情稍微平静后,再去替哥哥完成遗愿。然而,他却搁置了人之常情,沿着哥哥的足迹坚定前行。在哥哥的钱财账目被某些人趁车祸洗劫一空,甚至孙水林遗体上的皮衣也被人脱走的情况下,孙东林完全有理由追诉有关人员和部门,或仔细核实工资数目,而他却按照工人们自己报的账目发放了工资。

有关专家学者认为,孙家兄弟的义举是一个家族对忠信的传承,是一个商人对传统道德的坚守,是一个企业家对现代契约责任的履行。哥哥遭遇不幸,弟弟义无反顾接力送薪,替哥哥发放良心工钱,这是诚信仁义的真诚体现,是中华民族恪守的道德标准,是对传统道德的可贵坚持。孙家兄弟的行为充分体现了道德与责任,是一个社会能健康前行的基石。

从道德方面看，"信义兄弟"竭力维护和保障农民工的基本权利，重视弱势群体的权益，这也是他们强烈的社会责任意识的一种展示，用自身的行动有力地倡导了时代道德和伦理风尚。从诚信方面看，当今社会，农民工欠薪问题以及社会诚信的缺失已经成为令人关注的问题，这就直接导致了国民对于诚信的期盼，"信义兄弟"在社会转型时期，诚信淡薄的大背景下，维护农民工权益的事例，在当今中国引起的震撼，对于规范我国的市场道德秩序，完善和健全社会主义市场体制和机制起到了很好的榜样作用。

人们不断呼吁完善有关法律，公众不断质问无良欠薪者的道德底线何在时，"信义兄弟"展现出的诚信和自律力量，通过兑现法律和道德义务，赢得了社会的尊重。在"信义兄弟"的称号广为传播之际，或许孙家兄弟的名字会在人们的心中渐渐模糊，但他们的道德示范作用，已上升为诚信和道德的代名词。法治社会的建设，完善的法律制度固然不可或缺，然而要实现社会关系的和谐，发挥诚信精神的润滑作用同样重要。倘若一个社会能以"信义兄弟"为坐标，时刻校正其行为偏差，和谐的人际关系也才有可能形成。

"信义兄弟"弟弟孙东林通过电子银行
给农民工发工资

孙家老屋

典型的出现，看似偶然，实际上也有必然，在湖北黄陂木兰的故里，黄陂人最近常说："古有花木兰替父从军，今有孙氏兄弟接力还薪"，历史文化的熏陶传承，也告诉人们要诚实守信，忠勇大义，要敢于吃苦，这样我们才能走得更远，站得更久，做得更大更强。

信义兄弟　感动中国

在央视"感动中国"节目的拍摄现场，主持人白岩松对"信义兄弟"中弟弟孙东林进行了采访，他们的言行在感动着现场观众的同时，也感动着全国的受众，通过媒体的传播被广为流传，但这并不表明作为普遍现象的欠薪或一切不和谐因素能得到根除，更不表明各行业、各领域人的言行都能因他们而学会遵守道德底线。虽然我们看到，"信义兄弟"对于"人心不古"的现状而言，为人们带来了精神上的再次触动，但触动还不足以成为一种根治恶疾的良药！我们祈愿这种触动至少是人们久经压抑的情感开始释放的表征，但愿它是一个尝试着重拾基础道德的开始！

眼下，"信义兄弟"已成为热词。在百度、谷歌上键入"信义兄弟"关键词，相关网页均在 50 万条以上。据统计，已有 50 余家主流媒体关注过此事。大爱是在万念聚成一念的过程形成的，许多感动、许多关怀、许多承担汇成生死相诺的一念，兄终弟及，接力送薪，正是孙水林、孙东林兄弟一生的信念。承担起对社会的责任，讲诚信，首先就是负责任。如果一个社会能够为其成员提供持续和稳定的就业，使每一位成员都能够长期安心工作，他们的家庭都能得到稳定的保障，才能够增加他们对社会的归属感，从而激发他们的工作热情，更好地投入工作，这才是对人民实实在在的负责。只有与人民同甘共苦，人民才能与国家同生共死，社会的持续发展才能有更坚实的保障和后劲。但愿湖北"信义兄弟"生死接力发放农民工工资的事情让每个中国人

孙东林在"感动中国"2010 年度人物颁奖现场

记在心里,烙在心底,让"诚信"开花遍地,不再感动整个中国。

推选委员陈淮给"信义兄弟"的推介词:

　　这是一面镜子。这面镜子值得我们每个人照,值得我们整个社会照,值得我们把自己的心掏出来照。

推选委员喻国明给"信义兄弟"的推介词:

　　他们如期还薪原本是普通的,因为生死接力才显得具有特别的意义。透过这件事引起的巨大社会反响,也许应该让我们看到更多令人痛心的缺失。

第一部分

03

铁汉

才　哇

"感动中国"组委会
授予才哇的颁奖辞：

对乡亲有最深的爱，所以才不眠不休；对生命有更深的理解，所以才不离不弃。铁打的汉子，是废墟上不倒的柱，不断的梁。他沉静的面孔，是高原上最悲壮的风景。

舍家救人的康巴铁汉

这个碰头的时候，这个强卫书记我不知道，不知道的话，那个我看到他哭了，哭着的好领导，和我们父母亲一样的。那个领导一样的，我碰头着。

——才哇

    2010 年 4 月 14 日，青海省玉树县发生 7.1 级的强烈地震，在抗震救灾过程中，才哇的名字传遍了祖国的大江南北，他舍己为人的英雄事迹感动着千千万万的人们。才哇是位十分淳朴的藏族基层干部。个子高大结实，长相英武、肩宽步阔、目光深沉、盘着辫子里系着"英雄结"，方方的脸上有着络腮胡子，因为高原上紫外线强烈，脸上有着特有的高原红色。他颈上系着珊瑚项链，粗壮的手指头，一看就是个干重活、出大力的农人。

脱贫奔小康的带头人

    才哇的家乡结古镇地处青南高原扎曲（河）谷地，扎曲（河）自西北向东南流经境中汇入通天河（长江）。结古镇是唐蕃古道上的交通、军事、贸易重镇，历史悠久，自古以来便是青海西宁、四川康定、西藏拉萨三地之间的贸易重镇。结古镇是玉树藏族自治州的首府、玉树县辖镇，州、县府的驻地。"结古"在藏语中是

"货物集散地"的意思，长江从它身边流过，它也成了长江流域中第一个人口密集的地方。经过长期频繁的贸易活动及广泛的文化交流，形成了独具一格的江河源社会、经济、文化和自然景观，勤劳、智慧、朴实的玉树藏族人民，在这块土地上繁衍生息，已有4000多年的悠久历史，创造了灿烂的文明，形成了丰富的文化积淀。结古镇位于县境东部。人口2.3万人，以藏族为主，占总人口的79%，面积807.7平方公里，海拔3681米。这个地方产业以商贸、服务业为主。农牧结合，以牧为主，牧养牦牛、绵羊、马等，种植青稞、油菜等。境内有贝纳沟文成公主庙，为省级文物保护单位。还有在信教群众中负有盛誉的新寨玛尼石堆，每年7月25日的州庆活动在这里举行，省州县及国外游客来此经商、观光，每到这一天，这里都是人头攒动，货物琳琅满目，民族文化活动高潮迭起，人人洋溢着笑脸，在各种活动中参与或驻足观看。

才哇的家在结古镇扎西达通村。他的阿爸是村子里的保管员，1980年，才哇的阿爸正在会场开会时，脑溢血突发而不幸逝世。1963年6月出生的才哇，那时才17岁。第二年母亲也跟着去世，他们成为了孤儿。才哇有兄弟6人，哥哥成家了单过日子，家庭生活的重担就落在了才哇的身上，他既要干农活，又要照顾4个弟弟，所以，艰难的生活道路培养了他坚强刚毅的性格。

扎西达通村处在农区，虽然，扎西达通村具有区域优势和地域优势，但长期以来，捧着金碗却没有改变贫穷落后的面貌，乡亲们过着紧紧巴巴的日子。村里有4个农业社，2005年，才哇被群众推选为第三社社长。那时，三社有村民45户，130多人。在地震发生前，才哇带领三社的村民办了两个村社集体厂子，安置了26位失地农民就业工作。一个是采石场、砖厂，才哇领着大家到河里挖沙子，拌上水泥，制作成长40厘米、宽20厘米的大块儿空心砖，出售给需要的单位。另一个是养殖厂，从开始的100头牛，经自然放养，发展到210多头，年收入达到6万元。到2006年底，才哇领导的第三社实现了有史以来的第一次分红，他给村里的每一户人家发放 50 袋牛粪，给每一个人 500 斤口粮，在两个厂子里工作的人，每月工资 800 元，年底还有 2000 元的分红。三社的特多文次说："才哇为人厚道，做事明白，是一个心里装着乡亲，能给乡亲们办实事的好社长。"在工作中，才哇出力最多，操心最多，但是他自己和普通工人拿一样的工资。

才哇是 2005 年 7 月加入共产党的新党员，第三社有 12 名党员，他们的党小组每个月都有活动，党员与第三社的孤寡老人、贫困户结成了帮扶对子，在各个方面关心照顾他们。与才哇结对子的是 77 岁的孤寡老人俄拉，才哇每年给俄拉送粮、送菜，添置衣服，送医院治病，老人十分感动。第三社 69 岁的次成和老伴才卓玛都是年近七旬的人了，没有劳动能力，也没有收入来源，每年都是才哇把粮食、燃料送到他们老两口家中，照顾他们的生活，使他们的晚年没有后顾之忧。

才哇在社里分红

抗震救灾的英雄汉

2010 年 4 月 14 日，青海省玉树藏族自治州连续发生 3 次大地震，第一次地震发生在清晨 5 点 39 分 57 秒。当地多数人尚未起床，伤亡较为严重。震级为 4.712 级，震中为纬度 33.1°、经度 96.6°的玉树县拉秀乡日麻村。第二次地震发生在 7 点 49 分 40 秒，震级为 7.13 级。第三次地震发生在 9 点 25 分 17 秒，震级为 6.29 级。玉树县固定电话通讯中断，水库出现了裂缝。因为当地大部分都是土木结构房屋，地震发生时，房屋开始剧烈晃动，一瞬间就全部坍塌了，公园里佛塔塔顶整个倒下。接着，学校、机关、企业、医院、商场等公共场所的楼房也相继倒塌，上百个村庄霎时陷入房倒屋塌的灾难，十几万群众亟待救援。截至 4 月 19 日 8 时，中国地震局台网共记录到玉树地震余震总数为 1206 次，其中 3.0 级以上余震 12 次。截至 4 月 20 日 10 时，玉树地震遇难人数为 2046 人，失踪 193 人，受伤 12135 人，其中重伤 1434 人。

才哇在救灾中

灾难发生得太突然了，令人猝不及防！在地震来临的最初几分钟，住在哥哥家的才哇被大自然的巨大能量释放震惊了，用他自己的描述就是"站不住，也走不动"。当他意识到这是遭遇地震后，他立即冲出了家门，启动汽车，赶往扎西达通村，才哇要救助那里的父老乡亲,在这危机时刻,干部始终要和群众在一起。

大路两旁,到处都是坍塌的房屋和被困的受伤群众,惨不忍睹。良心和责任感使他不由自主地停了下来,"顾不得那么多了,先救眼前的人!"他心中只有一个念头,救人、救人、赶快救人!就奋不顾身地投入了用手扒砖木,抢救被埋的群众生命工作之中。

救出来了,他开着车把在路上碰到的 3 名受伤群众送到了开阔的赛马场,然后折回了自己的村子。地震已将扎西达通村第三社 45 户村民的房屋震成了一片断壁残垣,一些人依然埋在废墟下面。

没有工具,才哇带人不停地用手扒着、刨着,在大家的共同努力下,被埋的乡亲一个个从废墟中被解救了出来。

这时,一名村干部跑来说:"才哇,你们家的房屋全塌了,人被压了,你快去看看吧!"才哇心里一惊,然而,眼前的抢救工作进行到一半,怎能丢下不管而回自己家去救人呢?才哇继续在废墟里刨挖,双手的动作更快了,他内心格外地焦急呀……

连续的剧烈余震还在发威,摇得抢险的人难以站住,爆土扬场,呛得人睁不开眼,一个劲儿地咳嗽。才哇是个壮汉,此时已经累得满身大汗。"救人、救人,赶快救人!"才哇一边呼喊动员,一边全然不顾余震的危险,和村民们奋不顾身地抢救那些埋在废墟下的同胞。

突然,手机里传来女儿打来的电话,女儿哭泣着告诉他,家里的房子已经全部倒塌了,阿妈、姐姐和侄子被压在下面了。才哇内心十分清楚,在抢救人最宝贵的 72 小时之内,谁先得到救助,其生还的可能性就增大一分。但在大灾大难面前,全村人都听他的指挥,全村人也看着他的行动,他完全可以指挥大家去救自己的家人,但作为党员干部的才哇要先顾他人,后救家人。才哇这条汉子,此时也红着眼圈,安慰着被吓坏了的孩子,他说:"不要着急,先救出这里的人,我马上回去。"等他放下电话后,听到废墟下仍在呼救的声音,他想,一定要救他出来,不能就此罢手,半途而废。

在那艰难的分分秒秒中,女儿又一次打来的电话传出噩耗,阿妈、姐姐和侄子 3 名亲人遇难！女儿哭着恳求他："阿爸，你赶紧回来吧！怎么办呀，家里的事儿都等着你呢！"

作为父亲的才哇听到后，真是如雷灌顶，悲痛不已，但他还是强忍悲痛，劝慰女儿说："你尽快通知其他亲戚，阿爸这边也有很多群众受伤遇难，等我安顿好这里的群众，我马上回去。"

世上的人都有至爱亲朋，都有七情六欲，哪个人不疼爱自己的亲人和骨肉？扎西达通村的群众在灾后评价才哇时说："在大灾难的考验面前，在'大家'和'小家'利益的权衡中，才哇选择了面对考验、迎难而上，选择了放弃小家、顾全大家。这就是一个共产党员的选择！"

在才哇榜样作用的带动下，村民们经过不懈的努力，先后又有 3 人被从废墟中徒手刨了出来，其中 1 人已经死亡，2 人生还。才哇安顿好被救出的群众后，急忙往家中赶去，路边又有许多受伤的群众求助，才哇义无反顾地将 4 名重伤者送到医院。就这样，才哇在回家的途中，来来回回在被救群众现场和医院之间又奔忙了许多趟。

在紧张运送了近 30 多名受伤的各族群众后，才哇看到自己村里村民和周围群众的情况稍稍安定了一些，他和村委会其他干部简单沟通、安排布置好下一步工作之后，才匆匆赶回家去。

来迟了，才哇赶到家时，亲戚们正在帮助他料理亲人的后事呢！看着其他村民刚从废墟中挖出的自己的 3 位亲人的遗体，才哇有一种难以言说的悲痛。这个坚强的康巴汉子，也忍不住心底一阵酸楚，眼泪哗哗地流下来。在他内心的深处是对逝去亲人的无限的愧疚，为了救出其他村民，却未能及时地抢救自家的亲人。对于藏族人来说，对死亡亲人的祭奠仪式非常非常的重要，他们 3 天就要火化，还要参加"头七"的一个超度的仪式。藏族民众笃信佛教，他们觉得生和死要通过这样的一些仪式，才能让逝者的灵魂安息。此时的才哇，想到的依然是扎西达通村里正在等待救援的乡亲。废墟下还有那么多鲜活的生命正在受难，奄奄一息，亟待抢救。这条刚强的汉子擦去眼泪，默默地注视了一会儿亲人的遗体，又义无反顾地再次投入到了抗震救灾的各项事务之中。

　　在灾后的采访之中，有媒体记者问才哇："您为什么不在最佳时间去抢救自己的亲人呢？"才哇说："一个家里死几个人是灾难，但是一个数万人的镇子被地震无情的摧毁，这是大灾难。大灾面前就要尽量帮助更多的人。"才哇的语言总是朴素的，但在利弊得失的关系处理上，他是高尚的，是无私无畏的。

震后救灾的主心骨

　　通过清点人数，三社的人终于找齐了，在这场突如其来的灾难中，由于组织有力，抢救及时，才哇和乡亲们先后救出了20多人，转移安置伤员近百人。有7人不幸遇难，有20多人受伤。

　　才哇站在废墟上，对乡亲们说："活着的人还得好好活下去，村里的房子塌的塌了，没有塌的也成了危房，现在这里很危险。我们马上要转移到赛马场去，那里比较安全。党和政府一定会帮助我们的。"

　　国家的紧急救灾物资来了，在赛马场边的空地上，几十顶帐篷整齐地围成了一个四方形的院子，几十户扎西达通村三社的村民临时在这里安家，无形之中成了一家人。才哇带领人把食物集中放在了院子中间。他对大家说："谁饿了，都可以到这里来吃饱，但是不能拿回去，现在是特殊时期。"当人们在现场或是电视上看到这种场景时，都为这种团结友爱、相扶相帮的精神所深深感动和震撼。

　　安排好临时避难住处，才哇又急匆匆赶到了扎西达通临时村委会，协调和组织村干部为受灾的群众领取和发放救灾物资，此后，他几乎就没有离开过救灾物资分发现场。地震发生后的10多天时间里，才哇整日整夜地操劳，总共的睡觉时间不足10个小时。然而，每当有救灾物资到来，或者村民来找他，他总是精神抖擞地安排处理。别人问他累不累，他却说："倒了那么多的房子，死伤了那么多的人，还有很多活着的人需要安置，哪儿有时间感到累。"

　　4月17日，也就是震后的第四天的上午，已在灾区连续奋战多个昼夜的青海省委书记强卫，来到重灾区结古镇扎西达通村，这个村263户村民的房子在"4.14"地震中全部塌了。强卫心情沉重,当路过一个物资发放点时,强卫一行发现了正在忙碌的三社社长才哇。

强卫亲切地拉着才哇的手问道:"你家里面怎么样?"

这时,旁边的干部给才哇充当起了翻译,"他家里死了3口人……但是他一直没顾上,白天晚上一直在为村里的事情忙活……"

强卫这才知道,才哇和他们村里的所有干部和党员这几天一直在几个物资发放点忙着分发物资,安顿灾民的生活问题,解决灾民的各种困难。有时只是打个盹儿,基本上没有睡过一个踏实觉。 强卫接着问村民对发放的物资满意不满意?村民异口同声地说:"满意!"

特多文次说:"这次地震灾难发生后,才哇所做的一切,群众更是看在眼中,记在心里。"

强卫动情地对才哇说,"我特别感动,我特别要感谢你!刚才你跟我说家里3个人遇难,但是你没有顾上自己的家。这两天一直为村民在奔波、在忙碌、在服务。在你的身上,确实体现了我们共产党员的优秀品质。我感谢你!"

说到这里,强卫声音有些哽咽,他连续说了好几个"感谢你",然后紧紧地握住了才哇的手。才哇将头凑过去,与省委书记的头碰到了一起,按照当地的风俗,这是在施以藏族最高礼节——碰头礼!周围的村民见到了这一场景都十分动容,纷纷热烈地鼓起掌来。

地震的突发事件使玉树成了全国人民关注的焦点,结古镇因为是州、县政府所在地,又成为焦点的焦点,才哇舍己救人的事情通过新华社通稿发往祖国各地,才哇——一位普普通通的基层干部,一个没有读过书的康巴汉子,一位村民的可以信赖的贴心人,一下子就成了家喻户晓的人物,成了危难之中顶天立地的大英雄!邀请他参加的活动多了,但他心中最牵挂的仍然是扎西达通村三社村民的救援和安置工作,对他来说,那是比天还要大的大事!

在募捐晚会现场,才哇在与白岩松对话时,人们才知道,地震之后才哇一直在忙,他穿着脏衣服进京,是4月19日到北京以后,才有机会换的。问他何时去料理遇难亲人的后事,朴实的才哇表示,等村民的生活都有着落以后,再抽空处理自己的事情。那次来北京，他向晚会提出的唯一要求就是，希望导演组能为他订到最早回去的票，才哇说："这样我就能早点回到村里投入工作。"

才哇基本上能够听懂别人问他的汉话，也能说一些汉语，但是太复杂的话，他说起来有困难。他那淳朴简单的语言常常能够打动无数人的心。在募捐晚会上，他在台上不停地鞠躬，对各个捐助单位，对海内外各界真诚的援助，表示感谢时的真诚朴实使现场的众多嘉宾流下热泪。

才哇在"感动中国"颁奖现场的感动

才哇穿着一身藏族的民族服饰出席了"感动中国"的颁奖盛典，胸前挂着曾经获得的奖章。我们采访他时，他能听得懂汉语，但表达时，还需要县里陪他来的干部帮助。

主持人敬一丹问他："才哇，刚才这个镜头啊，您和省委书记这个，这个头抵着头，在藏族的习惯里，像这个动作是什么意思呢？"

才哇说："这是和我们最亲的父母亲一样的，我们才碰头的，亲人之间才这样。这是亲人最亲的那个礼节。"

敬一丹问："那你当时和强卫书记，为什么会用这样的交流方式呢？"

才哇说："这个碰头的时候，这个强卫书记我不知道，不知道的话，那个我看到他哭了，哭着的好领导，和我们父母亲一样的。那个领导一样的，我碰头着。"

敬一丹问："你看到他流泪，他哭着，所以你觉得他是好领导，好领导和父母亲一样的，真正的领导才碰头，所以头抵着头，这是一种很特殊的表达。所以这次我们看到才哇的时候，终于能看到你的笑容了。以前看到你的时候，觉得满脸都是焦虑，那现在在这个结古镇你的村里头现在最缺什么？"

才哇回答："现在啥都没缺呢。"

敬一丹问："当时在地震的时候，我们看到了太多的眼泪悲伤，现在乡亲们生活有吃的了，也有帐篷住。现在大家在高兴的时候会唱歌吗？和以前一样吗？"

才哇在"感动中国"2010 年度人物颁奖现场接受主持人敬一丹的采访

才哇说:"就是和以前一样,高兴的时候会唱歌跳舞,一样的,和以前一样的。"

敬一丹问:"我们祝福你,也祝福你的乡亲们,扎西德勒!"

朴实无华的才哇回到结古镇去了,他又像往常一样,回到群众当中,回到扎西达通村第三社,继续领导村民恢复生产、重建家园,继续投入到劳动之中。

推选委员陈彤给才哇的推介词:

他是一个普通的村干部。当大灾到来之时,才哇展示出一个负责任的男人应该有的担当和力量。

推选委员丁俊杰给才哇的推介词:

村民就是自己的亲人,有了亲情,才能干好基层工作。平时有了这样的信念,关键时刻才会有这样的风范。

第一部分

04

传人
郭明义

"感动中国"组委会
授予郭明义的颁奖辞：

他总看别人，还需要什么；他总问自己，还
能多做些什么。他舍出的每一枚硬币、每一
滴血都滚烫火热。他越平凡，越发不凡；越
简单，越彰显简单的伟大。

新时期的雷锋传人

简单就是做了一些简单的甚至微不足道的小事。但这些小事，确实是我们生活在我们这个土地上的一些人的需要。我们贫困家庭的孩子，确实需要我们伸出一把手，孩子甚至买不到一双鞋，我们拿出三百块钱，给到他手里的时候，他会说：我今天可以买一双鞋。我真的感觉到非常非常地安慰，我能做的仅仅是这些。

——郭明义

　　15年中，他累计献工1.5万多小时，相当于多干了5年的工作；16年里捐款12万元，资助贫困生180多名，近乎是他全部收入的1/2；20年来他坚持无偿献血，累计献血6万毫升，相当于自身总血量的10倍。这就是2010年"感动中国"人物郭明义在平凡生活中所做的不平凡的事。每当人们听到郭明义的事迹，有人想到"活菩萨"，但更多的人不由自主地想到雷锋。

　　2010年10月中共中央总书记、国家主席、中共中央军委主席胡锦涛作出重要指示，号召学习宣传郭明义的先进事迹。胡锦涛同志指出，郭明义同志是助人为乐的道德模范，是新时期学习实践雷锋精神的优秀代表。要大力宣传和弘扬郭明义同志的先进事迹和崇高品德，为构建社会主义和谐社会提供强大精神力量。

　　在商业大潮中，有人说这个世界已经逐步在告别英雄模范，这不是一个产生英雄的时代。但是郭明义

鞍钢矿业公司齐大山铁矿全

却在用自己的行动否定这样的说法，在新时期依旧一如既往地沿着雷锋的足迹前行。郭明义是怎样"炼"成的？他如何能够做到？带着这些问题，让我们走进郭明义的世界。

老郭是个认真人

　　郭明义当然不是天生的模范，在他成长过程中，也有自己的模范。郭明义的模范事迹中有一条是刻苦学习与认真钻研，这与他的父亲郭洪俊的影响密不可分。郭洪俊在家里八个孩子中排行老大。他为了给家里减少负担、养家糊口，很年轻的时候就离家工作，成为齐大山煤矿最早的一批矿工。因为家中条件所限，郭洪俊没有上过学，刚到矿上工作时，大字不识一个。但他打骨子里就是个好学习的人，没有老师，他就拿来报纸，硬是靠一边翻字典一边读报来自学。每天晚上，家里吃完饭，郭洪俊就和几个孩子头对着头在一张桌子上共同学习。郭明义忘不了自己上小学时的一个初春夜晚，自己正在温习着课程，父亲悄悄走到了自己的身旁，说道："儿啊，父亲这辈子苦就苦在没有文化上，连看上一段报纸都要费好大劲。父亲有生之年就想能看到你掌握一些知识，为老爸争一口气。"

虽然因为年代的关系，郭明义与大部分同龄人一样在动荡中接受了中小学教育，他回忆说，"学校整天搞运动，没太学到啥东西。"但是通过对《雷锋故事》的反复阅读，郭明义心中有了强烈的愿望，他想当雷锋一样的兵，一名汽车兵。父亲得知儿子的心愿，非常支持。1977年，郭明义终于穿上绿军装，戴上红领章，成为一名中国人民解放军战士。

刚刚步入军营，郭明义就被分到了汽车训练队，想到马上就要像雷锋一样成为汽车兵，他激动万分。但是人虽到了汽车训练队，他却被安排在炊事班做饭，只能眼巴巴地看着别人摸上方向盘。但郭明义没有丝毫怨言，他牢记"服从命令是军人的天职"、"干一行就要爱一行"，即便是当个炊事兵，他也要干出一番精彩。他把自己的钻劲一股脑儿地用在了部队伙食上。做饭、做菜他一学就会，用有限的食材，尽力为战友做出最美味的伙食。至今，郭明义都保留了一手熬玉米糙粥的绝活，这源于当兵时为合理分配粗细粮，连队每天早上要喝玉米糙子粥，这种粥需要几个小时才能熬熟，熬不熟不好消化，他每天都起大早为全连战士熬糙子粥，以至后来大家都说他是熬粥专家。

郭明义在部队服役时，和战友们的合影

经过一年炊事班的锻炼，郭明义经受住了考验，随后被分配到他梦寐以求的汽车兵的岗位上，激起他刻苦钻研的更大激情。"熬粥专家"很快就变成了"修车专家"，练就了凭着记忆就能把汽车电路图完整画下来、只靠耳朵听声音就能判断出汽车故障位置的神功。他驾驶的汽车没有出现过一次事故，他保养的车没出现过一次重大故障。汽车底盘钢板除锈是车辆保养中的重要步骤，因为底盘面积大，保养人员往往都是在简单外部除锈后就给汽车底盘涂上石墨化脂，但郭明义每次都要把底盘钢板彻底拆开除锈，然后再涂上石墨化脂，这样就要付出更多时间，但为了驾驶安全的万无一失，他每次都一丝不苟地按程序操作。郭明义车上的火线卡子坏了，他不是马上去保养科更换，而是自己阅读相关技术材料，自己动手制作和维修，一方面为部队节省了开支，另一方面也提高了自己维修汽车的技术水平。

来到汽车班，郭明义得到了人生中一个重要的学习机会。他不仅钻研着汽车技术，而且还加紧补习因时代原因而落下的文化课。郭明义在中学里学习的是俄语，但接触了汽车以后，他时常要用到英语。他靠着从父亲那里继承来的好学与坚持，硬是靠查字典，死记硬背单

午休时间，郭明义在采场里为
工友唱歌

2008 年 3 月，在鞍山团市委举
行的郭明义爱心联队亲情见面
会上，郭明义和他资助的 25 个
孩子合影留念

词字母,学会了英文。

　　1982 年 1 月，郭明义从部队复员后，回到齐大山
铁矿后，成为一名大型生产汽车司机。在父亲的支持
和鼓励下，郭明义考上了"夜校"。在一天劳累的工
作之后，他还要骑自行车往返 20 多公里到鞍山市内上
学。

　　功夫不负有心人，1991 年，他参加并通过了全国
统计员统一考试，成为当时齐大山矿上（矿业公司）
唯一获得该资质的人。当他去矿上领导办公室取证书
的时候，一位领导突然对他说，"郭明义，听说你英文不
错，这证书上还有英国字呢，你给咱们念念呗。"经过
十多年不间断的刻苦学习，郭明义的英语进步很快，加
上性格开朗，他在生活中也时不时"秀"一下英文，所
以矿上很多人都知道他会说外国话。郭明义想这只
是领导借机和他开个玩笑，他往自己的证书上一瞧，
那英文写的是"中华人民共和国"，他脱口而出"The
People's Republic of China"。可他万万没有想到，
这脱口而出的英语竟然改变了他的工作岗位，给他带
来了又一次挑战。拿到证书后没过几天，矿上领导就
通知郭明义参加英语集训班。原来齐大山煤矿从美
国进口了 33 台载重量 154 吨的矿山生产汽车——电
动轮。因为该车体积较大，只能在把零件运来后，就
地组装。美方公司会派专家现场指导车辆组装，因此
矿上急需英语翻译。郭明义因为英语基础较好，他被
分到了教学进度快、教学要求严格集训班 A 班（英语
强化班参加学习），班上几位同学都是大学生，甚至还
有清华大学的毕业生，都是 20 多岁。而老郭一没大学

文凭，二是班级里年纪最大的学员，他感到身上的压力不小。但通过多年的自学，郭明义也有两样法宝，一是从父亲那里继承来的毅力与韧性，二是他的英语学习一直是以汽车专业词汇和实际应用为导向。靠着这两样，在历时一年的英语强化学习中，郭明义成为班上进步最快的学员。但训练终归是训练，最终效果还要实战说了算。不久以后，美国专家真的来了，第一次见面的地点就选在一大堆电动轮的零件前面。专家刚一开口，大家就愣住了，谁也没听懂，包括陪同他们而来的外事办公室的同志也没有反应过来，于是专家慢慢地又重复了一遍，很多人还是一头雾水，而郭明义快速地跑到一个部件前面拍了拍，外国专家满意地笑了，频频点头，老郭的"专业英语"总算一鸣惊人。在日后与外方专家的合作中，郭明义每天到现场最早，离开的最晚，加上他的英语口语水平在实际交流中不断提高，成为外方专家们"最可依赖"的中方助手，老郭也与他们建立了深厚的友谊。但友谊归友谊，工作归工作，老郭总是能分得清清楚楚。虽然电动轮的进口备件质量检验不是作为翻译的郭明义管辖事务，但凭借着对汽车设备的熟悉和对工作极

2009 年，郭明义所在单位——鞍钢矿业公司齐大山铁矿成立了郭明义敬业奉献团队，引领广大干部职工，学习郭明义爱岗敬业、争创一流

端负责的精神,他在进行翻译的同时,对每个备件也都认真检查,毕竟每台电动轮价值1000多万元。他先后发现5台电动轮存在质量问题,在问题面前,他毫不妥协,立即把情况向公司反映,使公司从外方争取到10万美元的赔偿,避免了不必要的损失。

从外方专家翻译的岗位上离开后,郭明义成为采场公路管理员,比起他以往的工作,这个岗位理应轻松一些,只要坐在办公室里,把一天的道路养护工作布置一下就可以。但是凭着责任感和认真劲,郭明义却让自己更为辛苦。从当上公路管理员后,他每天早上4点起床,提前两个小时上岗,沿着盘旋而下的采场公路巡查,一趟就是10公里。郭明义这样做的道理很简单,电动轮很大,自重都有100多吨,车轮直径4米,整车高度6米,有15米左右的视野死角,很容易出现安全问题。老郭的巡查至少保证电动轮不会因为公路的质量问题而发生意外,提高了安全生产的效率。

在本职工作中,郭明义严格要求,一丝不苟;在业务水平的提升上,郭明义发扬着"螺丝钉"精神,刻苦钻研;在工作与感情上,郭明义大公无私,公私分明。中共中央组织部在作出授予他"全国优秀共产党员"称号时,评价说,努力在平凡的岗位上争创先进、争当优秀,创造无愧于时代、无愧于人民的业绩,展现新时期共产党员的政治本色和精神风貌。

老郭是个热心人

说到郭明义的助人为乐,还要从他父亲郭洪俊说起。郭洪俊为人热情随和,从来没和别人红过脸,平时矿上同事有事需要帮忙,也都爱找他。加上郭明义母亲又是矿上家属队的队长,负责给矿上做后勤保障工作,郭明义记忆中总抹不去母亲挑着扁担给矿上工人送水送饭的背影。她还学过些正骨推拿的本事,所以凡是矿上谁家有人得了诸如

胳膊脱臼等跌打损伤的状况，都先直奔郭家，往往经她按上几下就能手到病除。在这样的家庭中长大，郭明义自然也成一个热心人。

　　但对郭明义影响最大的还是他父亲的一次见义勇为的英雄行为。20 世纪 60 年代末，有位插队到齐大山的知识青年帮老乡家挑水，结果水桶不慎掉入井中，这位青年随即想顺着井壁爬下去把桶捞上来，但是井壁上的砖突然坍塌，把他压在了井下。这时郭洪俊和一位解放军发现险情，迅速下井施救，结果被继发的井壁坍塌压在了下面，最终他们被后到的村民救起。虽然那位知识青年没有被救活，但该事迹因为汇集了工农兵三方力量，具有典型性，经过报道后，这一群体被称作"响山英雄集体"。郭洪俊师傅后来成为辽宁省劳动模范，并受邀到北京参加庆祝活动，受到了周恩来总理等国家领导人的接见。当时在鞍山，各所学校都组织学生去看"响山英雄集体"的事迹展览，当郭明

义看到作为英雄群体一员父亲的照片时，心中感到无比骄傲。所以郭明义从小就喜欢做好事，逐渐内化为一种自然的行为。上小学时，学校组织学生帮助生产队捡拾地里散落的豆子，当结束义务劳动后，郭明义总是悄悄返回地里接着干活。他还加入了学校宣传队，每到周末，他就和同学们去火车站拿着小喇叭去宣讲学雷锋做好事。

参军后，郭明义每天除完成训练任务外，还要坚持做好事。一次，郭明义所在师里有一位战士受伤，急需用血，郭明义第一个报名，和其他战士一起坐车到209医院参加献血，这是他第一次献血。1990年5月，齐大山铁矿号召职工参加义务献血，郭明义又是第一个报名。但从此以后，他开始坚持每年献血，并且逐渐由每年一次，增加到义务献血每年最高限额的两次。2005年，鞍山引进血小板提取技术，郭明义成了捐献血小板的积极分子。他说，"我快50岁了，离无偿献血最高年龄55岁差不了几年了，血小板可以每月都献，这样可以抓紧时间多献血。"但是捐献血小板要去鞍山医院，每次老郭为了献血小板要倒三次车，每次都得用去半个小时，这在鞍山就算出了趟远门。一般郭明义每次献1个单位的血小板，意味着体内约800毫升的血液要经过分离机走一遍，耗时50分钟。因此，每次捐献过程要占去郭明义近两个小时，但谈到时间问题，他却首先感谢单位每次都能给他批假，支持他献血。

因为经常献血，血站的工作人员和郭明义都非常熟悉，有时碰到急需用血的情况，他们会直接给老郭打电话，老郭也都是有求必应。2009年春节前的一天，雪

郭明义现场资助困难小学生

花漫天飘落，郭明义正从采场下山准备吃午饭，突然接到血站的电话，问他能否提前捐献血小板。他知道血小板保存期特别短，一般都是按照每月预约的捐献时间采血，没有重症病人，血站不会打来这个电话。暴雪使交通不畅，但郭明义为了不耽误事，"奢侈"了一把，跑出老远打了一辆出租车赶到血站。到达后郭明义才知道是一位患有严重溶血症的孕妇即将临产，为了保证母子生命安全需要备血。他没有丝毫犹豫，马上上机采血。一般情况下，捐献血小板都是一个单位，但郭明义为了稳妥起见，要求捐献了两个单位的血小板，他对医生说，"还有孩子呢！宁可浪费点，也得保他们母子平安。"整个过程耗时也比平时多了一倍，老郭也第一次在采血床上睡着了。医生们并不知道，他为了抓紧时间来医院献血，午饭都还没有来得及吃。有了郭

1994 年齐大山铁矿扩建期间
郭明义担任汽车组装现场翻译

明义捐献的血小板，孕妇母子平安，家属打来电话一定要向郭师傅当面致谢，他却婉言谢绝。

郭明义的血是热的，但除了一腔热血外，他还利用自己微薄的薪金不断捐助着社会上需要帮助的人们。1994年，他和妻子每月的收入加到一块儿还不到600元，上有老下有小，正是家里需要花钱的时候。但当郭明义在电视上看到鞍山团市委希望工程办公室号召大家捐款救助失学儿童的短片后，第二天一早，他就去希望工程办公室给一位岫岩的小朋友捐助了200元钱。几天

2010年9月，在郭明义爱心团队发起的第九次捐献造血干细胞血液样本采集活动中，志愿者踊跃参加捐献

后，刚拿到工资的他又给这个孩子邮寄了200元。此后，他将参与希望工程活动，当做了一项事业和义务坚持至今。

拉开郭明义办公桌的抽屉，里面仅汇款单就有300多张，被资助人来信500多封，每封信除了充满感激外，在落款处都以"似您的儿子"或"似您的女儿"自称，他笑称自己的儿女遍天下。

郭明义的收入是有限的，但他帮助的群体却是多种多样。只要听说哪里有困难，他就尽自己的能力予以帮助。2002年4月，郭明义从电视新闻中看到，山东嘉祥县一对生下全国首例自然受孕五胞胎的农民夫妻家里条件差，急需经济上的帮助，就毫不犹豫地汇去了300元钱。8年过去了，郭明义一直给这一家经济上的帮助。每当看着五个孩子生龙活虎的照片时，他都乐得合不拢嘴。

如今的郭明义有着更高的追求，好事不仅自己要做，还要带动身边的人一

起做。曾经在矿上宣传部门工作过的他，在发动群众上有一套自己的业务。汶川大地震后，从来一身工装的郭明义有天突然换上了名牌的T恤和牛仔裤，脚上也穿上了皮鞋，头发抹得锃亮。原来鞍山市慈善总会举办了一个为灾区募捐的活动，他除了要捐款外，还要登台献唱《爱的奉献》，唤起大家对灾区群众的爱心。虽然他的嗓音不如歌唱家一样动听，但整个演唱字正腔圆、情深义重，打动了在场的每一个人。

为了向大家普及造血干细胞的知识，他写了一份倡议书，逐一走进齐大山矿每个机关科室和70多个班组，声情并茂地宣读。为了让宣传效果更好，他想到了单位浴池，决定一边给工友搓澡一边宣传，既能给他们解乏又能唤起大家的爱心，可谓"双赢"。于是郭明义每天下班后，不顾疲劳，直奔职工浴池，有时一气给20多人搓了澡。除了职工浴池，他还想到了广场。利用周末的休息时间，郭明义在公园广场散发有关普及造血干细胞知识的材料。很多过往的群众都不理解，以为是哪个赢利部门在做广告，有的人对着递过来的材料随手就是一拨拉，有的人甚至会问发一张老郭会拿到多少钱。面对大家的疑惑与不理解，郭明义说多亏自己有张"厚皮脸"。有个年轻人刚对捐赠干细胞的事表现出些兴趣，就被后面随行的家长一把拽走了。郭明义不着急不着慌，采用"追身战术"，如影随形，一边继续讲解，一边把宣传单往家长手里送，谁料对方一挥手就把单子打飞了。但郭明义仍然一张笑脸继续耐心说明，直至那个家长被说服，对捐献干细胞也感了兴趣。2006年以来，在郭明义坚持不懈的努力之下，共有1700多名矿业职工成为造血干细胞捐献志愿者，占整个鞍山捐献造血干细胞志愿者的3/1。此外，在他的倡议下，2008年以来，2800多名矿业职工参与了希望工程捐资助学活动。最近一年多以来，他又为遗体器官捐献奔走呼吁，发起成立了遗体捐献志愿者俱乐部，已有300多名矿业职工和社会人士参与。

如今老郭成为全国的道德模范，他最担心的事情就是怕去各地的

2008 年 12 月 23 日,郭明义发起成立了矿业公司红十字自愿者急救队

宣讲活动耽误了他组织的各类献爱心活动,"我这一天不在,朋友们就打电话问我啥时候回去领他们活动。"但想到自己的宣讲可能会带动全国更多的人行动起来,郭明义也就心甘情愿了。

郭明义曾说,每当他做了好事,睡觉都特别踏实,他把助人为乐看做自己的幸福源泉。正如中宣传部部长刘云山同志所说,幸福观与人生观、价值观紧密相联,有什么样的幸福观就有什么样的人生追求。郭明义的幸福观就是助人为乐,坚信奉献使人快乐、助人使人幸福。郭明义从中得到了属于他的真正幸福与快乐。

老郭是个情趣人

很多报道把郭明义塑造成了没有任何物质需求的"神人",其中一个例子就是郭明义捐出自家电视的事情。在一次同工友闲聊时,郭明义得知有一个贫困家庭的孩子,整天哭着要看电视,但家庭拮据,无法满足孩子的愿望。郭明义立即把自家电视机送过去。但郭明义解释说,当时家里正好赶上闺女在准备高考,不能常看电视,加上那是一台老电视,他和爱人也准备在女儿高考后换台新电视。把日子过得苦哈哈并不是郭明义的追求,他至今仍骄傲地说,他们家是齐大山第一个有电视的。父亲郭洪俊在身故后能留下了几万块钱存款,郭明义觉得父亲这样的结局才叫圆满,父母的勤劳和持家有道才是他的追求目标。他说有些媒体对他的报道稍微"邪乎"了点儿,"我还是有几万块钱存款的,所以我认为我日子过得一点不穷,同时我的精神又非常富有,这么看我比很多人都过得好。"

郭明义忘不了和雷锋生前战友乔安山的一次会面。见面后二人先是紧紧拥抱,随后70多岁的乔老语重心长地对郭明义说的说:"小郭,你一定要在保证自己生活的前提下做好事。"这个提醒对他非常重要。一次郭明义为了能省出更多的钱来资助贫困学生,竟然打起了自己午饭的主意,想靠不吃午饭来节流。这事很快被他爱人孙秀英发现了,她向来都是支持郭明义做好事的贤内助,但这一次她对老公真动了气,她说:"你没有好身体,以后怎么帮助别人。"郭明义虚心接受了妻子的批评。

郭明义常常对记者说,他们家里真应该被宣传的是他的爱人孙秀英。鞍山市很多机构也多次希望能把孙秀英树立成典型进行宣传,但都被她拒绝了,她说一家出两个典型,生活可咋过。郭明义夫妇都很注重生活品质,只是他们对物质追求的标准放得很低,多年来两人没太买过新衣服,原因仅仅是一句"不好这个"。但这丝毫不影响郭明义时不时制造点浪漫。一次单位组织郭明义去井冈山体验"红色之旅"。回来后,他刚进家门就给爱人献上一个大"钻戒"。这是他在景区花28元买来的。但对于孙秀英来说,她像对真钻戒一样爱惜着这枚戒指,平时都藏在盒里,舍不得戴,只有逢年过节、遇有重大场合才让"钻戒"出来闪耀一下。她说:"我没能像其他姐妹那样穿金戴银,但我感觉很充实,心里很踏实、安定。"

郭明义也很少给自己的闺女买上个像样的玩具,因为工作忙碌,他也很少去参加闺女的家长会,即便是闺女考上了南京师范大学,他和爱人也只把女儿送到鞍山火车站,不像大多数家长一定要把孩子送到宿舍的床前。但女儿郭瑞雪的心中却清楚地感受到来自父母的爱。她忘不了，父亲郭明义在得知自己考上大学后，激动地在40平米的小屋里转个不停；她仍然记得，上大学后第一个寒假回家，下火车时已是半夜，可一进门父亲母亲给她准备了一桌好吃的，爸爸还边唱边跳，欢迎自己的归来。屋外是严冬料峭，可小屋里却是春意盎然，亲情流淌。

郭明义是个有生活情趣的人，他的爱不仅给了家人、朋友、素不相识的人，甚至是齐大山的一草一木。郭明义曾经写作散文，赞美母亲做的玉米饼。他也经常写诗，电铲、钻机皆能成题。一具具本无生命的大型机械，郭明义用他的热情赋予了它们无限的活力，他这样描写电铲：

2010年10月1日，郭明义利用假期休息时间，和爱心团队的志愿者到鞍山市儿童福利院看望孩子们

郭明义在鞍钢矿业公司齐大山铁矿露天采场，指挥推土机整修道路

人们无法说出他的巨大

伸出的手臂去触摸太阳

旋转的世界里

闪烁的星空里

捧出乌金

恰似那太阳洒下的余辉

电铲

怎能没有你

在矿山的每一个角落里

这就是郭明义的情调，是他对生活与工作的热爱。老郭目前最大的心愿就是希望媒体的报道不要打乱他的工作和生活，特别是他正在开展的各项捐助宣传活动。对于他来说，每次接受采访如同应对战斗，他说记者们"火力很猛"，他一定要"挺过来"。他理解人们对他一些举动的不理解，他认为这也很好，因为人们一旦理解了就会像他一样去做，这正是他现在最想看到的。

雷锋传人郭明义

　　"感动中国" 2010 年度人物的颁奖典礼上，郭明义由白岩松介绍入场，白岩松平静而实在地向观众介绍了郭明义："不管是东部还是西部，不管是南方还是北方，在中国人当中如果你要喜欢一个谁，或者想夸赞一个谁的时候，往往首先会跳出一个最简单的词汇，叫'好人'。接下来这位就是一个好人。"老郭依旧穿着他平日里的工装走上台，接受敬一丹的访谈。

　　但郭明义面对敬一丹的时候却禁不住哽咽，与几个月前面对柴静采访时的表情如出一辙。那一次被问起流泪的原因，郭明义说是想到了这一路走来的艰辛。但这一次，当主持人询问他为何流泪时，他说是因为幸福。老郭有理由幸福和欣慰，他每天都睡得很踏实，他的老伴很好，他的女儿也很好，如今又赢得了现场观众齐刷刷的掌声，得到了大家的认可与理解，这就是郭明义最大的幸福！

　　在炫目的镁光灯下，他的反应还是一如既往的纯真和简单。所以敬一丹不由得问他："我听你妻子说，就愿意过简简单单的日子，你也曾经说过自己实际上是一个天真的人，那么把这两个字加在一起就很耐琢磨。什么是天真？什么是简单？"

郭明义回答说："天真就是我做的一些小事就好像我身体自然而然的就想要去做。简单就是做了一些简单的，甚至是微不足道的小事。"

正是由于他传袭美德，才换来万事简单，独享一份难得的天真。正如颁奖词所写，"他越平凡，越发不凡；越简单，越彰显简单的伟大。"

中央政治局常委李长春在阐述郭明义作为楷模的重要社会意义时指出，郭明义同志的先进事迹和崇高精神，赋予了雷锋精神新的时代特征，体现了全体人民的道德追求，展示了中华民族的优秀品质，诠释了社会主义核心价值体系的深刻内涵，生动回答了在新的历史条件下，如何正确认识和处理自我与他人、个人与集体、索取与奉献、平凡与崇高等人生课题。

推选委员王振耀给郭明义的推介词：

长期奉献，不计报酬。于普通岗位拓展慈善，的确是当代雷锋。

推选委员阎肃给郭明义的推介词：

谁言雷锋去？请看郭明义。盈怀热心肠，满腔浩然气。

第一部分

05

砥柱

王　伟

"感动中国"组委会

授予王伟的颁奖辞：

大雨滂沱，冲毁了房屋，妻儿需要你的肩膀，而人民更需要你的脊梁，500米的距离，这个战士的脚步没有停下，那个最黑暗的夜晚，他留给自己一个永远不能接起的电话，留给我们一种力量。

砥柱，舟曲之子

如果有天堂的话，我希望她在天堂里过得幸福，到了那地方给我报声平安，也许就是托梦或什么，给我说一声，我就知道她到了，我现在主要是想她……

————王伟

　　从 2010 年 8 月 8 日从噩梦般的泥石流灾害发生，到王伟被评选为"感动中国 2010 年度人物"，他已经接受过十几家媒体的采访，讲述舟曲发生的那些惊心动魄的往事。但在"感动中国"的颁奖式上，白岩松却说："王伟，我真不愿采访你，真不愿意让你再揭开那初愈的伤疤，可是……"

第一时间发出预警,救了中队全体官兵

　　与其说是王伟发出了泥石流险情警报，救了武警驻舟曲某中队的官兵，不如说是他的妻子张蓉救了大家。王伟的妻子是做生意的,生意特别忙,他们白天没时间通电话。灾害发生那天，王伟在驻地值班，不敢一个人住在家里的妻子，一直住在她的娘家。和妻子通电话时，王伟以为是驻地对面的王家山发生山体滑坡了，用手电去照，天很黑，根本无法看到什么。一道闪电巨响，令人心惊肉跳。他问妻子："闪电闪得这么厉害，你怕不怕？"她说:"有点害怕。"王伟又对妻子说:

"我这边有情况，我先挂了，你晚上睡觉提高点警惕！"就赶紧放下电话，出去查看。

王伟跑出中队大门，眼前的一切顿时让他惊呆了：巨大的泥石流一拥而下，已经拥到营区门口了，瞬间将营区大门口的马路掩埋了。屋外的雨越下越大，声音也越来越大，开始像钢筋拖地，最后又像是火车过涵洞的声音，地也在明显地晃动。他感到情况不妙，想立即返回房间报告在中队蹲点的支队政委何友新，恰好遇见出来察看情况的何政委，他就把外面的情况和自己的担心报告给了政委。何政委果断指挥他吹响了紧急集合哨，不到1分钟，73名武警官兵全部冲出宿舍。此时，中队营区前后"轰隆隆"声响不断，中队营房在晃动，营区外的3层楼在泥石流的裹挟下，瞬间就不见了，但部队已经成功避险，准备应对突发事件。

营区前后"轰隆隆"巨响在继续，营房仍在晃动，看守所监墙右侧一股势不可当的泥石流倾泻而下。按照预定方案，王伟带领战士立即登上监墙。在监墙上看到的场景把他吓坏了：巨大的泥石流瞬间将监墙周围的房屋一卷而空。水不是像发洪水那样流，而是像浪一样翻滚着往上涌。中队门口的一栋小楼，眨眼工夫就不见了。还有一栋7层高的家属楼，泥石流发生的时候，居民还摇着手电筒求救，大约不到5分钟，整个楼就垮塌了。监墙在抖，执勤的哨兵也在抖。镇定！镇定！王伟深深呼吸了几口气，迅速将监墙周围发生的情况通过对讲机向中队报告。为了确保哨兵自身安全和看守所安全，他迅速将监墙2号哨兵调整到1号哨位上，并将安全箱里的实弹全部装到他自己身上，以

王伟（右）和战友们在罗家山救灾

防万一发生紧急情况造成弹药丢失。

王伟说,当时,中队担负着看守18名在押嫌犯和死刑犯人的任务,由于泥石流灾害突发,情况不明,看守所内关押的犯人情绪激动,砸墙叫骂,要冲出监狱。他用对讲机和公安干警、中队领导紧急磋商,果断决策,指挥战士加固安全防护设施,增设游动哨,利用配备的应急灯、手电筒、警械等,对目标和营区周围进行严密监视,耐心又严厉地对在押人员进行思想疏通工作,既要保护在押犯人的安全,又要严防犯人脱逃,最终把靠近监墙号子里的犯人移到较为安全的号子里。

职责在身,容不得马虎,他不停地在大雨里巡视,每10多分钟就向中队领导汇报一次情况。到了深夜零点左右,他接到中队指示,要求将犯人进行转移。他迅速和看守所干警进行协商,准备手铐、应急照明灯等必用器材。也就是这时候,他的妻子给他打来了最后一个电话(00:06分),但他全然不知。当时情况紧急,根本就顾不了那么多,更没有想到自己的妻子正处在生死攸关之际。当他们把一切准备工作都完成时,又接到中队通报,三眼峪也发生了泥石流,犯人没办法进行转移。这时,18名在押犯人又开始大声喧哗。他和看守所干警通过喊话做思想工作,让他们安静了下来。他的心刚刚放下,再次接到中队通知,要求他带领救援组进入居民区展开救援行动。

安顿好在押人员后,王伟所在的驻舟曲中队把除执勤外的50名官兵组建成两支救援队,冲出营区救援群众。

昼夜奋战,第一时间救援幸存者

作为第一路救援队的队长,王伟带领25名武警官兵冒着大雨冲向泥石流灾害现场。四周漆黑一片,天空暴雨如注,即使打开应急灯,能见度也不足5米。扶着倒塌的碎石,凭着记忆,循着呼救声,王伟与救援队战士四处搜寻着生还者。到处是洪水淤泥和倒塌的房屋,到处

是老百姓的哭喊声和求救声。

王伟和战友们冒雨在齐腰深的泥石流中艰难地行进。当他们路过一处倒塌的房屋时,听见里面有微弱的呼救声,用手电照过去,发现是母女俩人,就慢慢地接近她们施救。泥石流很稀,铁锹根本就无法展开作业,没办法,他们只有靠双手来挖。这边挖,那边泥石又往下流,只好找来木板挡在母女前面。想挖到她们膝盖以下太难了,也不知道挖了多长时间,大家的手都磨破了,母亲的双腿终于露了出来。为了节省救援时间,王伟和几个战士拼尽全身力气抱着她的上身、拉着她的胳膊,生拉硬拽才把她救了出来。这时候,所有人都充满了希望,用同样的方法又救出了奄奄一息的女儿。顾不上休息一会儿,他们继续前进,继续救援,不知不觉天亮了。

已经辨别不出原来的道路,雨水砸在王伟们的脸上,没有任何工具，王伟们徒手掀开瓦砾，与死神展开搏斗。而那时，他自己怀孕两个多月的妻子和岳父母一家5口人却已被浑浊的泥石流无情吞噬，他却浑然不知。当他从泥石流中抢救出一个又一个群众时，他也一直在祈求上苍，让自己的亲人也能同样脱离险境。

在一处房子的废墟边，王伟听到一阵哭声，他率领战士清理掉周围的泥石，搬开砖块和杂物，随即发现一只小手。他马上握住这只小手，小手也紧紧握住了他的手。官兵们迅速救出又一名妇女和一名少女。

在经过一片已经倒塌的民房时，王伟用手电一照，发现瓦砾中有一支手臂，细心的他发现手指还有轻微的动作，立即喊："快！快！人还活着！"官兵们迅速用手扒开泥石，挖出了一名近40岁的男子，男子获救后"啊"地长长呼出了一口气。王伟让一名战士背着这名男

8月20日深夜，王伟和战友们依然冒着大雨
奋战在白龙江河堤上

子转移到安全地带，然后又带领官兵继续救人。

经过一段软绵绵的泥石流路段时，王伟发现左下方有一个小男孩的下半身被泥石流埋着，已经奄奄一息。他和战士们迅速救出小男孩，发现小男孩的右腿已经骨折，王伟脱下自己的背心，用力撕成条儿，把小男孩的腿包扎好，并迅速送往安全地带。

当王伟和战士们合力又救出一个小孩时，突然发现旁边有人拨打手机，这时他才想到自己的妻子，马上掏出手机看时，屏幕显示出一个未接来电，是妻子张蓉打来的。他赶紧打回过去，发现没有信号，通信瘫痪了。他当时只是默默地安慰自己，妻子年轻，不会有事的，再没有顾得上多想，又迅速投入

8月12日，中央军委郭伯雄副主席在舟曲视察救援工作时在救援一线亲切慰问曹恒昌、王伟两名同志

在人民最需要的时候，挺起子弟兵坚强的脊梁，是军人无悔的选择

到救人的行动中。在泥石流灾害发生后的 20 多个小时内，奋战在救援现场的王伟，似乎忘记了吃饭、喝水。指甲、手掌磨烂了，泥血混在一起，顾不上包扎。在 8 月 8 日凌晨到上午最宝贵的救援时间内，他带领战友们从废墟中抢救出 23 条生命。

引领救援部队，实施搜救

当大约救出 20 多个人的时候，王伟接到支队何政委的指示，让他从县城西边搜索出一条路线，因为各个救灾部队正在火速赶往舟曲。通往县城只有两条路，东边的道路已经被泥石流彻底损毁，只有从西面一条路进入。他在舟曲驻扎了两年，对周围的情况比较熟悉，他就一边摸索、一边向老百姓打听，终于找到了一条崎岖的、但是比较近的小路。当他赶到迎接地点时，部队也刚刚赶到。车辆无法通行，王伟只好带着他们跑步赶往救援现场。将他们送到县城后，王伟又原路返回去迎接其他救灾部队。队伍一拨接一拨赶往舟曲，王伟一趟接一趟为他们带路。那一天他也不知道跑了多少趟，一趟5公里，一直忙到夜里零点多。当王伟再次拿起手机拨打妻子的电话时，传来的提示是："您拨打的电话已关机"。听到这个声音，他一下子紧张起来。也不知道当时心里怎么想的，就一直不停地拨打妻子的电话，可听到的依然是同样的提示音。王伟当时认为，妻子一定不会有事的，也许是手机没电了，也许是情况紧急忘记带了……他就这样一直在安慰自己，没有消息就等于

王伟与战友们在救灾现场，用铁丝包住泥沙袋，为挖掘机开路

是好消息。

8 日下午，他共引领了 26 路部队在舟曲展开救援，在舟曲整个救援中发挥着重大的作用，在他的引领下。各路部队共营救转移了 2000 多名群众。每天，他都徒步来回近百公里引路，舟曲救灾部队几乎所有官兵和群众都认识了这个个子敦实、行动迅速的武警中尉。

灾难还在继续，救人时不我待。王伟带领战士继续救人。其间，王伟曾距离妻子张蓉的娘家不足 400 米，岳父、岳母、妻子还有未出生的孩子和妻妹或许就在那个地方。

"先救嫂子一家吧！"中队战士多次向他提出。可王伟说："那边地势太低，已经没有一点生还的迹象了，与其在那里浪费时间，还不如多救一些能救的人。我想老婆她会理解的！"忙了整整一天后，王伟原地待命。没有地方去，他只能在路口加油站的水泥地上歇一会儿。当他闭上眼睛的时候，似乎感觉妻子在叫他的名字，睁开眼睛一看，却不见妻子的人影。就这样，迷迷糊糊地睡了一会儿。天刚蒙蒙亮，王伟又冲出去，给救援部队带路。接着，根据县领导的安排，征用路上所有越野车，来运送直升机送给舟曲的救灾物资。一直到 9 日中午，他才听人说，岳父母家那一片地方已被泥石流夷为平地了。得知这一消息，王伟差点晕了过去。他真想过去看一眼，但是他不能去，还有任务在身，他要是走了，谁来给救灾官兵带路？谁来协调运送救援物资的车辆？妻子需要丈夫的胸膛，人民群众更需要子弟兵的脊梁啊！王伟只有将这份悲痛默默地埋在心里，跑前忙后，尽着一个军人的义务和责任。那两天，他没吃一口饭，就是靠喝水来维持体力。从 8 月 8 号到 13 日，他带了 5 个战士奋战在泥石流救灾现场，由于保障物资跟不上，他们都吃不上饭，有时只好跟过路的救援部队要点东西吃，就是那一两个要来的饼子，他也根本吃不下去，全都给了战士们。他甚至在想："我还能有口饭吃，但我妻子在哪里呢，我根本不知道！"

丧失爱妻后的情思

　　王伟回忆那段噩梦般日子时说："我都不知道是怎么坚持下来的。那时候想得最多的就是我不能倒下，还有好多事情在等着我去做，再说我倒下了，妻子他们万一没事，找不到我该多着急啊！"

　　那些天，王伟一有空就掏出电话、看着妻子的那个未接来电。嘴里叨念着："不知道她最后会说什么……"擦去眼泪又说："我现在就想多救人，多救出一个人，心里才能好受一些！"

　　10 日下午，甘肃电视台的记者在了解到王伟的事情后，通过武警支队领导找到他，要王伟给记者指指他岳父母家住的地方，他这才回到曾经那么熟悉的三眼村 923 林场职工家属院。看到眼前的惨景，他不由地号啕大哭起来，哽咽着说："我太对不起他们了！我要是在刚刚发现泥石流的时候，给他们打个电话，我要是那时候能冲过去救他们，我要是能接到妻子给我拨打的最后一个电话……可是我什么都没有为他们做。"那么多的自责、愧疚涌上王伟心头……"在黑暗中，她肯定很害怕……但我没在她身旁。"他怎能不伤心万分，悲痛欲绝。后来，王伟说："我慢慢想通了，亲人已经没了，没了就是没了，再怎么伤心、再怎么悲痛又有什么用呢？！"

　　可是救灾的日子一停下来，王伟还是情不自禁地想起与妻子生前一切的美好。他说，妻子对于自己的开支，总是那么节省，甚至是抠。但是对王伟却不一样，非常慷慨大方。王伟的妻子总对他说："你是一个男人，是咱们家的顶梁柱，出门在外要注意个人形象。"她给王伟买了三套名牌服装，由于工作关系，王伟不能经常穿。但现在只剩下一套了，那两套都被洪水冲走了。王伟内疚地说："而我却从未给她买过一件像样的衣服，包括我们结婚时，她穿的那身结婚礼服，仅花了 130块钱。买的时候，我们还差点吵架。我觉得结婚是女人一辈子最值得纪念的事，应该给她买身像样的服装，但她就是不让我花钱。"她说：

你买那么好的衣服干吗？只穿一次就不穿了，我们还欠那么多钱，还不如省下给别人还账呢！"王伟说："我一想她说得在理，气也就慢慢地消了。"

王伟曾经对人说，他现在最大的心愿，就是等救灾结束后，能在废墟中找到一张老婆一家人的相片，把他们安顿在一个洪水永远淹不到的地方。每一年的8月8日，他都会在那个地方，跟她说说话……

王伟还说，直到现在，他还没有找到岳父母家任何一个人的尸骨，他总觉

得心很痛很痛。他唯一做的也只是在离他们家不远的地方买了一块墓地，将四口棺材安葬在那里。他回忆说："立碑前一天，本来天晴得好好的，突然下起了大雨，一直下了一晚上。"他一晚上都没有睡觉，睁着眼睛盼天晴。天蒙蒙亮的时候，雨停了。谁知在出殡的时候，又是大雨如注。他们只好冒雨抬着岳父母、妻子（以及他们还没出生的孩子）、妻妹的灵柩前往墓地，到了墓地时天又放晴了。他说："当时，我感觉整个世界都仿佛凝固了，什么声音也没有，静悄悄的。"

空空的棺材里，放着王伟妻子、他岳父母、妻妹生前穿过的衣服，还有照片。他给妻子买了个金手镯放进去。他说："妻子生前什么东西都没跟我要过，只说她想有个手镯。往下放手镯的时候，天空再次下起倾盆大雨，我全身颤抖，几乎站立不住。雨水夹着泪水模糊了我的眼睛，上天在和我同悲呀！我

执子之手，与子偕老的诺言今生已不能实现，但愿来世我们再续

王伟幸福的婚纱照

都不知道那天是怎么从墓地走回来的。"

"你给我打最后一个电话时，是不是在怪我没去救你，也许你是在担心我……现在真想再给你打打电话，说说话，可是你再也听不到了……"灾难过去后，王伟在妻子墓前流着泪水诉说着哀思。

王伟妻子一家的衣冠冢离王伟所在部队的驻地不是很远，他没事的时候，就会去看看张蓉一家人，那里就算是他们的家了。王伟在墓地周围种了白菜、菠菜、韭菜，他希望岳父母、妻子的这个新家，让人看着不那么荒凉，不那么心酸。

王伟说："现在一夜之间什么都没有了，我感到特别的孤独，没有人知道我对妻子是怎样一种刻骨铭心的思念。""三七"那天，为张蓉一家人烧纸时，张蓉的姨妈哭着说："蓉蓉，你一直特别能干，到那边一定要把你爸你妈和你妹妹照顾好了。"而王伟也对亡妻说了一句话："老婆，对不住你了！如果真的有下辈子，我还选择你！跟你在一起，我一定要好好地珍惜你,好好地照顾你!"

　　到王伟被评选为"感动中国 2010 年度人物"之时,整整半年过去了。王伟的心情已平复了许多,不再像以前那样一提起妻子张蓉,就控制不住自己的感情,常常哭得说不成一句话。

英雄不是一日炼成的

　　王伟 2000 年 12 月入伍,2005 年 7 月军校毕业后,先分配到甘肃陇南支队,多次参加急难险重的任务。2008 年,甘肃、汶川大地震后,他冲在一线救援,先后参与陇南文县关家沟周边的关家坝、李家坝、滴水崖、庙背后、铁楼沟 5 个自然村的抗震救灾,与武警官兵一起将 5 个自然村的 267 名群众全部撤离转移,帮助受灾群众抢运粮食 2000 公斤,排除险情 12 处,抢挖"生命泉"一眼,打通了姜家山通向外界的唯一通道。

　　在父亲眼里,王伟是个好兵,在邻居眼中,王伟是个好小伙。在王伟父母家的柜子里,保存着儿子的奖章和奖状。"这张是 2001 年的奖状,这张是 2002 年的,都是儿子当士兵时候得的。还有这个奖章也是……"王合营看着儿子曾经获得的荣誉,脸上现出了欣慰的笑容。

　　王伟从小就想当兵,因为他二爸、四爸、姑父都是军人。

　　王伟离开家乡已经十年了,其间王伟探过几次家,但每次时间都不长。邻居都喜欢这个憨厚又热心的王伟。在邻居李引香的印象中,王伟每次探家都会帮村里人干一些事情,比如干干农活、照顾老人之类。

　　作为"感动中国"的人物,王伟成了家乡的骄傲,可是,在王伟看来,他亏欠的人太多。他总说,"我对不起的人太多,亏欠的人太多,我的荣誉是建立在妻子一家牺牲的基础上的,我要感谢家乡人民、部队对我的关心和教导,我要继续为他们争光。"

　　身着一身橄榄绿,王伟说:"因为我是一名军人,我是人民的子弟兵，人民还需要我，虽然我不愿意相信，但我知道我的妻子以及家人没有生还的希望了，所以我只能拼命救那些还有生还希望的人，这是一个人民子弟兵应尽的责任，我相信这也是张蓉的愿望。"人民子弟兵也是血肉之躯，也食人间烟火，军人也有心有情有爱。王伟在突然间失去这么多如此重要的人后，在精神濒临崩溃时，继续执行救援任务，这本身就是一个壮举，昭示了中国军人的男儿本色，在灾害发生前，他们是平平凡凡的人民子弟兵；在灾害发生后，他们是冲锋在前，为人民奉献着自己的光和热的子弟兵。

王伟恋曲回顾

王伟回忆起与妻子张蓉的相识相恋，他用"天赐良缘"来形容他们的相恋相知之路。

那是 2008 年 4 月底，王伟所在的部队由甘南迭部换勤至舟曲。当时，张蓉和当地很多热心群众自发地前来慰问子弟兵，领导让王伟负责接待工作。

王伟说，第一眼看见张蓉的时候，"不知为什么，我便对她产生了一种说不出的好感，心狂跳，血涌动，脸通红。那一刻，我终于相信世界上真的存在一见钟情。"然而，他们只是擦肩而过，私下里连句话都没说。因工作需要，王伟很快就被调到甘肃陇南市参加抗震救灾，他想："以后一旦有机会再回到舟曲，我一定要找到她。"真是心想事成，三个月后，组织上又把王伟调回到魂牵梦萦的舟曲，他们又有了再次相见的机会。

王伟记得很清楚，那是 2008 年的 8 月 8 日下午，他向中队请假外出。他曾听说张蓉在舟曲街上有个门面，好在舟曲就是巴掌大一个地方，一找还真找到了。当时张蓉正在自己的店里忙碌，王伟就选了一盒并不是很需要的擦脸油，把自己的电话号码写在一张纸币上（当时实在找不到其他纸张），并在付账时将其露出来。聪明的张蓉当时就明白了王伟的意思。等到晚上，王伟正在和大伙一起收看电视转播的北京奥运会开幕式，手机响起短信提示音，一看是一句军人用语："举起手来，不许动！"直觉告诉王伟：那是张蓉发来的！欣喜之情溢于言表。王伟毫不迟疑地给张蓉回了个电话，他首先进行了自我介绍，之后他们又聊了各自的职业、规划、家庭等等，相谈甚欢。后来张蓉告诉王伟：第一次见面时，王伟就给张蓉留下了勤快、憨厚的好印象。

就这样，他们逐渐走进彼此的生活。在王伟心目中，张蓉相当优秀，尤其是张蓉那过人的独立性深深地吸引着王伟。王伟认为，给军人当老婆，什么事都依赖丈夫肯定不行。张蓉自己开店，并且将小店经营得红红火火，让左邻右舍都刮目相看。

王伟与战友们在训练间隙进行
课外活动

王伟与张蓉的爱情之路也历经过风风雨雨。当王伟的家人得知他开始与张蓉谈恋爱时，父亲王合营对他在舟曲找对象的做法并不同意。是啊，天下哪个父母不愿意唯一的儿子能在身边陪伴自己安度晚年啊！一个从陕西农民家庭走出的汉子，在舟曲结婚成家，就意味着拉大了自己与家乡的距离，就意味着无法在父母身边尽孝。当王伟向父亲说明了自己对张蓉深深的爱恋，说明了自己在部队工作十分繁忙，每年探家只能呆几天；说明了在驻地找对象便于了解，也可以互相照顾等考虑后，王伟的父母便再没有反对。他父亲在写给他的信中说："既然你喜欢，你就去追求属于你的生活吧，我们也不说什么了。"王伟说："说心里话，在这件事上我挺感激父母的。"

作为一名武警的基层干部，虽然不能与恋人朝夕相处，拥有花前月下的浪漫，但王伟依然感受到了初恋的美好，那种甜蜜感与幸福感时刻包围着他，让他对工作、生活、未来更充满了信心。

瓜熟蒂落。2009 年春天的一天，王伟对张蓉说："我们结婚吧！"张蓉幸福地笑了，并且同意了王伟这个没有玫瑰，也没有钻戒，简单得不能再简单的求婚。

2009 年 5 月，他们经过慎重的考虑，决定买一套房子，面积 120 平方米，当时售价 23 万元。他们没有选择以贷款的形式支付房款，而是通过辛勤的劳动，想尽办法筹措并节省一切开支，包括电话费、交通费等。经过努力，他们把彼此辛辛苦苦攒下的积蓄合在一起，终于拥有了属于自己的一方小天地。当他们拿到房子钥匙时，两个人紧紧地拥抱在一起。在那个还没有装修的房子里，他们俩欢呼着："我们有房子了！"激动的心情难以形容。他们肩并肩席地而坐，一同规划着新家的装修及布局模式。张蓉提了许多建议，王伟相信每一条建议一定都是张蓉憧憬了很久的，于是说："既然我给了你一个家，如何打扮这个家就全由你来安排。"是啊，真正爱一个人，就应该尽可能地满足她的愿望。

王伟和张蓉最后商定的结婚日期是 2010 年 1 月 16 日。那段时间，王伟所在的中队工作特别忙，休假的计划一推再推，屡屡成为泡影。因为这件事，王伟的未婚妻第一次责怪了他："你怎么总是那么忙啊？"王伟说："不是我一个人，穿这身衣服的人都忙啊！"王伟好言相劝，张蓉终于破涕为笑。可是直到 1 月 15 日晚上 10 点，王伟才接到支队批准他休婚假的通知。那一刻，王伟高兴极了，终于可以举行婚礼了。

但婚礼前却出现了一个小插曲：由于那天举行婚礼的新人特别多，而他们邀请的客人又特别少。宾馆经理就将他们原本订好的包厢转让给了别人，以至于他们宴请的客人无处落座。经过多方交涉协调，他们最终还是欢欢喜喜地、在从陕西老家赶来的父母及所有宾客的见证下，举办了既简单又隆重的婚礼。婚礼庆典时，张蓉的一句话让王伟永生难忘，她说："嫁给王伟，是我一生最大的幸福。"王伟自己何尝不想说这样的话，只是这个当兵的人不善于在大庭广众下直接热烈地表达自己的感情罢了。

随后，王伟夫妇俩又一起回了一次陕西老家。左邻右舍都夸王伟的媳妇很贤惠，王伟发自内心地高兴。

仅有的 20 天婚假，除去在老家停留及路途中花费的时间，他们只在自己的新房中住了 7 天。由于婚前一直忙于工作，无暇照顾妻子，这 7 天的每天早晨，王伟都会让张蓉多睡一会儿，自己起床为她准备早饭。结婚半年多时间，他们正儿八经在一起过的日子就这么 7 天。张蓉最爱吃王伟卤的鸡翅，于是他每天晚上都给她做。看着她一口一口全部吃完盘中的菜，王伟心里很是满足。在那 7 天里，张蓉到店里上班时，王伟就先在家里做家务，然后到店里陪她。等到快关店门的时候，他先回家把晚饭做好，再去叫岳父岳母一起来吃。那 7 天，是王伟特别开心、特别幸福的 7 天。那就是他们的家，一个温馨、美满的家啊！

从军人的角度讲，王伟认为自己是一名比较合格的军人，但是从一个丈夫的角度来说，他总觉得亏欠妻子太多太多。新婚夫妇长时间见不着面，妻子张蓉经常跟王伟说："我真的好想靠着你的肩膀，可你总是不在家！"听到张蓉这么说，王伟心里酸极了。为了补偿对妻子的亏欠，王伟在 QQ 空间里存了很多饮食食谱与生活方面的常识，总想以后给妻子做一些她最喜欢吃的饭菜，包括为他们未来的宝宝起的名字等等。

　　王伟得知妻子怀孕的消息是在泥石流发生的前两天。在此之前的一个月前，他回家看妻子时，看到她一直不能好好吃饭，而且老是呕吐。就问妻子是不是怀孕了？妻子当时说还不确定。紧接着，张蓉受化妆品公司邀请到湖南开会，一直到 8 月 5 号才回到舟曲。王伟去接妻子时，他的妻子说有个喜讯要告诉王伟，王伟问："是什么喜讯？"张蓉一直低着头，笑而不答。回到家，张蓉才从包里拿出医院的化验单。王伟一看惊喜不已，高兴地把妻子抱起来转了一圈，刚想大声喊叫："我要当爸爸了！"他妻子赶忙用手捂住了王伟的嘴，因为他的岳父母就在旁边屋里。王伟就趴在他妻子的肚子上，用耳朵贴着肚皮，希望能听到些什么。他妻子说："才两个月你能听见什么？"但王伟说："我知道我听不到什么，但我就是想听听，那种感觉很幸福，这是我们爱情的结晶啊！妻子一直说我们应该早点要孩子，我父母今年已经 62 岁了，他们辛苦了一辈子，应该抱着孙子安享清福了。"

　　8 月 6 日，王伟见了妻子最后一面。王伟回忆说："我们支队领导 7 日要来舟曲检查工作，中队安排我上街购买一些日用品。路过妻子店铺时，我只是进去跟她打了一声招呼：'我忙着呢，完了给你打电话。'谁能想到，这竟是我和妻子的诀别啊！"

　　王伟说："我最幸福的事情，就是在厨房里给妻子做几个菜，露上两手。"

　　在王伟的电脑里，至今还保存着许多如何做饭、做菜的资料。妻子张蓉喜欢吃鱼，他就找来食谱存在电脑里；张蓉怀孕后，他悄悄买来孕期指南、育儿指南类的书籍放在妻子的床头……

　　总之，在认识了张蓉，和她结婚以后的日子里，王伟的感觉就像喝了蜜一样甜。

未来得及穿的小鞋子

　　王伟结婚后，母亲王凤珍总跟王伟唠叨："你脾气不好，要对人家好一些。"母亲甚至担心张蓉嫌弃王家穷，父亲王合营把自家住了23年的旧屋子重新粉刷了一遍，又认真布置了一番。"恁地好的儿媳再跑了，那就是咱们把儿子给耽误了。"

王家找了一个好媳妇，左邻右舍都跑到王合营家里去看。在邻舍许多人眼中，张蓉不认生，一进王家门就忙里忙外，邻居们都对王凤珍说，从那么远的地方找来了一个好媳妇，是王家的福分，也是王伟的福气。

送走新婚的王伟夫妻，母亲王凤珍便开始买来花布，做起小布鞋。她怕自己往后眼睛花了，老了，针线活做不了了，来不及帮孙子做新装、新鞋了，趁自己身板好的时候，把这些东西都先准备好，放在那儿，总有一天孙子能穿上奶奶缝制的小衣服、小布鞋。做好后她就放在床角的小筐子里，约有16双，有单鞋、棉鞋、方口的、系带的，有的上面绣的是喜洋洋的图案，有的则是绣着小猪……这些都是王伟的母亲王凤珍亲手做的。

8月8日上午11时许，王伟的一个远房姑姑急匆匆地跑到王合营家。"看电视没？舟曲发生泥沙流了，挺严重的。"王合营有些着急，就给儿子打了手机："你那处咋样？我听说发生泥沙流了，你没事吧？你们的兵士好着吧？"王合营的话很短促。"我好着呢，大家都好着呢！你安心吧！"王伟回答道。"亲家一家都咋样？"王合营的话刚出口，手机那边就没有了声音。"伟伟啊！你说，到底咋样了？"又过了几秒钟，"到底咋样了？你要急死我啊！"王伟终于说话了："爸，张蓉他们一家都不在了……"

父子俩的对话刹时停止了，手机那头传来王伟嚎啕般的哭声，王合营也哭了，在他的印象里，王伟从小性格强硬、淘气，懂事后，很少见到儿子落泪。"爸啊！你安心，我好着呢，我此刻还忙着救人呢，你先别给我妈说，她心脏不好……""好，儿子，爸听你的，不给你妈说……儿啊！你还有爸妈呢！你也要坚强啊！"王伟答应后，挂断了手机。

8月10日，不知是谁将舟曲发生泥石流的消息告诉给了王凤珍，她一直催促着王合营给儿子打手机过去问问情况。"你咋样？张蓉咋样？"王凤珍问道。王伟回答说："都好着呢，我俩刚才还在一起。妈，你安心吧！"王凤珍还是

王伟在"感动中国"2010年度人物颁奖现场

不相信，要求张蓉给她打个手机报平安。事后，王伟说，当时他很犯难，后来，他想到一个主意："妈，你安心睡吧，明儿我让张蓉给你打个手机，我此刻还忙着救人呢，不说了……"

挂断手机，王伟陷入沉思……

11日中午，手机铃声响起，正在做饭的王凤珍跑去接起手机："妈，我是张蓉。""呀，张蓉，你还好吧？""咱们一家都好，爸咋样？"婆"媳"俩问长问短没几句，"张蓉"说："妈，许多人都要给家里报平安，人家只让说几句话，那我就挂了……"得知儿媳没事，王凤珍心里踏实了。王伟说，这个"张蓉"其实是在部队的女同学，为了不让家中再发生不测，让老人安心，他只好想出了这么一个瞎招，暂时敷衍一下有心脏病的老人。

难道能瞒一辈子吗？坐在废墟中，王伟想，等过一段时间，再给家里打个手机，告诉母亲，他们俩因为感情不和，已经离婚了。这样说总比把真实情况告诉母亲要好许多。

但善意的假话终于被识破了，8月15日，王凤珍看电视新闻时，知道了儿媳一家罹难的消息，其中包括未出生的孙子。此时，陕西大荔县埝桥乡游斜村，王伟与张蓉到陕西成婚时用的那间新房，天花板上仍然悬挂着王伟结婚时的彩带，窗户上各式各样的"囍"字也还在，"囍"字的彩色纸张仍泛着光泽，只是屋子里空荡荡的。王合营说："咱们一家亏欠张蓉的太多，在王伟成婚的前一天晚上，他还在参与灭火行动。咱们到舟曲，还是亲家跑来接的车，咱们一直很有愧疚感。"

现在每当和王凤珍、王合营谈起儿媳一家，两位老人的眼角还总是噙着泪水。在儿媳一家离开百天的时候，王凤珍专门到村口，给儿媳一家烧了些纸钱，祈愿他们在天堂过得好。逝者已矣，活着的还要好好生活。王伟的父母、亲戚朋友、部队的战友们希望王伟能尽快走出阴霾，开始他新的生活，王伟的父母还在等着抱孙子呢！

舟曲之子 感动中国

新华社、中央电视台、中国广播网、凤凰卫视中文台新闻栏目组、香港电视台、澳门电视台、亚新网等新闻媒体先后对王伟的事迹进行了报道。全国人民都知道了这个武警中尉在失去5们亲人后，仍然和战友们一起奋力救援受灾群众的事迹。

王伟的大爱、忠诚、砥柱精神不仅震撼了舟曲，也感动了舟曲参加救灾的部队官兵、灾区群众、全国人民。中国人民解放军军委副主席郭伯雄在看望舟曲救灾官兵时，赞扬王伟在家庭遇难的情况下服从命令，听从指挥，哪里需要就出现在哪里，诠释了一名革命军人本色，保持了一名共产党员崇高的觉悟，是党的优秀干部。舟曲县县委书记范武德告诉王伟："舟曲人民就是你的亲人，舟曲人民永远不会忘记你。你是党的好战士，人民的好儿子！"在大灾面前，王伟不顾自己亲人安危，勇救群众的高尚精神也深深地感动了全中国人民，他已经成为人们心中的一面旗帜，激励着人们克服困难、连续作战、战胜灾害。

2011年2月14日，王伟荣获"感动中国"2010年度人物光荣称号。颁奖现场，主持人问："还在疼吗，还堵得慌吗？"

王伟说："今天我能走到这个舞台上，其实并不是我王伟感动了大家，只是我妻子、我岳父岳母以及就是五个人的去世换回了这份感动。我想起这些，心里面有一种说不出来的痛。"

虽然舟曲的灾害已经过去了，但人们不会忘记那些救灾英雄们，更不会忘记成百上千的王伟们，在失去了生命里最重要的亲人时，还那么义无反顾、舍己救人的壮举。

王伟，虽然你在这次灾害中失去了亲人，但你赢得了全中国人民的心，你是中国军人的骄傲，更是人民眼中的真英雄，你是最可爱的人！

推选委员陈章良给王伟的推介词：

送别妻儿，他落泪了，但他深信"爱人就是爱所有的人"。英雄，坚强！舟曲人民永远是你的亲人。

推选委员朱玉给王伟的推介词：

这个夜晚，会成为许多人心中最黑暗的夜晚。但这个夜晚燃起的灯火，也将成为无数人今生不灭的火把。

第一部分

06

仁者

王万青

"感动中国"组委会
授予王万青的颁奖辞：

只身打马赴草原，他一路向西，千里万里，
不再回头。风雪行医路，情系汉藏缘。四十
载似水流年，磨不去他对理想的忠诚。春风
今又绿草原，门巴的故事还会有更年轻的版
本。

草原曼巴

家乡上海寄来的报纸我全保存。上海我永远忘不了，甘肃是我第二故乡了。我忘不了上海，从物质上来说，差别太大了。城市的生活享受的确很丰富，而草原上往往是苦些。但我一直考虑，不能从物质上来比较，我还是从精神上，从人生的意义上来看的。我还是坚定地选择了草原！

——王万青

　　这是一个感人肺腑的故事，也是一个践行信念的艰难历程。

　　上世纪60年代末，上海第一医学院毕业生王万青被分配到甘南玛曲草原，为牧区群众祛除病痛，被当地群众亲切地称为"草原曼巴"（"曼巴"是藏语医生的意思）。42年来，他的故事一直流传至今，从甘南草原到黄浦江畔，感动着千千万万的人，感动着中国……

　　2010年下半年，"草原曼巴"王万青的事迹在中央电视台《新闻联播》《时代先锋》栏目播出了。人民日报、新华社、中央人民广播电台、光明日报等十多家中央媒体也相继作了报道。是年底，中国医师协会第七届"中国医师奖"在京颁奖，王万青榜上有名，该奖项是我国医师行业的最高奖项。12月初，王万青又被中央电视台"感动中国"执委会推举为2010年度"感动中国"候选人，并光荣当选2010年度"感动中国"

1982 年,阿万仓宁玛寺院,王万青巡诊

十佳人物。

祖国的需要就是我的志愿,到祖国最需要的地方去,报效祖国

早在 1962 年王万青高中快毕业时,他的一位老师得癌症后,没过多久就去世了。这件事对他触动很大,尽管当时他最喜欢的专业是电子学,但填报志愿时,他毫不犹豫地选择了学医。很多同学对他的这一举动感到吃惊,但"学医,攻克癌症"的念头在这个 18 岁的高中生心中已经扎下了根,成为他最后选择学医的原动力。

1968 年,在当时卫生部直属的全国 5 所重点大学之一——上海医科大学,24 岁的王万青以优异的成绩完成了 6 年学业,面临人生一个重要抉择。此时,家庭出现了变故,母亲突然被划为地主,在那个讲出身的年代,这件事牵连得全家人抬不起头。

从"革命小将"一夜间变为"地主子女",王万青心里非常郁闷。他深信,母亲跟全家人一样热爱祖国、热爱党。为了证明自己报效祖国的决心,这位在上海出生、长大,从未离开过上海的他,打开了中国地图,在地图上圈定了两处自认为祖国最需要、最艰苦的地区——甘南藏族自治州和肃北蒙古族自治县,并向学校提出申请,非这两处地区不去。经过一再争取,一再向组织表明决心,王万青如愿被分配到甘南藏族自治州。

"我是1968年12月26日离开上海的,在火车上坐了3天2夜、40多个小时,到兰州时,腿都肿了,然后坐汽车,又颠簸了4天,才到甘南。"王万青至今还清晰地记得刚到甘南时的情景,他戏称:"当时高原的汽车都缺氧,爬不动坡,像老牛一样走得很慢。"

集中培训半年后,考虑到王万青来自上海,不习惯牧区生活,甘南州委组织部决定让他去甘南条件最好的迭部农区工作。没想到王万青不领情,跑去找领导,又是写信,又是请命,一定要到最艰苦的地区为藏区牧民群众服务。"哪个公社苦,群众缺医少药,我就到哪个公社去!"就这样,王万青一竿子插到底,一路争取下来,他最终来到了玛曲县阿万仓乡卫生院。要知道,那时交通不便,从玛曲县城到50多公里外的阿万仓乡,骑马都要走一天的路程。

在"文革"那个特殊年代,做出这样一个决定:到祖国最需要的地方去,到最艰苦的地方去,报效祖国!这是当时所有热血青年都会做的事情,寻常而普通;但在以后长达42年的时间里,王万青能始终如一地坚守当初立下的誓言,坚守医生的职业道德,坚守对

1982年,阿万仓草原,骑自行车出诊

建立家庭时的承诺，这份执著与坚定，却不是每一个热血青年都能做得到的。

　　玛曲县地处甘、青、川三省交界处，是一个纯牧业县，县城海拔超过 3400 米。许多在玛曲工作的外地干部职工，一般都经受不住严酷环境和气候的考验，以各种各样的理由一批一批地调离了。当年，与王万青同时分配到甘南大草原的大学生有 100 多人，随着时间的流逝，有的通过读研究生离开了，有的通过各种关系调走了，有的索性早早病退回去了，但当初被人们认为是"飞鸽牌"的王万青却留下来了，而且一留就是 42 年。

克服困难救死扶伤，为玛曲的医疗事业做出巨大贡献

　　曾经有位领导感慨地说："在玛曲这样艰苦的环境，即使不做贡献，能留下来，就很了不起了！"但王万青不仅留了下来，还为玛曲的医疗事业做出了巨大贡献。他曾先后担任阿

1975 年，阿万仓红原大队小学王万青为民办教师理发

1963 年，上海医科大学文□团合唱队

万仓乡卫生院医生、副院长、院长，玛曲县卫生防疫站副站长、站长，玛曲县人民医院医生、外科主任、外妇病区主任等职。40多年来，王万青视藏乡为故乡，视牧民为亲人，克服了各种常人想象不到的困难，全心全意为牧民群众解除病痛，不管刮风下雨、酷暑严寒，只要牧民需要，他都义无反顾地前往，书写了许许多多为藏族群众解除病痛的感人故事，谱写了一曲曲汉藏人民水乳交融亲密关系的动人之歌。

　　像所有立志报效祖国的青年一样，刚一踏上玛曲草原这片处女地，王万青心中充满浪漫憧憬："阿万仓草原辽阔、宽敞。我来的时候，正好是夏天，草原上的黄金季节。我静静地呼吸着草原上的空气，感到我的生命——我的新生命，开始了！"

　　初到阿万仓乡，展现在王万青眼前的卫生院简陋得超出了他的想象底线：整个卫生院仅有4个人，两间借用的破旧土坯房，墙皮剥落，屋顶漏雨。仅有的医疗器械就是听诊器和血压计。"我在上海时下过乡，也见过不少基层的卫生院，但从没见过条件这么差的，简直称不上是医疗机构。"说起当时的感受，王万青坦言，心里真的有些凉了，不知道在这样的条件下，自己能干些什么，对前途不免感到有些渺茫。

　　但是王万青没有退缩，他想到，自己是几经周折才来到这里的，绝不能后退，也不能当逃兵，更不能自食其言。这里就是祖国最艰苦的地方、最需要自己的地方，他勇敢地面对并攻克一个又一个难关。

　　（一）克服语言障碍，得到牧民的赞许

　　语言不通是最大的障碍。当地群众基本上都是说藏语，不会说也听不懂汉语，而王万青说的是上海口音的普通话，连当地汉族干部听起来都很吃力。这可怎么开展工作？

　　王万青想出一个笨办法，找了一个小本本，把一些看病时常问的话，如"你哪里不舒服？""哪里受伤了？""头疼吗？""咳嗽吗？"等等，逐字逐句用汉语音译成藏语，然后背下来，连说带比画，试着与前来看病的牧民交流。

通过这个笨办法，短短 10 天的时间，王万青就能独立给藏民看病了。到卫生院看病的群众，基本都是些头疼脑热的小病，这对科班毕业的王万青来说，简直就是小菜儿一碟，每每药到病除，大家都对他竖起大拇指。

（二）第一次出诊

阿万仓乡方圆 1000 平方公里，有牧民 3000 多户，散住在草原各个角落。当时出诊只能靠步行或骑马，一次出诊用上三四个小时是寻常事。

1992 年，王万青在县医院手术室

有一天，两位牧民急匆匆赶到卫生院，说有位老人被烧伤了，还有一位妇女高烧不退，请求医生出诊。王万青欣然领命。

这是王万青第一次骑马出诊。8 月的草原，天蓝草绿，景色美得令人心醉。然而没走出多远，意外发生了，王万青骑的马突然受惊，一个蹶子把他摔下马背，不懂得保护自己的王万青本能地用右手去撑地，结果右手受伤，疼得他满地打滚，同行的牧民吓坏了，连忙把他扶起来。

1985 年，阿万仓乡卫生院，力发电机

剧痛稍稍缓解之后，王万青挣扎着查看伤情，自我诊断是脱臼。于是，他冷静地指导两位牧民一人牵着伤臂的一头，帮助复位，然后用纱布做成绷带，把右臂吊起来，给自己治疗完毕，继续前行。到了病人家，王万青右手指已麻得不能动弹，他自己给自己扎针、按摩，待恢复知觉后，便给烧伤的老人清创、敷药、打针。随后，又赶到发烧的病人家里，为病人听诊、做皮试、打针，处理完毕，已是深夜。那一夜，他就睡在病人家的帐篷里,疼痛尚能忍受,出师不利的懊恼却令他辗转难眠。

第二天,回到卫生院,王万青的胳膊已经肿得连衣服都脱不下来了,随后一周,肿痛依然未消。院长担心了,找了一匹阿万仓最老实的马,把他送到县医院,拍片诊断,检查结果,右臂轻微骨折,关节腔积血。

担心处置不当留下后遗症,影响今后的工作,王万青请假回到上海,在上海第五中医院找到一位老中医治疗。在治疗过程中,王万青发现中医的治疗手法在基层非常适用,心系草原的他抓住了这个机会,边治病边跟老中医学习。这一次意外受伤,让王万青检验了临床所学的知识,同时也学到了实用的中医技术,算得上因祸得福。半个月后,王万青养好了伤,带着新学的几招临床实用中医技术,回到了阿万仓。

(三) 第一例手术

一个10岁的牧童南美被牦牛角顶破了肚子,肠子有部分已经坏死,第二天才送到乡卫生院。当时孩子的血压都测不到了,生命危在旦夕。见此状,王万青当即为他做了紧急处置:输液,使之状况恢复一下,以提高下一步手术的成功率。当时,乡卫生院条件太差,根本不具备实施手术的条件。可是往县上送,又没有汽车,人抬是根本不可能的,54公里路程不说,途中还要过7条河,翻一座4000米高的大山、路上的颠簸折腾,病人走出去恐怕也活不成。病人家属却十分信任他,把孩子交给他,让他来救治。面对此情此景,王万青依然十分谨慎,在征得乡长和家属的同意后,他做了充分的准备:卫生院不具备手术条件,他就用两张办公桌搭个手术台,自己发电,一支100瓦的灯泡和两个手电筒权做无影灯,为病人做了84厘米坏死肠管的切除术。手术很成功,孩子得救了。后来,这个孩子一直亲热地叫他"大哥哥"。

术后第12天, 时任省卫生厅副厅长的田易畴到玛曲检查指导工作,听说这件事后,专程赶到阿万仓乡卫生院看望王万青。

　　看着卫生院虽然条件简陋,但管理有序、红红火火:卫生院里的一根电线杆,拴满了牛马,那是前来看病的牧民群众的交通工具;院子里空地上,还有几顶帐篷,那是住不惯平房的牧民临时搭建的病房。说起王万青和卫生院的工作,在场的牧民群众纷纷竖起大拇指。

　　副厅长特别高兴地对他说:"走遍整个甘南7个县,只有你这里有令我高兴的信息,你做出了很突出的成绩!"

　　田易畴感动了,当即拨给卫生院8000元现金,以资鼓励。用这笔钱,王万青买了一辆摩托车和一台手扶拖拉机,这在牧区是最好的交通工具,在以后赢得时间抢救病人、开展儿童计划免疫方面发挥了巨大作用。王万青也从此多了两样本领,驾驶和修理摩托车、拖拉机。

　　(四)牛粪上的首例胎盘剥离手术

　　那时候,当地女人生孩子是在牛棚里。一位藏族妇女生孩子后大

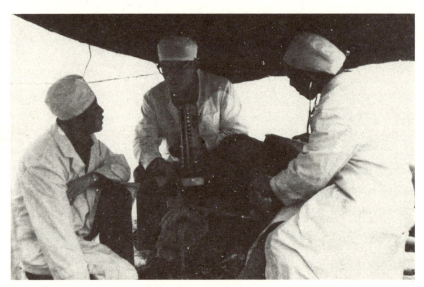

1986年,阿万仓卫生院帐篷病房中,王万青查房

38，年阿万仓草原，王万青骑马
帐篷下队开展儿童计划免疫

出血，人已休克。诊断结果：胎盘（滞留）潴留。当时，病人的血压、脉搏都摸不到，病人已经错过抢救的时机，随时会有生命危险。

通常大出血，首选治疗方法就是输血，但在阿万仓的帐篷里，输血完全不具备条件，怎么办？只得想别的办法。于是，他给病人输了些加药的葡萄糖，然后，王万青就趴在牛粪上，用手把胎盘取出来，为其做了胎盘剥离手术，从死亡边缘挽救了这位产妇的生命。

其实，产妇的这种症状是非常危险的，在草原上实施此类手术尚属第一例，从来没有过。从此，在玛曲草原传颂着："起死回生的王万青大夫！"

（五）医德好、医术高、全心全意为牧民服务

上世纪60年代的玛曲草原，海拔高，道路难行，交通不便，信息不畅，荒凉落后，与外界如同隔世。祖祖辈辈深居边远草原的牧民几乎没有办法、也没有条件走出大山草场到大医院治病求医。王万青到阿万仓乡工作不久，就发现草原上许多外科方面的病没办法解决，对此，他给予了特别的关注。

他曾为当地牧民做了第一例"肛瘘"手术。我们都知道，得这种病的人，体味非常难闻，难以接近，病人非常痛苦。王万青视牧民为亲人，把为老人解除病疾视为自己义不容辞的责任。在没有助手的情况下，就在牧民帐篷中，王万青为这位70岁老人成功地做了肛瘘手术，解除了困扰老人大半辈子的痼疾，而牧民仅仅花了不到10元钱。常年为草原藏民治病，王万青从来不考虑钱多钱少，总是一心为牧民着想，在他纯洁的心

里,想到的都是尽自己所能,为病人解除痛苦。

记得上世纪 80 年代的一次出诊,那天,天刚亮,王万青早早起床走出帐篷,看到远处急匆匆过来了 2 个人,说家里有个病人病得很厉害,喘不过气来,快不行了。听到来人的叙述,王万青意识到病人情况危急,于是,拿上出诊箱,上马就走。王万青有个习惯,总是把出诊箱整理得整齐完好,随时备用,遇有急诊拿起就走,用不了一分钟。

(六)高原藏区首例颅脑外科手术

在藏区简陋的条件下,王万青完成过第一例颅脑外科手术,这在当地医疗史上的一个创举。

一个藏族牧民的孩子 9 ~ 10 岁,被牦牛角顶破了头部,病症表现为:脑脊液漏、水肿、局部感染,高烧 39 度多不退,引至抽搐(严重的抽搐能够致命),诊断结果为颅脑粉碎性骨折,必须手术治疗,当时,卫生院没有条件、也没有做过这类手术,王万青建议他们转院。但病人家属的态度很坚定:"就你看,你不看我就回家!"实际上就是逼院方必须在当地解决,王万青很理解他们的心情。既然诊断十分明确,转院也不可能,只能靠着自己的功底,尽量做好,万一不能全解决,也使二期治疗容易一些,同时病人的负担也可以轻一些。

王万青以前对此类病症有过一些准备,曾申请调来县医院的一个颅脑包备用,现在派上了用场。做这样的手术要做充分的准备,"窦"是致关性命的部位,一有触碰就可能致死,来不得一丝马虎。好在他在医大上学时学过解剖学、组织学、结构学等,加上平时临床积累,经过反复准备后,大胆实施了手术。术后第二天,孩子的烧就退了下来,成功了。

在这个手术中,他根据实际病情,还有所创新:脑脊液漏按常理必须修补,但当时的情况无法修补,感染严重会留在里面,为此,他就给病人做了敞开引流术,效果非常好。

手术时，他把爱人凯嫪（在卫生院工作）接来帮忙护理，因为患者是个小女孩，便于照顾安慰，有利于治疗。助手就是他的大儿子，大儿子王团生也是学医的，在县医院任职。不管别人有什么闲话，王万青的原则就是对病人负责，俗话说"上阵还靠父子兵"嘛！

王万青在玛曲成功实施的脑外伤手术治愈了这位牧民儿童，而当时并没有 CT 机。这样高难的颅脑外科手术如果在大医院做，花费是可以想见的，而王万青他们仅仅收取了不到 400 块钱的治疗费用。

面对所取得的成绩，王万青非常实在地说："风险是极大的，但我想通过努力，或许可以救救他们。"他常说："我写不出大论文，只不过救了几条命。"牧民们亲切地送给他"草原生命守护神"的美誉。

（七）玛曲唯一的医学教授

在长期的医疗服务生涯中，王万青练就了过硬的本领。他虽然身在玛曲草原，20 年工作在乡镇卫生院，但他一直注意提高自己的医疗服务水平。

1989 年，王万青被调到玛曲县，升任玛曲县卫生防疫站站长。在领导岗位上工作一年后，王万青难舍临床业务，自认为给群众看病、做手术更适合自己。于是，他主动要求辞去防疫站站长一职，请求到玛曲县人民医院当医生。此后，在玛曲县人民医院工作的十多年间，王万青如鱼得水，先后在口腔科、外科任过职，主刀或主持参与了上千例手术。

为了不断提高自己的医疗技术水平，王万青自费购买了一套俄文原版的《医学百科全书》，工作之余，刻苦攻读。在他担任外科主任期间，他先后做了多例高难度手术，填补了玛曲县医学史上一项又一项空白：为一名颅骨骨折、颅内血肿合并脑髓积液、外伤性癫痫患儿成功实施了开颅手术；为一位脾破裂患者手术修补保留脾脏；挽救了骨盆骨折、尿道损伤、大出血休克患者的生命等等。

在为群众看病治病的同时，王万青结合临床病例，先后撰写了《阿万仓乡牧民发病情况分析》《阿万仓乡布病（布氏杆菌病）普查及防治报告》《玛曲高原新生儿肺炎氧气治疗的重要性》《皮肤炭疽 58 例报告》《阿万仓乡传染病防治情况分析》《玛曲县医院十年外科住院病例分析》等 20 多篇科研论文，并发表在国家及省级学术刊物上，引起了一定反响和好评。

凭借扎实的理论功底和俄文水平，2003 年，王万青顺利晋升为主任医师，成为当时玛曲县唯一的一名医学教授。他也是甘南州医疗卫生行业第一个正高职称获得者。

（八）注重疾病防控，规范门诊档案制度

为了减轻牧民群众的痛苦，王万青认识到，仅仅看病送药还不够，还让他们少得病，让他们健康地生活。阿万仓乡工作期间，他非常重视疾病控。早在 1981 年，王万青就一个人一马完成了全乡人畜共患的布氏杆菌的普查摸底。他和妻子一起，起早贪黑逐一给当地的牧民孩子实施计划免疫。他曾背着 X 光机、心电图机，骑马去窝子（冬季定居点）为牧民进行健康体检。因为在阿万仓乡地域，黄河上有桥也无渡船，他曾经抓着马尾巴冒来往于黄河两岸。

1980 年，王万青担任卫生院院后，他开始着手建立门诊病历。藏族重名的很多，全乡叫扎西或卓玛的就几十个，怎么区分呢？王万青想了一好办法，以生产队为单位，一个生产建一个册,群众来看病时,先问是哪个队的,然后问年龄、性别,得了什么病,一一登记下来,记录入册。下次再来看病时,只要报上所在生产队,就能轻松找到相应的个人病历。就这样,王万青为全乡 3000 多人建立了门诊病历,使全乡 90% 的牧民有了自己的健康档案。这一功德无量的举措,在之后的很长时间里,依然是玛曲县唯一的典范。

因为重视防疫,20 世纪 80 年代中期,在阿万仓乡,很多传染病已经得到控制。1985 年,阿万仓乡"四苗"接种率达到 85%,成为当时玛曲县,甚至甘南州计划免疫工作的先进典型。

娶藏族姑娘为妻,扎根草原,毕生献给草原

(一)跨越民族和地域的婚姻

王万青除了下乡巡回医疗,还担负着培训赤脚医生的任务,他的妻子——藏族姑娘凯嫪便是王万青培训的赤脚医生中唯一的女学生。两人跨越民族和地域的婚姻,犹如一段美妙的传说在甘南草原广为传

1986 年,王万青在阿万仓草原出诊

颂,打动了千千万万人的心。

"凯嫪貌不惊人,但她读过书,会说汉语,当翻译、背水、烧火,成了我的好帮手。"正如王万青所述,平日里,凯嫪除了当翻译、引路、背水、烧火,她总爱躲在同伴身后,是一位安静而害羞的姑娘,然而扎起干针来比男子汉还勇敢。朝夕相处的共同工作,使这位藏族姑娘凯嫪也喜欢上了年轻的大夫王万青。

说起当年的那次"意外姻缘",至今,王万青脸上依然洋溢着欣慰的笑容。

1971年的一天,王万青骑马出诊路过一个放牧点,被突然窜出的几条藏獒团团围住,还没等他冲出包围,马鞍子的肚带断了,王万青被狠狠地摔了下来,顿时不省人事。

及时赶到的牧民把他抬进帐篷,一天一夜后,王万青苏醒过来,第一眼看到的是凯嫪那充满疲惫的脸,她已经在自己身边守护了24小时。此后的一个星期,王万青只能躺在帐篷里,饮食、起居全靠凯嫪和几位牧民轮番照料,直到他恢复健康。就这样,爱情不经意地在一个汉族小伙子和一个藏族姑娘之间悄悄地萌生了。

一天,凯嫪突然红着脸告诉他:"我阿爸、阿妈要把我给你。"王万青惊呆了,他装着没有听懂的样子。但凯嫪的这番话着实让他再也睡不着觉了。他想到:虽然凯嫪是个好姑娘,但同她结合就意味着自己将要在阿万仓呆上一辈子!这里和上海相比,生活上差距太大了,别说看不到电影,吃不到蔬菜和水果,就连喝水也得走上半小时路程去背。如此恶劣的环境、简陋的条件,在这儿工作可以,锻炼一下也是可以的,救死扶伤、为医学进步作出贡献,这些都不在话下,但要在这片远离家乡大上海的穷乡僻壤过上一辈子,自己是否做好了充分的思想准备呢?

辗转反侧间,他画了一张对照表,把结合的利与弊进行了对比。但爱情用简单的算术方法显然得不到答案。他冥思苦想了三天三夜,

没有解开这道难题。最后，王万青怀
着复杂的心情回到上海，征询父母的意
见。一开始，父母不表态，当他准备离
开上海的时候，双亲同意了，并告诫他：
"你要娶了人家姑娘，就要负责到底，不
能变心！"

经过一系列激烈的思想斗争后，他
带着双亲的叮嘱，怀揣献身草原医疗事
业的抱负，毅然回到玛曲。凯嫪的父母
和阿万仓的牧民不但不反对这一汉藏
婚姻，反而按照当地习俗，给他们举办
了隆重的婚礼。1971年，王万青和凯
嫪结婚了，之后他们相亲相爱，生下了
四个孩子。

在王万青的培养、带动下，凯嫪一
步步成长为合格的护理人员。20年间，

夫妻俩骑马并肩，走遍了阿万仓草原的
每一个帐篷。在家中，他们一个讲上海
话，一个讲玛曲藏语，多少年来相敬如
宾、风雨同舟的生活经历，使他们在举
手投足间达到了很好的默契和沟通。

（二）多次放弃回上海的机会，
最终选择了扎根坚守在甘南草原

说不想回上海，那是大话、假话，
这么多年来，王万青思想上有过无数次
的挣扎，眼看着回上海的机会一次次错
过，心里没有丝毫波动那是不可能的。
说起那些曾经的机会，王万青心里仍有
些怅然。

"文革"后期，支边医务人员和插
队知青们陆续离开了甘南草原，返回上
海。

平静的草原生活仍旧缓缓铺展，
时光流逝。眼看着一起支边的医生、护
士、插队知青们回到上海——那个自己
日思夜想的故乡，王万青有了一点念

王万青与妻子凯嫪

王万青与妻子凯嫪带小儿子下队开展计划免疫

想。现实的牧区生活和文化差异,也曾动摇过这个原本要"扎根草原"的上海青年的决心。"如果要在阿万仓永远生活下去,是不合适的。上海是我的家乡,我还是要回去,我不会忘记父母,我也不会忘记上海。"这样的想法伴随着王万青,在心里一次次闪现。

于是,他不得不用紧张的工作来缓解对他人的羡慕,以及自己的那点念想。但有时候,依然排遣不了那种莫名的孤独。他时常一个人坐在玛曲茫茫的野草地上吹起笛子:"在那童年的时候,妈妈教会我一首歌……"一股股乡愁如天上的白云飘忽不定,他思念生活在黄浦江畔的妈妈,忘不了美丽文明的故乡。每逢此时,他的内心只能与大自然对话、交流。"如果我是他,我绝对不会来这个地方,吃的不适应,穿的不适应,又没有亲人和朋友,为什么要到这儿来呢?这不是件很痛苦的事吗?"妻子凯嫪理解丈夫的思乡之情,可她也无能为力。

1978 年，处在去留之间徘徊的王万青，从报纸上看到了一个消息。

10 年"文化大革命"结束，百业待兴。1978 年，中国教育界恢复了研究生考试制度。这个消息给远在阿万仓的王万青带来了希望。在征得妻子同意后，王万青决定考研。他立马翻出了从上海带来的教科书，准备复习考研。

然而，在这份兴奋的背后，是另一个人的悲伤。

在阿万仓的土房子里，王万青点上油灯，专心复习。妻子凯嫪总是坐在一旁，看着丈夫奋笔疾书，不言不语。就这样，没过几天，王万青发现生性开朗的妻子变得忧郁起来，还时不时抹眼泪。妻子的眼泪让王万青心里非常难受，王万青明白了，凯嫪虽然懂汉语，但从小生长在草原，她的根在草原，离开这块土壤，就会枯萎。如果自己真的考取研究生离开草原，这个家可能就要散了。

王万青担心被人误解，说他想通过考研找一个与凯嫪分手的借口；可另一边，是他已魂牵梦萦了 10 年的家乡。两难之下，他经过了痛苦的抉择，最终，他放弃了离开草原的念头。考研变成了一个看得见却摸不着的梦，而上海也离他越来越远了。

1983 年，还不到 40 岁的王万青有机会在上海进修学习了一年，其间，有单位愿意接收他，好心的朋友甚至张罗着给他介绍对象。在玛曲，风言风语也随之满天飞，有人甚至跟凯嫪说："王万青不回来了，已经买好了家具，等着跟别人结婚呢！"王万青担心妻子听信传言，在学习期间，他一周一封信，向远在玛曲草

1973 年，阿万仓草原，王万青与妻子凯嫪

原的妻子传递着浓浓的爱意，坚定着彼此的信心。"这42年间，回上海的念头时时会涌上心头，但思前想后，也就放下了。"王万青说，随着时间的推移，自己对草原的感情越来越深，到后来，真的不想走了。

在阿万仓乡卫生院，王万青整整工作了20年。在他的培养带动下，妻子凯嫪也从最初的赤脚医生，一步步成长为合格的护理人员。1982年，凯嫪正式转为卫生院的在册员工。这期间，进进出出卫生院的医务人员不下30人，始终不走的只有他和凯嫪。20年间，夫妻俩就这样骑马并肩，走遍了阿万仓草原的每一个帐篷，为生病的牧民群众送医送药，为每一个适龄儿童及时接种，恪尽着一个医务人员为藏区牧民救死扶伤的职责，始终如一地坚守着当初立下的"到最艰苦的地方去，报效祖国"的誓言。

1993年王万青下队巡诊途中

王万青把对家乡的眷恋深深埋藏在心底，从一件小事便可略见一斑。

记得2007年曾经有一个上海的大学生，打算重走王万青当年离乡的路。在到草原寻访他前，打电话问他有什么想要从上海带的，他的回答出乎所有人的意料："有没有《新民晚报》？哪怕过期的也行。"离开故乡39年了，他依然那么渴望了解上海的点点滴滴。拿到报纸的那一刻，王万青流泪了，他迫不及待地想从字里行间感受一下魂牵梦萦的上海。

1994年，阿万仓诺尔隆山谷妻子凯嫪探望女儿女婿

当笔者与这位7尺高的大汉做推心置腹的交谈时，王万青动情地说："多年来，我无数次跟自己斗争过，但思前想后，还是选择留了下来。草原上需要大夫，我不能随便走。40多年里，藏族同胞给予了我尊重和

认可，每次出诊或路过牧民帐篷时，总有热情的召唤和香甜的奶茶相伴；每每走上街头，一句句'曼巴，扎西德勒'的问候也让我倍感温暖。"这朴实的语言、真挚的情感，以及他42年的草原生活和心路历程，深深打动着每一个人了解或读过他的事迹的人。

（三）子承父业，儿子学成也回到玛曲草原为牧民服务

在王万青的言传身教之下，孩子们渐渐长大了，父辈榜样的力量是巨大的，现在一家人都没有离开玛曲，特别是他的大儿子王团生"服务草原、到祖国最需要的地方去"的志愿与父亲当年的行动如出一辙。

当初，王万青把希望寄托在儿子身上，企盼儿子能到上海接受最好的教育。经妻子同意，他们8岁的儿子被送回了上海。1987年，这个孩子也走进了医学院的大门。

1992年，王万青的大儿子王团生从兰州一所大学的医学专业毕业了，面临分配。上级有关部门考虑到王万青的经历，就预留了一个名额，把王万青的儿子分配在兰州的医院工作。正当王万青庆幸自己的儿子能留在大城市工作时，儿子王团生却已经向校方表了态：到最需要自己的地方去。王团生放弃了分配在大城市工作，满怀豪情地、心甘情愿地回到海拔3500米的玛曲，为牧民服务。

在王万青和凯嫪的四个孩子中，大儿子和小儿子继承父母的职业学医，二儿子当了警察。唯一的女儿却成了王万青最大的心病。

（四）女儿的婚事

那年，正当王万青准备举家从草原搬迁到县城时，女儿突然告诉他，自己要嫁给阿万仓的一个牧民小伙子。那一刻，王万青就像当年他的父母听到他要和藏族姑娘结婚一样，吃惊得一句话也说不出。

"对女儿我始终感到有点内疚。她是我们唯一的女儿，在我的孩子中间，她的生活经历比较特别，也吃了很多苦。不过我想，这个选择

对她是有人生意义的。她挤奶、放牧，迎着风雪严寒，生活艰苦，就像所有的牧民一样生活着。"

王万青想，有了女儿与牧民这种水乳交融的结合，势必会继续在汉藏民族间架起坚实的桥梁，对于弥合民族矛盾，加强民族理解，增进民族团结，对国家的稳定和发展不无益处。

王万青最终接受了女儿的婚姻，无奈中，也有许多安慰，就算是自己和妻子在阿万仓草原留下的一个念想吧！这或许又是一个命运的玩笑，抑或又是一种轮回。

现在他的一家人，包括子女以及孙子孙女全都生活、工作在这片广袤的草原上，可以说王万青把一生都奉献给了这片草原，奉献给了玛曲的卫生事业和这里的人民。

有遗憾，有收获，大草原是他最终的家

王万青说"我这辈子最大的遗憾不是不能回上海，而是在医学上的成绩和奉献太小。"同班的 50 名同学，当时有不少人都分配到了大

1975 年春节，王万青与妻子凯嬠在阿万仓草原

1971 年，阿万仓草原，王万青与妻子凯嬠骑牦牛出诊

西南、大西北边远地区，但后来通过考研、调动等多种途径，都相继回了上海，或者周边的城市，有的还出国了，最差的也是在发达城市三级以上医院工作。相比之下，收入上的差距尚在其次，学术上的造诣经常令他自愧不如。

对于同学聚会，王万青是既怕又盼，怕的是越来越大的医术上的差距，其次是经济上、还有学术影响方面的，这些都令他越来越有压力；盼的是见见同学，说说家乡话，回味回味学生时代的美好时光。每一次同学聚会，大家知道他的经济窘境，从来不肯让他掏钱，这让他心里很不是滋味，好像是他占了大家很多的便宜。于是，他开始有意识地躲开类似的聚会，宁肯背上"架子大"、"请不动"的恶名。

但在遗憾的同时，王万青自认为也得到了很多同学都不曾得到的收获。其中，最大的收获就是得到了当地藏族同胞的尊重和认同。

两次意外受伤时，牧民群众都自发端茶送饭、精心照料；逢年过节，经他诊治的病人都会专程赶到他的家中，送来冰糖、酥油等礼品，表达谢意，家住县城的患者更是天天过来看望他；每每上街，一句句"曼巴，扎西德勒"的问候也令他倍觉温暖、感动。

2003 年，王万青退休后，还时常有病人找到他家中，请他给看病，这让他越发体会到人生的价值和被人需要的幸福，因而他也就更加不愿离开玛曲。

诚然，党和国家授予的荣誉也让他更加坚定了扎根草原的信念。他曾任历届甘南州、玛曲县政协委员，曾被省委、省政府授予"省地方病防治先进工作者"、"省民族团结进步先进个人"等荣誉称号，他还被国务院授予"全国民族团结进步先进个人"。上海的母校也没有忘记他，2009 年 12 月 21 日，复旦大学党委书记秦绍德亲自为他颁发了"校长奖"。

40 余年的草原行医生涯，让王万青深深地爱上了这片土地。他退休后，有在国外的同学请他去做牧区疾病的医学研究，也有上海同行邀他回到黄浦江畔发挥余热。但王万青认为："42 年前我义无反顾地来到阿万仓，是为了热血青年的爱国抱负，今天的我已经深深爱上了黄河第一湾。这里不仅有我的家，更有许多需要解除病困的藏族同胞。所以，阿万仓草原就是我的归宿之地！"

　　如今退休在家的王万青和妻子凯嫪仍然居住在县城里一所朴素的平房小院子里，还经常在家里给上门的藏族群众治病送药。他的这种扎根玛曲高原，情系医疗卫生事业的无私奉献精神，在玛曲草原从20世纪80年代开始到今天一直被传为佳话。

　　王万青的坚守成就了草原医疗事业的瑰丽成果，两代人的坚守催生了汉藏民族团结之花的繁盛。

王万青颁奖现场的感动

　　在"感动中国"2010年度人物颁奖现场，王万青一改往日在牧区出诊的装束（蓝大褂、黑皮裤、脖子上总是围一条毛巾），穿着笔挺的西装、面带坦然的微笑坐在台上，和主持人聊起感受，就像是在拉家常。

　　主持人敬一丹问他："在草原生活这么多年，你有自己发自内心的那种快乐吗？"

　　王万青一脸的自豪和满足感，若有所思地道出了自己的心曲："有快乐，我的快乐唯一的一个理由也就是：草原给了我人生的意义。我的路就是这个样子，我愿意走这条路，我愿意吃苦，就这条苦的路我走下去。我而且很幸运，我有那么多的牧民朋友，还有我遇到那么多的好领导。我善良的妻子，她一直没有离开过我，在我最倒霉的时候、我差一点缓不过气来的时候，她还是没有离开我。她曾经说过这样的话，那是在上世纪的时候：她说'你万一没有了工作，没有工资，你到我们生产队来，我们养活你！'我很感动！"

　　正是他心中的信仰和追求坚定了王万青扎根草原、服务牧民的决心；正是草原人民的善良和包容使王万青把自己的命运完全融入草原医疗事业，无怨无悔。

　　特别令人感动的是在王万青心中始终为"被需要"的感觉激励着。

王万青在"感动中国"2010年度人物颁奖现场

　　他说，上世纪玛曲草原缺医少药死亡率相当高，的确很需要大夫。我在那里也努力工作，我作为一个医生作为大夫，我不希望人家感谢我，我需要牧民群众，我需要病人。病人感谢我，我心里有的时候高兴，有的时候也感觉到有点难受，因为被感谢得太多了而难受，是我要感谢病人！"

　　谈到从物质上的差别，王万青毫不隐晦地表示：牧区与上海的差别太大了。城市的生活享受的确很丰富，而草原上往往是苦些。但是我一直考虑，不能从物质上来比较，我还是从精神上，从人生的意义上来看的。我还是坚定地选择了草原。

　　王万青这位草原上的曼巴之家的家长对孩子、对草原上的年轻医生最常嘱咐的话和希望只有两点：第一是希望孩子们健康，身体好；第二希望他们工作好，也就是救死扶伤。就是在医学方面医学发展进步方面做出贡献,特别是草原医学,牧区的医学。

主持人白岩松宣读了"感动中国"组委会授予王万青的颁奖辞:"只身打马赴草原,他一路向西,千里万里,不再回头。风雪行医路,情系汉藏缘。40载似水流年,磨不去他对理想的忠诚。春风今又绿草原,曼巴的故事还会有更年轻的版本。"

"感动中国"2010年颁奖典礼赋予王万青——"仁者"的美誉,他当值无愧!

推选委员彭长城给王万青的推介词:

他以藏乡为故乡,视牧民为亲人,全心全意为牧民解除病痛,温暖了草原民族的心。

推选委员王晓晖给王万青的推介词:

他的信仰观照亮了许多社会无力的角落。医者仁心,不同民族有着共同的爱,共同的善良。普通人之间的爱和给予能让友爱更长久。

第一部分

07

炽爱

王茂华
谭良才

"感动中国"组委会
授予王茂华、谭良才的颁奖辞：

烈火是一场生死攸关的测试，生命是一道良
知大爱的考验，你们用果敢应战，用牺牲作
答！一对侠义翁婿，火海中三进三出，为人们
讲述了什么是舍生忘死，人间挚爱！

侠义翁婿三进烈火救人谱壮歌

我想回去上课，想见到我那些可爱的学生，还想见到我
那可爱的女儿。

——王茂华

我知道他很痛很痛，但他不会叫出来，因为他怕我担
心，就只有一次，他确实痛得全身发抖……

——谭长华

王茂华，江西宜春市袁州区慈化镇伯塘中学教师。
2010 年 3 月 21 日 14 时 50 分许，宜春市慈化镇伯塘
村一栋民房发生火灾。王茂华和岳父谭良才数次冲进
火海，成功救出 5 名孩子，而王茂华、谭良才却被严重
烧伤。王茂华因伤势过重，经抢救无效，于 5 月 2 日凌
晨逝世。

3 次冲入火海救出 5 名儿童

事件发生在 2010 年 3 月 21 日，江西省宜春市慈
化镇伯塘村靠近国道旁的一个农户家庭里，家里的大
人有的下地了，有的在外洗衣服。家里有 4 个不足 5
岁的儿童正在自建楼房的一层前厅里玩耍，里屋还有
一对才一岁多的龙凤胎兄妹正在熟睡。客厅里，有两
辆摩托车，其中一辆正在漏油。旁边，还有一个做饭用

的煤气罐,这都是后来酿成严重灾难的隐患。

下午 2 点 45 分左右,其中一个孩子在地上捡到一只大人遗漏的打火机,他拿在手里玩着,并学着大人的样子,将打火机打着了。那辆停放在屋内的老旧摩托车泄漏出的汽油与明火相遇,火苗迅速蔓延开来,孩子们在火光中吓得大声哭喊起来……

周围的邻居看到李兴武的房子里冒出的浓烟太大,就意识到这不是一般的炊烟,而是火灾发生了。一个路过的小孩边跑边喊:"着火啦,大家快跑!"

青年教师王茂华的家离起火的李兴武家只有十几米。他刚刚从外面回到家里,正跟自己的孩子玩儿,听到呼救,马上往现场跑去了。

正在屋后洗晒衣服的屋主人余水兰老人也被眼前这突如其来的火势惊呆了,因年迈体弱,余水兰吓得慌乱失措、腿脚瘫软,只能大呼救人。附近村民纷纷赶来了,面对已经蔓延的熊熊大火,村民们各自寻找水源。王茂华一边向刚回到家的岳父谭良才叫道'救火呀,救火

获救的部分小孩

呀',一边冲入着火的房间里。那些娃娃尚不懂得水火无情的道理,惹祸之后,也不知道逃生,而是被浓烈的烟雾呛得哇哇大哭。谭良才也闻声跟着冲进大火。王茂华很快摸到了5岁男孩鲍文杰、3岁男孩李佳熙,他一手一个抱起他们,迅速地冲出大火。谭良才也随后将3岁男孩鲍祖含救了出来。他们知道里边还有孩子,又不顾一切再度冲进烈火之中。王茂华紧紧抱着2岁小女孩鲍新怡往外跑的时候,头发、衣服全被烧着了。谭良才也将2岁小女孩李梦玲成功救出。

周围的人在喊,里面还有一个。被救出的小孩说:"里面还有一个小孩在睡觉。"与此同时,在地里干活的小孩儿的父亲赶回家里,从房后破窗而入,救出了第六个小孩儿。而这一切,在房前边救人的翁婿二人根本无法知道。此时,烈焰炙烤得人们难以接近了,热浪已经把围观的人们逼出了10米之外,村民们绝望了。但是,没有人能够想到,面对死亡的威胁,翁婿二人顾不上扑打清除身上的明火,第三次冲进火海救人。室内浓烟呛得人睁不开眼,灼热烤得人身上、脸上生疼。他们摸索着寻找第六个小孩儿……

就在这时,更大的灾难发生了! 大火先是引爆了两辆摩托车,接着又引爆了液化气罐,"砰"、"砰"、"砰"连续三声巨烈闷响,团团火焰迅速将王茂华、谭良才吞噬在其中,一股巨大的强烈气浪将两人崩出屋外。屋前路边的树已被室内喷出的大火点燃,附近的门窗玻璃皆被震碎,就连马路对面房屋的玻璃都被震得稀碎,床上的被子也被飞溅的火星点燃。

人们看见了两个火人,开始还为灭掉自身之火而满地打滚……王茂华全身被烧得焦黑,躺在地上渐渐动弹不得,口中还在艰难地说着什么。村民李长兰和周围的邻居赶紧拿着毯子帮王茂华扑打身上的大火,衣服已经被全部烧光了,正在燃烧的正是王茂华身上的油脂,仍在噼啪噼啪地燃烧。邻居用毛毯灭火,皮肤就粘连着被一片片地撕落下来。皮开肉绽的全身上下,只剩下腰间的皮带因为融化而和身体粘连在一起。几名村民想帮王茂华解皮带、脱鞋跟,结果轻轻一碰,皮就一块块地掉下来。村民李春秀只好拿来一床毯子将王茂华捂起来,终于灭掉了他身上的余火。

另外一边，谭良才虽然被火焰灼烧得难以忍耐，意识还算清醒，"快跑到塘里去！"听到妻子单国兰的叫声，谭良才忍痛爬起来，挣扎着，连滚带爬地赶到路旁边的一口池塘边，跌进了水中而熄灭了自己身上的大火……村民汤淑华将谭良才拉了上来。

由于抢救及时，4 名男孩和 2 名女孩全部得救了，除了鲍新怡额头被灼伤外，其他小孩儿全部安全。

救人的翁婿是怎样的一家人？

谭良才

谭良才 1966 年 4 月出生，是宜春市袁州区慈化镇冷水村村民，在家里三个兄弟中居长。因父亲有胃病，谭良才十三四岁就开始参加劳动了，他家在村里承包着两亩多土地，不够花销的，就外出挣钱，曾经卖过冰块儿，也收过破烂，靠勤勤恳恳的劳动支撑着困难的家庭。后来，谭良才与单国兰结婚了，他们有了一女一子。谭良才常年在外打工或做小生意，后来又开了一家花炮厂，家里的日子才慢慢好起来。他们自建了有五间住房的两层小楼，因而在村子里的收入能算中上等水

谭良才与谭长华

平。谭良才乐善好施，真诚待人，无论谁家里需要帮忙，他都会主动伸一把手。谁家的汽车打不着火，找到谭良才，他肯定会出来帮着推一把，有人家里经济出现状况，谭良才总会主动问别人需不需要帮助。村里曾经有一个智力有障碍的残疾人经常到各家各户乞讨，别人都避之不及，谭良才却每次都会给他一些钱。村里修路建桥，他出钱出力慷慨大方。有人来借钱，他总是很爽快地答应。有时手头不宽裕，还借来钱给别人。

　　女儿谭长华1986年出生,是一位苗条娇小的南方女子,她温柔、善良、朴实、文静,并且坚强。因为与王茂华同在宜春市职业技术学院读书,是前后同学。当谭长华把与王茂华谈朋友的事情告诉家人时,没有想到父亲谭良才是反对的。家里认为王茂华的确是个好孩子,但是家境太贫寒了,怕女儿嫁过去,生活太清苦,委屈了女儿。

　　王茂华1983年11月出生在一个贫困家庭,母亲患了精神方面的疾病,身体一直不好,已经去世了。63岁的父亲也由于严重的关节炎丧失劳动能力,农村人说他们家没有房,指的是他家没有钱财建新房,只有一处老旧不堪的土坯房。王茂华30多岁的哥哥至今还因贫困而没有成家。

　　王茂华学习很用功,也很能吃苦。村里一同上学的三四个人,只有他每天吃晒干的红薯叶或是腌菜,但坚持下来读中学的也只有他一个人。王茂华的叔叔王观生在袁州区检察院工作,在叔叔的资助下,王茂华才能入校读书。叔叔也从小扶持、照顾、指导王茂华一步一步走上人生的大道。1999年,王茂华考入宜春师范学校。2004年,他师范毕业先后在慈化镇柘塘、冲下小学担任两年代课教师后,参加袁州区教师招聘考试,以优异成绩进入伯塘中学并担任语文教师。他一直感恩在他成长过程中给予过他帮助的人们,有农忙时帮忙的邻居;有给他谆谆教诲、送钱送粮的老师;有为他支付学费、对他多方照顾的叔叔。周围人的爱心滋育了他热心助人、踏实工作的高贵品格;他以满腔的热情爱家人、爱学生、爱生活、爱工作。

　　伯塘中学党支部副书记丁洪亮说:"无论是上公开教研课,还是举办校朗诵比赛;无论是教学,还是搞后勤,只要是安排给他的工作,王老师都投入满腔热情。"2008年4月,学校缺少英语老师,派王茂华代上初二(2)班的英语课。当时班里有个家境贫困、名叫彭满红的学生，因父亲突然去世，情绪低落，成绩下降。王茂华是二级教师，每个月只有1100元的收入，还要赡养老人，王茂华平时克勤克俭过日子，不吸烟、不喝酒、不参与赌博，没有任何不良嗜好。他自己虽然不宽裕，但他悄悄把钱给彭满红，并不断安慰鼓励她，使彭满红深受感动，重新振作精神，专心进入学习。

伯塘中学语文教研组组长黄运洪说："学生都喜欢上王老师的课。因为他善于动脑筋，活跃课堂气氛。比如讲《黄河颂》一课，他就会和着曲谱大声唱出来。""下课后，他身边总是围满了学生。几年来，他教语文，班里的语文成绩就名列前茅；他教英语，班里的英语成绩就是前一二名。"

和王茂华同时参加工作的同事黄运洪，回忆和王茂华一起住单身宿舍的日子时说："我们一起合伙做饭，他总是一有空就洗菜做饭，特别乐观向上。他的办公室总是有好多学生，住校的学生有大件的脏衣服，他就用自己的洗衣机帮着洗，他的很多学生不叫他老师，而叫哥哥。"

王茂华是个自强不息、努力进取的人。通过自学考试，2005年7月，他拿到了大专文凭，2009年，他又取得了宜春学院汉语言文学专业本科文凭。从2007年开始，他几乎每个学期都向校党组织递交《入党申请书》。他写道："有人认为，加入中国共产党是在身上镀上一层金。我觉得党员应像金子一样闪闪发光，但不能金玉其外，败絮其中。"2009年6月，党组织确定他为入党积极分子。

穷人的孩子从小经历磨难，坎坷崎岖的生活道路，使王茂华更加坚毅、乐观、积极向上。他没有因为家境原因变得自卑封闭，反而更加知道努力奋斗，才能改变自己的命运。正是因为王茂华乐观向上的生活态度和勤奋工作的突出业绩深深地吸引着谭长华，谭长华认为，嫁给这样的人，经过一起努力，迟早是会改变生活命运的。

女儿铁了心，父母也不好过于干涉，最终还是成全了他们的婚事。

且是，他们的婚事办得极为简朴、低调。没有置办酒席，也没有旅行结婚，这在生活逐步改善，日子越来越好的农村倒是极为罕见的婚礼。

成家以后，王茂华入赘老丈人家里。谭良才一直将这个穷苦出身，却人品优秀、乐观向上的女婿当做亲生儿子一样对待。王茂华每天忙完学校的工作，回到家里就忙着帮助岳父母经营农田，或是参与做家务事。岳父母都夸赞他是个勤快、爱干家务的女婿。在街坊邻居眼中，王茂华是"有什么困难，我们都喜欢找的人"。

谭长华在慈化镇石下小学里教5年级的数学和英语课，每天要走1小时的山路去学校上课。由于路况不好，在怀孕期差点流产，经医生治疗和吃保胎药，才保住了小孩。2009年7月，他们

爱情的结晶终于诞生了，是一个女娃。名字是王茂华取的，叫"王君茹"。妻子问他为什么这么起名？王茂华说，他希望自己的女儿有君子的懿德，君子的风范，君子的言行。王茂华平时话不是很多，也许在课堂上说多了，太累了，回家后就少说一点。但小君茹的出现，使喜欢沉默的王茂华为之一变，因为他是个特别喜欢小孩儿的人。他一回家，就抱着小君茹，教她认识各种东西，教她咿呀学语。到了周末，两口子抱着小君茹去三四里外的老父亲家，把这种天伦之乐传递给父亲，让有病的父亲感觉到生活的快乐和家人的浓浓亲情。谭长华则帮助老人洗洗涮涮，缝缝连连，使破旧简陋的老屋里充满了亲情与欢乐。在小君茹蹒跚学步之时，王茂华拉着小君茹稚嫩的小手，耐心地教她抬腿迈

王茂华的岳母单国兰和王茂华的女儿王君茹

步，嘴里还不停地喊着"左、右、左"的号令。如果不出那场突如其来的事故，这是一个多么温馨和富有人情味儿的家庭呀！

在抢救的日日夜夜里

翁婿两人同时被煤气爆炸烧成炭黑一般，王茂华强忍着烧伤的灼痛，对伤心痛哭的妻子说："不要怕，不要紧，没关系！"单国兰赶紧打电话给谭良才的弟弟，弟弟赶紧开来一辆农用车，乡亲们将翁婿俩送到当地卫生院。做了简单处理后，当天下午，王茂华和谭良才被跨省送进了湖南省浏阳市人民医院烧伤科。该医院主任医师李锋说，王茂华与谭良才均属特重度烧伤，谭良才烧伤面积达到85%，王茂华更是几乎全身烧伤，烧伤面积达95%，全身仅剩下脚底板一块好皮肤了。王茂华被送进医院时，呼吸衰竭，院方立即实施了气管切

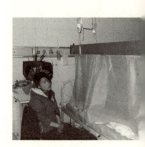

谭长华在王茂才病床前

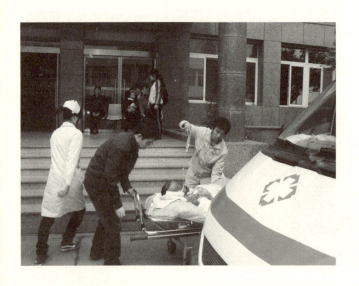

侠义翁婿转往武汉治疗

割术并用呼吸机辅助呼吸。

"有1%的希望,就要尽100%的努力,全力救治两位英雄。"宜春市委、市政府主要领导分别作出指示,迅速派出宜春市烧伤专家赶赴浏阳市,共商治疗方案。一场挽救英雄生命的竞赛在医院迅速展开。病床上,翁婿两人在与死神顽强抗争;病床旁,医生讨论着挽救英雄生命的各种方案。

5天后,谭良才先醒来了,王茂华也醒过来了! 人们再次为两位英雄的坚强而感动。尽管"体无完肤",疼痛不已,王茂华心里惦记的还是被救孩子的情况。他问几个孩子怎么样了? 当听到孩子都没事后,很高兴地说:"好,那就好! "

3月29日,经过一周的治疗,王茂华和谭良才的病情渐趋稳定,但并没有度过危险期,尤其是王茂华,急需进行植皮手术,但他全身仅剩2%的完好皮肤,要想用这2%的皮肤去修复98%的创面,简直是不可能的事情。

3月31日,王茂华已能开口说话,思维也较清晰;谭良才的伤势日益好转,已做过一次植皮手术。然而,王茂华的右下肢因被严重烧伤,肌腱坏死,很可能危及生命。

4月1日凌晨4点,江西宜春、湖南浏阳、湖北武汉的烧伤专家在浏阳紧急会诊,最终决定将"英雄翁婿"迅速转往武汉市第三人民医院救治。当天,王茂华、谭良才被火速送往武汉。

武汉市第三医院的主治医生王德运,经过诊断发现,因王茂华伤势过重,又长时间没有做手术,右下肢已感染,肌肉坏死较多。4月7日下午,王茂华右小腿至脚踝20厘米处肌肉坏死,由于感染严重,最终被实施了截肢手术。

身为女儿和妻子的谭长华此时心如刀绞,痛不欲生,一边是父亲,一边是丈夫,她唯一的期望,就是他们都能活下来,她不能失去任何一个。谭长华痛苦地说:"只要他平安,不管他以后能不能走路,能不能做事,我都希望他能活着,至少我的女儿有爸爸。"即使在这个时候,王茂华说话困难,但还在安慰妻子谭长华:"我在里面很好,你不要担心,要多吃饭,好好照顾自己。"

谭长华请求护士把窗帘拉开,要看看王茂华,在窗外,谭长华看到王茂华

全身发抖，那是他痛得浑身发抖的，人们能感
受到那种痛，可王茂华就是怕妻子难过担心才
不喊叫的。

谭良才的伤势相对比王茂华轻，躺在重症
监护室的谭良才，无法与亲人见面，可每次与
女儿谭长华通过可视电话说的第一句话都是
在询问："茂华呢？他现在怎么样，你们先救
他，他还那么年轻"。

4月7日，武汉市第三人民医院为谭良才
成功实施了双下肢植皮手术。不幸的是，王茂
华右下肢脚跟至小腿约6寸部位，因严重感染，
肌肉全部腐烂，只剩骨头，被迫截肢。

两位英雄的手术做完后，该院"人体组织
库"内的人体皮肤已经全部用完。

"用我的皮肤吧？"谭良才的叔叔及儿子
不约而同地找到主治医生，表示愿意捐献自己
的皮肤移植给谭良才。

广东省深圳市红十字会得知情况后，主动
联络皮肤捐献事宜。4月8日，深圳市一名14
岁男孩因呼吸衰竭死亡，其家属听说了王茂华

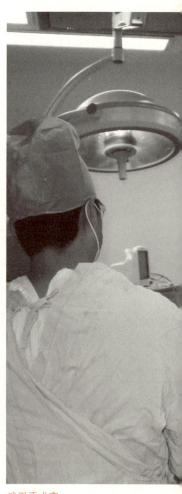

武汉手术室

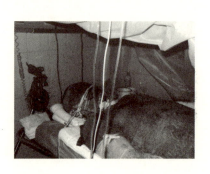

病床上的王茂华

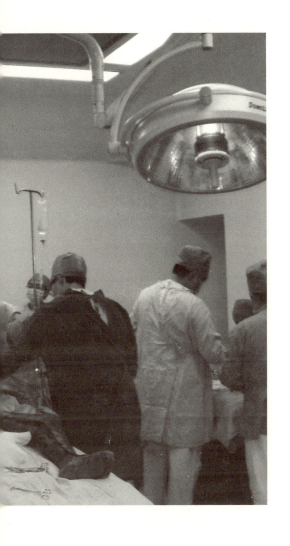

的感人事迹后，同意捐出孩子的皮肤救助江西英雄。这是这个事件中的又一感动人心的高风亮节故事。4月9日，男孩的皮肤共 4000 平方厘米被取下，由深圳航空公司破例紧急托运到武汉。

4月12日，武汉市第三人民医院烧伤科专家王德运接受采访，认为王茂华、谭良才尽管植皮手术和截肢手术比较顺利，但目前仍面临着严峻的感染期考验，医院正在准备第三次植皮手术。

著名烧伤专家谢卫国4月15日使用他新研究出来的"皮粒播撒术"为王茂华进行皮肤移植。王茂华身上布满白色绷带，躺在病床上，动也动不了，每隔6小时就需要用床板上下夹住王茂华，通过翻转床板来助他翻身，让皮肤"透透气"。这些对满身是伤的王茂华是多么地难以忍受啊！

英雄的壮举震撼着社会，感动着千千万万的人们

伟大与平凡往往只有一步之遥，对他人生命的关爱，体现了英雄的无私无畏与博大情怀。平民英雄王茂华和谭良才舍己为人的英雄事迹经过电视、报刊、广播、网站的广泛传播之后，立即震动了全社会，感动着千千万万的人们。人们纷纷行动起来，用更多的爱来抢救好人，用真诚的帮助来回馈我们的平民英雄。赣湘粤等省掀起了一波爱心帮助"英雄翁婿"的热潮。被救孩子的家长，将火灾后仅剩的一点家底 21 万元全部拿出来医治孩子们的"救星"，被救孩子的妈妈黄开兰动情地说，我会让孩子一辈子记住英雄的救命之恩，王茂华就是孩子的半个爸爸！

英雄壮举净化着人们心灵。3 月 27 日，宜春市委书记谢亦森作出

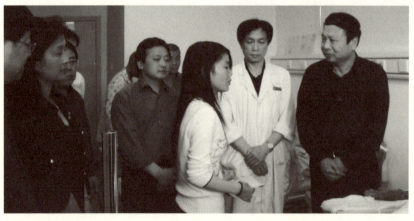

领导看望

示：王茂华老师的事迹感人至深！
是一种关心别人胜过关心自己的"大
爱"，是一种闪现着崇高思想境界、优良
道德情操的"真爱"，是一种压倒一切
艰难险阻、战胜一切天灾人祸的"深
爱"，是一种时代所需、事业所需、精神
明建设所需的"至爱"。号召全市人
向王茂华学习。3月28日，共青团
春市委、市青年联合会联合授予王茂
"宜春青年五四奖章"。3月29日，
春市委、市政府授予王茂华、谭良才
见义勇为英雄模范"荣誉称号，同时
予王茂华"优秀人民教师"荣誉称号。
月21日当晚，伯塘村就有50多名村
自发包车去看望英雄，伯塘中学每天

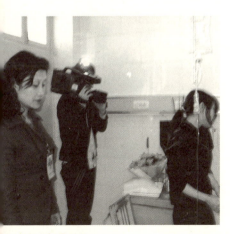

红十字会领导看望

都有校领导、老师轮守在英雄身边。3
月 30 日，宜春中心城区干部群众一个
下午就捐款 83 万元。

远在美国攻读博士的宜春籍留学
生王庆辉在网上看到英雄的壮举之后，
特意打来电话说，为家乡出了英雄翁婿
而感到骄傲，如果需要，他愿意为两位
英雄联系医院为其救治。

爱如潮涌，越来越多的人加入到抢
救英雄翁婿的爱心行动当中。在浏阳，
轮流照顾英雄的老师去网吧上网发帖
子，老板不收钱，出门吃饭，有不留名的
好心人随手买单；浏阳市 90 多岁的老
干部余康彩从报纸上看到消息后，硬是
拄着拐杖，在保姆的搀扶下，前往医院
看望英雄，并捐出了 1000 元善款。一
位大学毕业刚考上研究生的浏阳女孩
邱匀，听说了王茂华、谭良才的事迹后
深受感动，不仅捐款 300 元，还连续 10
多天为王茂华家人送去可口的饭菜。

感动的浪潮在宜春、浏阳、武汉三
座城市翻滚，传递到整个神州大地，它
迅速得到了党中央、国务院领导的高度
重视。3 月 31 日、4 月 1 日，中共中央

政治局委员、中共中央书记处书记、中共中央宣传部部长刘云山和中共中央政治局委员、国务委员刘延东先后批示，要求大力宣传英雄事迹，全力救治英雄。

4月3日，国家教育部部长袁贵仁批示要求转达关心慰问，安排好对英雄事迹的宣传。

4月6日，江西省委教育工委、江西省教育厅发出通知，号召全省教育系统迅速开展向王茂华老师学习活动。

4月7日，中华见义勇为基金会李顺桃常务副理事长专程到宜春看望英雄家属，并送上10万元慰问金。人们只有一个愿望，希望他们早日康复，愿好人一定要有好报！

宜春市委常委、宣传部长杨建国，宜春市副市长舒建勋，宜春市民医院潘院长看望两位英雄

坚强的意志伴他走完壮丽的人生

面对全社会的爱心捐助，王茂华说："我要感谢那些为我捐款的人，还有那些关心我的人，我的一个小小的举动，竟然能引起那么多人的关注，我一定会坚强起来，一定会好起来。"尽管王茂华的病情已经要危及他的生命了，但他还是那样的坚强乐观，那么的充满信心。

宜春学院党委书记王晓春来医院看望

经过医护人员的全力救治，谭良才的病情明显好转，4月26日转入了普通病房。而王茂华的病情却日益险恶，由于深度烧伤引发严重感染、肌肉坏死，病毒一点一点地侵蚀着他的血液，导致着全身的危机。22天之内，双腿三次截肢，全身九次植皮。每一次植皮和换药都是撕心裂肺的疼痛，每一次截肢都是对挣扎着

中华见义勇为基金会常务副事长李顺桃代表中华见义勇基金会向王茂华、谭良才家颁发慰问金

的王茂华身心的巨大打击。医生护士们震撼了，他们从来都没有见到过如此坚强的汉子，不仅是因为王茂华从来没有因为疼痛而叫喊过，更是因为是他身上那种强大生命力和对生的无限渴望。毕竟他只有27岁呀！

　　妻子谭长华说："我知道他很痛很痛，但他不会叫出来，因为他怕一直陪伴着他的我担心，就只有一次，他确实痛得全身发抖，他就跟我说，我叫一下可以吗？……"在血液坏死，越来越难熬的关头，在生与死的最后时刻，王茂华深情地对谭长华说："我想回去上课，想见到我那些可爱的学生，还想见到我那可爱的女儿。"这是英雄辞别前，多么朴素的愿望，多么真挚的情感啊！

　　王茂华曾在日记中写道："我以一个爱字为准则，爱世界上所有值得爱的人和事。"他是这么想的，也是这么做的，他用自己27年闪光的行动实践着自己的理想。4月29日，王茂华所在学校的相关党组织负责人赶赴武汉，在病床前向之前已提交入党申请书的王茂华宣布，他被批准正式加入中国共产党。

　　水火无情，那场大火对王茂华身体和心理造成了巨大摧残，造成了现代医学还难以挽回的严重伤害，但是在精神上却从来没有击垮王

烈士追悼会

茂华，他的精神力量是如此地强大。正当人们期待更大奇迹出现的时候，王茂华的病情却急转直下。虽经医护人员8天7夜全力抢救，但特大面积深度烧伤，引起严重烧伤脓毒症、多脏器功能衰竭，突然呼吸、心跳停止，经医院全力抢救无效，5月2日1时19分，27岁的王茂华还是离开了他深爱着的这个世界。

　　谭长华后来回忆："4月25日的时候，我们去探视的时候，接着他的电话，他就在里面哭了，这是他受伤以来第一次在我面前哭，他说他好想见到我，可是我也没有办法。我不知道结果会这样，如果知道会是这样，我一定会请求医生让我进去，看看他，也让他好好地看看我。"

　　王茂华的遗体于5月3日23时在武昌区殡仪馆火化，5月4日上午，灵车从武汉出发返回家乡宜春。宜春市社会各界群众数百人冒着大雨早早来到昌金高速公路宜春出口处，他们胸佩白花，拉起"英雄永生，精神永存"、"向见义勇为英雄王茂华致敬"等缅怀英雄的标语，等候英雄归来。

追悼会

15时20分，护送王茂华骨灰的车队缓缓驶出高速路出口，妻子谭长华手捧丈夫的骨灰泣不成声。见到英雄归来，迎接的群众抑制不住心中的悲痛，人人泪流满面，按当地习俗，有人点燃鞭炮，表达心中无限的悲痛与对英雄的怀念。灵车与迎候的人群会合后，排成一条长龙，驶向市殡仪馆。

英雄教师王茂华追悼会在宜春市殡仪馆举行，宜春市党政干部、王茂华生前好友及各界群众代表千余人参加了追悼会。追悼会上，王茂华被宣布为"革命烈士"。

殡仪馆大厅内，花圈林立，挽联低垂，王茂华的遗像庄严地摆放在鲜花翠柏丛中。大厅中央悬挂着挽联：

为人师表彰典范诠大爱育英才丹心写春秋

舍生忘死迎烈焰斗火魔救群童浩气昭日月

中共中央政治局委员、国务委员刘延东，教育部长袁贵仁，江西省副省长孙刚等分别向英雄教师王茂华敬献花圈，千余名社会各界代表手捧鲜花，眼含泪水向英雄王茂华默哀致敬，并向其家人表示问候。哀乐低鸣，英雄王茂华的家属和在场群众在哀悼会现场失声痛哭。

不朽的精神可以永恒

王茂华老师生前工作的伯塘中学共有54名教工。王茂华被送入医院就医后，校长阳剑翎一直守候在他的身旁。伯塘中学的师生为王老师的事迹所感动，每个班都召开了主题班会，出墙报，写心得，表达对王老师的崇敬之情。王茂华再也不能给学生们上课了，但他的身影却永远刻在学生们的心中，他的精神深刻地影响着这里的每一个学生。一个学生在日记中这样写道："王老师，你就这样突然地离我们而去了，但你却用生命给我们上了最后一堂课。让我们懂得了在平凡的生活中有伟大、有崇高，有欢乐、有痛苦，有生离死别，也有永恒。"

曾经有过弃学想法的学生陈秀琳，在王茂华英雄事迹的激励下，成绩直线上升，目前担任初二七班的班长，也就是王茂华生前所教的初一七班。她说：
"我不该有弃学的想法，王老师的行动证明了我曾多么愚蠢，我要好好学习，用
我的行动告慰王老师的在天之灵。"

一位网友留言："从王茂华身上，我看到了80后青年坚强、勇于担当的可
贵品质。这种精神和品质值得当代青年学习。"

王茂华的叔叔王观生说，每当夜深人静时，每当闭上眼睛休息时，眼前晃
动的老是王茂华的影子，"侄儿离开的这几个月，心里还是很不舍，这么好一个
人，就这样走了，真是可惜！但是，他又是好样的，虽然献出了年轻的生命，可
他的精神给当代年轻人树立了榜样，我作为一名检察官，要学习侄儿见义勇为
的精神，学习他的正义品质。"

10月19日，王茂华的岳父谭良才康复出院，慈化镇派车把他接回了家里。
他的耳朵烧掉了许多，手也不能伸直，走路还一瘸一拐的。最麻烦的是现在身
上特别的痒，内脏器官还都正常，现在每天都在锻炼，就是蹲不下来，只能半
蹲。谈起女婿王茂华，谭良才难过地说，"女婿现在虽然离开我们了，但这一切
都是值得的！一条生病换了几条小生命，没有错，只可惜苦了女儿了。"谭良
才说，目前他最主要的任务就是天天锻炼身体，争取尽快恢复，将来要尽自已
能力照顾亲家，照顾外孙女，把她抚养成人。

谭良才、谭长华父女在"感动中国"现场的感动

在"感动中国"2010年度人物颁奖现场，谭长华搀扶着父亲谭良才艰难
地走向拍摄舞台。

主持人白岩松问谭长华："茂华是一位什么样的丈夫？"

谭长华说："坚强、乐观，勇于面对困难的好丈夫。"

白岩松问："是一位什么样的父亲呢？"

谭长华说："他一直都对女儿很细心。女儿才七个月，他就总教她走路，
还很细心地说：'左脚，右脚'，这我做为一位母亲，我都可能会照顾不到这一

点。"

白岩松问谭良才："当最后女婿茂华走了的消息，告诉你的时候，那是一种什么样的心情？"

谭良才说："当时他们都没告诉我，有将近半个月我才发现。知道他走了。当时心情就很痛苦，这个家还要继续走下去。"

白岩松又问谭长华："有没有决定怎么样去接着往下走？跟爸爸妈妈说两句，妈妈也许在电视机前。"

谭长华说："我希望，爸爸妈妈永远相爱着，永远都不要因为困难而分开。因为，我已经失去一个家，我不能再失去另外一个大家。"

白岩松说："来，把手给我。于是，三只手紧紧地握在了一起，顿时，一股热流传递到了全场的各个角落。"

王茂华1岁6个月的女儿小君茹也来到了颁奖现场。在中央电视台做节目时，她忽闪着大眼睛，注视着奇奇怪怪的她从来没有见过

谭良才、谭长华在"感动中国"2010年度人物颁奖现场

的一切新鲜事物。谭长华说:"她爸爸受伤的时候,小君茹才 8 个月大。现在只要看到跟他爸爸年龄差不多大的人,女儿就会叫爸爸。我只好拿着照片给她看,告诉她这才是你爸爸! 小君茹就拿着照片不肯放,总是看着。"她哽咽地说道:"虽然失去了丈夫,但我会让女儿一生充满爱! "她总是想起以前和他在一起的日子,"哪怕是睡着了我也梦到和他在一起,感觉他时时刻刻都在我身边一样。"谭长华已经哭得没有眼泪了,她的肩上要挑起沉重的生活担子,既要照顾烧伤的父亲,又要照顾多病的公公,今后的路会有多么艰难呀! 更难以平复的是心灵的创伤,一个女人目睹了生命中最重要的两个男人同时受到危难,那份痛苦需要多少坚强才能忍耐? 王茂华、谭良才感动了我们,其实,谭长华也是一位令人感动的坚强女性!

英雄王茂华的壮举惊天动地,他悲壮地离开了我们,浩气长存,令人无限地惋惜和长久地缅怀……

农民谭良才带着一身的伤痛和后遗症回到了乡间,重新开始他的农家生活。

我们希望全社会关心他们,帮助他们,让好人终有好报!

推选委员刘殊威给王茂华、谭良才的推介词:

普通的教师,普通的农民。我们这个民族从来都不缺少舍己救人的英雄。这一次,我们见证了民间的英雄。

推选委员涂光晋给王茂华、谭良才的推介词:

当他们义无反顾地冲进火海时,近乎于本能的行动折射出今天亟须弘扬的善与爱。

第一部分

08

神兵
何祥美

"感动中国"组委会
授予何祥美的颁奖辞：

百折不挠，百炼成钢，能上九天，能下五洋。
执著手中枪，百步穿杨，胸怀报国志，发愤
图强。百战百胜，他是兵中之王！

中国枪王成长之路

我不怕挑战，我也不怕去接受挑战，作为一名军人，应
该敢于去面对挑战，应该敢于去面对自己害怕的东西。
如果说在做某一件事情，还没做之前我就已经害怕了，
那么在我还没做之前，就已经失败了。

——何祥美

何祥美如今已经是个名人了，不仅各个军区的宣
传橱窗当中会看到他的形象，而且部队所在驻地城市
的马路灯箱上也能看到他的照片。一次，他途经某旅
游胜地，一位游客认出他就是何祥美，尽管他一再否
认，告诉说"您认错人了"，但对方说即使认错了，也要
和长得这么像何祥美的人合张影。何祥美之所以如此
有名，和枪密不可分，有人称他叫"中国枪王"，更有人
在看了电视剧《我的兄弟叫顺溜》后亲切地称他"厦
门顺溜"。

"没人要的兵"

时光倒回到 1999 年，何祥美却没有这么引人瞩
目。1981 年 10 月他出生在江西崇义，这里以盛产高
大粗壮的毛竹和蕴藏丰富的钨矿而闻名。家里兄妹二

人，生活并不宽裕。为了供他们念书，父亲常年要在广东打工来贴补家用。当何祥美初中即将毕业的时候，他与妹妹便要面临着人生巨大的抉择，根据家里的经济条件，兄妹二人只能有一个留在学校继续读书。何祥美的家虽然算不上书香门第，但他的爷爷在村子里是最有学问的人，因此何家对教育非常看重，如果不是迫不得已，一定会供何祥美继续读书。

何祥美非常理解父母的难处，决定自己去外面打工。广东沿海的工厂流水线上留下过他的身影，福建矿山的风钻旁流下过他的汗水。肯于钻研的何祥美，一年后凭着打风钻的一技之长，回到家乡在自己表姐夫的矿上工作，每个月拿近 3000 元钱，在当地这是笔非常不错的收入。但是逐渐摆脱贫困的何祥美却在思考金钱以外的一个问题，自己的人生价值是什么？如何实现？此时，正好赶上部队来崇义招收特种兵，何祥美跟着几个伙伴一起去报名，并参加体检。对于他要参军的决定，父亲坚决表示反对，而爷爷却充满担心。家乡这些年也有不少年轻人参军入伍，但大都是"两年兵"，经过两年部队生活，没取得什么进步就回到家乡，一切又要重新开始。父亲认为何祥美已经有了份收入不错的工作，去了部队可能只是浪费时间和工作

何祥美旅游留影

机会。而爷爷则担心何祥美的视力是否通过体检。尽管何祥美一再对老人家说，在打工的一年里，视力已经恢复到正常水平，但爷爷说什么也不信。很快体检报告下来了，结果祥美的各项指标全部符合对未来特种兵的需要。他拿着体检报告对爷爷说："请您相信我，这是我的机会，我一定要把握住！"老人家同意了，但

父亲还是想不通。仅仅带着爷爷的支持，何祥美进了新兵营。

新兵营的日子对于何祥美不堪回首，因为生活在农村，长期没有进行过专门的体育训练，结果他在跑第一个5公里越野时，就累得趴在了地上，而特种部队的要求是每天至少要跑两个5公里越野。对那段日子，何祥美最深的记忆就是"疼"，每天都是浑身上下的疼。他的体重也从130多斤迅速降到110多斤。但肉体上的疼痛还不算他在新兵营里最痛苦的记忆。新兵训练最后一天，部队各部门来选兵，如同美国职业篮球联赛选秀一样，各部门领导会按顺序轮番挑选，体型魁梧、肌肉线条好的兵，一个一个从座位上站起，被部队领导带走，最后就剩下何祥美与其他三位新兵。这时远处传来一声吆喝："那四个没人要的兵，跟我走！"这句话彻底把何祥美打到痛苦的谷底。"我当时真是难受极了，但我后来明白，那是我命中这位'伯乐'的激将法，日后他给了我巨大的帮助。"何祥美提到的这位"伯乐"就是班长朱骏。而朱骏多年后，也没想到自己的一声吆喝却激发出了一位"枪王"。何祥美很少谈班长如何严格训练了自己，但他说，直到今天，班长已经退伍去了上海的一家公司，但是他们仍然保持着密切的联系，当何祥美去上海作报告，总不忘去看看老班长。

"三栖神兵"炼成记

中国人了解特种兵可以追溯到美国电影《第一滴血》在大陆的放映，影片主人公兰博不仅能上刀山下火海，还能单兵作战、野外生存。而现实中的中国特种兵的训练，一点也不比电影逊色，何祥美所在部队要求士兵具备海、陆、空三栖作战能力。

在陆战要求上，特种兵不仅要完成其他陆战部队的所有科目要求，而且还要具备狙击射击和侦查能力。通过对自己超乎寻常的严格要求和刻苦的训练，何祥美在体能上进步很快。但是射击却成了他进步的一块绊脚石。但他相信，既然通过努力能通过体能关，也能突破射击的"瓶颈"。除了每次射击后都进行反思，记录心得外，他还给自己制定了一套近乎残酷的训练方法。比如在练习举枪的时候，他在枪管上放一颗小石子，如果手稍微一抖，石子就会从枪管上滑落。滑落一次，何祥美就给自己的举枪训练延长10分钟，直至石子不再掉地上。一分付出，一分收获，何祥美很快就能做到举枪瞄准纹丝不动，枪管近乎绝对静止。何祥美的自我训练法如今已被推广至全军，大家在练习射击瞄准的时候，都会往枪管上面放上颗石子。

　　而狙击射击除了持枪要稳外，更重要的是练成"修风"的本事。因为子弹自身重力和飞行距离的原因，受风力影响非常明显，因此要求狙击手要根据射击当时的风速和风向对瞄准位置做出修正，称为"修风"。所以要成为好的狙击手，一定要对风速和距离非常敏感，何祥美只要有空，就练习目测距离和风力，后来竟练得判断如仪器般准确。有了"持枪"和"修风"这两项硬功夫，何祥美顺利地通过了射击关，但这离他心目中特种兵的标准还差很远，他开始朝着更高的目标努力，攻克空中和海上训练两道难关，尽快把自己打造成"三栖精兵"。

　　空中项目包括直升机掠地飞行和翼伞降落，不仅要求战士克服对高度的恐惧，还要准确完成各种规定动作。直升机掠地飞行要求士兵从距地5米高的直升机上跃下后，根据实际地形完成各项任务。何祥美为此多次付出血的代价。2003年，在一次汇报表演中，指挥员一声令下："跳！"何祥美便飞跃出机舱侧门，但当身体触地时，他才意识到自己狠狠地栽在了一片瓦砾之上，身体多处已经在他落地的一瞬间被磕出了血。接下来更为痛苦的是他还要在这片地上完成滚进、卧倒、匍匐前进等各种战术动作，锋利的瓦片一下下划过他的身体，肘部和膝盖等部位渗出的血洒在地上，记录了他整个行动的路径，如蛇盘行。看台上的官兵都注意到了这个受伤的战士。但越是受到关注，何祥美越要完成好各项科目演示，向人们展示了"流血流汗不流泪、掉皮掉肉不掉队"的中国钢铁军人形象。汇报表演完成后，卫生员三步并作两步冲到何祥美身旁，给他包扎伤口。直到这时，何祥美的痛感神经才反应过来，一阵阵钻心的疼痛，让他渗出了冷汗。也正是在这样一次次流血流汗中，何祥美打造了自己的铮铮铁骨。

　　接下来迎接他的是翼伞飞行项目，通常一名战士要经过 30 次跳伞后才能飞翼伞，但何祥美通过自己的钻研，成功跳伞 12 次后便要求飞翼伞。但是飞翼伞特别强调在落地一瞬间控制好翼伞操纵棒，在正式飞行之前，何祥美只能通过在地面上练习吊环来模拟操作，但实际飞行中有很多影响因素，只能靠他在实践中来体会。第一次飞翼伞，何祥美非常顺利地跳出机舱、展开伞翼、调整空中姿态，一切都很完美。但就在落地的一瞬间，眼瞧着其他战友像一个个空中绅士一样降落、放慢脚步、站住，但何祥美却来了一个大马趴，一下摔出 10 米开外，看得其他战友笑成一团。但何祥美可不是肯服输的人，他一边向战友请教，一边又打开大脑里的回放机，一遍遍地琢磨起自己的问题。结合射击的经验，他认为一定自己是对风向和风速的判断出了问题。第二次飞翼伞，何祥美把全部注意力都放在了风速和风向上，适时调整操纵杆，眼看着就要有了自己第一次成功的翼伞着陆，结果偏偏在他快要落地时，来了一阵侧风，何祥美匆忙调整操纵棒，虽然这次他落在了着陆点上，但却把小腿震得生疼。对于追求完美的祥美来说，这又是一次失败。当他再向战友讨教时，战友都纷纷劝他不要太较真，多飞几次自然就好了。但何祥美却不这样想，他要抓住每一次机会，尽快成功。又是整整一夜在脑海中的回想与改进。从第三次跳伞开始，何祥美千米跳伞就能稳当而准确地落在指定的 5 米圆圈内。一人的成功是不够的，何祥美总是能把自己的成功经验讲得有条有理，供他人借鉴与参照，战友们在听了他的体会后，很快也都成功地飞起了翼伞。短短几年中，何祥美为了掌握空中项目，在训练中先后摔伤 20 多次，骨裂两次，全身留下多处伤疤。

但掌握了陆上和空中项目后，何祥美距离"三栖精兵"还有一步之遥。特种兵既能上九天揽月，还要能下五洋捉鳖。水中项目的潜水绝对堪称是对人类生理极限的挑战，要求战士要潜到几十米深的水下，然后再依靠自己的体力返回水面。但凡有过在游泳池里潜水经历的人都知道，仅仅潜下一两米，耳膜被水压迫得就非常难受，更何况要潜到几十米深的水下。何祥美每逢给别人讲起潜水，都显得格外认真，因为他知道，如果操作不当，水压对听力的损害将是终生的。所以，他概括了一套"盘旋下潜法"，即不要一下潜到目标深度，欲速则不达，要一点点潜下去，只要感到耳部不适，就停下来，依靠调节口腔，帮助耳膜恢复原型，然后再继续下潜。如此反复操作，到达目标深度，上升时也如法炮制。讲到这儿，何祥美总会为自己能熟练控制耳膜而骄傲。他说，自己很适合坐飞机，因为他可以轻松应付气压变化给耳膜的冲击，比起潜水，那简直是小菜一碟。

俗话说"养兵千日，用兵一时"。2006 年 6 月，上海合作组织国家领导人峰会在上海举行，为了各国首脑的安全万无一失，何祥美等 6 名狙击手在副大队长张建军带领下，赴上海担任安全保卫任务。内部把他们的行动称为"保底工程"，即不会轻易动用，一旦动用，他们必须保证任务的绝对成功。由于任务来得很突然，6 名狙击手在部队驻地校过步枪后，就匆忙登上了赴沪列车，以致其中两支枪都没来得及装入特制的防震枪盒。到了上海后，对环境异常敏感的何祥美突然提

何祥美接受本书编者
采访

出要在当地对枪支再次校验。理由很简单,上海与部队驻地的湿度、温度、磁场环境都很不相同,况且枪支还经过了长途运输,种种因素都可能影响射击准度。如果是平时,满足这个要求并不困难,找个地方让狙击手打上两枪就可以了。可是出于对上合组织峰会安全考虑,上海市已经下了禁令:峰会期间,严禁放枪,甚至连个炮仗都不能放!

张队长也认为何祥美的建议非常有道理,但是如果在上海校枪,需要层层上报,程序势必会非常烦琐。张队长不想刚到上海就给当地部门添麻烦,于是劝何祥美说:"出发之前枪已经校得很准了,没有必要多此一举。"但是,何祥美认为他们是"保底工程",就是要做到万无一失。而对于狙击步枪,差之毫厘,谬之千里。如果不校枪,就没有办法完成好任务。张队长为何祥美的坚持和认真所打动,逐级请示,最终由

公安部特意批准了1小时的校枪时间。不校不知道,一校吓一跳!正像何祥美所担心的那样,在驻地正中靶心的6支步枪,在上海全部偏离靶心,最大偏差距离达4厘米。张队长不由得为何祥美竖起了大拇指。

在上海期间,6名狙击手尽管每天都保持着临战状态,但他们不希望自己被派上用场,因为一旦动用他们,就意味着首脑峰会面临着极大的威胁。但有一天,警报还是响了起来,首脑峰会会场附近上空发现一个不明漂浮物体,如果那是受人控制的空中攻击武器,峰会将处于极度危险之中。接到指令,狙击手们迅速登上了直升机,向不明物体飞去。何祥美透过飞机舷窗看到那是一个气球,下面悬挂着东西。在直升机靠近它的时候,何祥美大脑快速运转,在思考着三个问题:如何修正螺旋桨旋转对子弹的影响?采用怎样的

何祥美参观世博中国馆

射击姿势？从哪个角度射击？第一个问题他很快有了答案：凭自己的感觉，他测出直升机悬停时，螺旋桨产生的向下气流大概为 10 米每秒。然而第二个问题与第三个问题却密切相关，如果他采用侧卧位射击，只能水平射击气球，但这令子弹很容易受到气流影响，减小了一发击中的可能性。如果不能水平射击，何祥美只能采用坐姿，他需要把半个身体探出直升机，然而是在气球上方射击还是下方呢？为了避免流弹误伤地面群众，何祥美选择了向上仰射，为了躲开螺旋桨，他要尽力把身体向外探，加大了自己的风险。正在他准备的时候，直升机上观察员确认不明物体是某商业企业用来悬挂广告的气球，警报解除，何祥美最终没有射出这发已经上膛的子弹。尽管是虚惊一场，但平日的训练已经让他们在实战中能冷静地想清楚并妥善处理各种问题。经过这次实践，何祥美说自己无论何时都能做到保持镇定。接下来发生的情况更加考验了他的沉着。

"枪王"的一枪成名

　　2007 年 11 月，何祥美所在部队为中央军委首长做汇报演示。他当时身份是狙击射击教员，本来不会参加汇报演示。而他训练的特种精英在演示中只需要打出一枪、完成一个项目——200 米头靶射击。听似非常简单，但该项目要求狙击手在 200 米开外，一枪打中只有巴掌大的头型靶纸。而汇报演示有一个更高的要求，一枪要命中头靶上的人中部位。200 米外的头靶从射击位望过去，只有 1 元硬币大小，子弹出膛的一瞬间，只要枪管偏上 1 毫米，或瞬时风速有一点点变化，子弹就会脱靶。因此打上头靶已属不易，更何况要命中人中，所以国外军队在该科目上的距离要求是 80 米，但作为中国军人要有更高标准的要求。在汇报演示的前一天测试中，两名学员都是出类拔萃，一位击出的子弹把头靶的耳朵打出了豁儿，一位则贯穿头靶的腮帮子。这个成绩在普通部队已经很不错了，但作为特种部队，首长要求的是"一枪致命"，必须命中人中。为了展现中国特种兵的精湛技术，测试后，部队首长决定让何祥美换下一名学员来完成200米头靶汇报表演。

汇报当天，老天跟何祥美开了个不大不小的玩笑。在前一项的划舟表演时，汇报现场风平浪静，何祥美以为得到了老天的眷顾，打人中的胜算有了九成，他逐渐放松下来。可就在200米头靶射击开始前，突然刮起了阵风，一点规律都没有，何祥美心想"坏了"，顿时胜算就变成了五成。这时领导告诉他，今天来观看表演的是中央军委副主席徐才厚上将，一向自信的祥美此时不免也问自己："我能行吗？"但专业素质让他很快回归平静，开始冷静下来体会从面前刮过的风，心里不断计划着如何击出子弹。前面的表演都非常成功，该轮到何祥美登场了。他并没有快速地把子弹装入弹匣，而是先给子弹们相起面来。多年的射击经验告诉他，

祥美在工作中

即便是子弹壳与弹头接触部位的一个毛刺都会影响狙击步枪的射击。所以要想打准，首先要找到一颗近乎完美的子弹。他更希望我军有一天也能像外军一样，从填药到弹头磨制都能由狙击手亲自完成。曾有部门嫌他在公开场合谈了太多中国子弹的问题，但何祥美说："我不是说咱们国家的子弹做的有问题，只是狙击射击对子弹要求太高。"在他眼里，子弹们长得都各不相同。终于一颗子弹幸运儿被他选中，又小心翼翼地被填进弹匣。他平静地走上射击位，用鼻尖与风进行着交流，手上则端起爱枪，缓慢地进行修风，心中默念着："风儿，你吹得稳些吧！"手指扣动扳机，子弹在风中飞翔，何祥美此刻唯一的信心是子弹肯定上靶了，但会不会是人中呢？他慢慢把眼睛闭上。不一会儿，远处高音喇叭传来报靶员激动的声音："命中人中！"全场为之欢呼、赞叹！徐才厚上将特别点名要见这位神枪手，并和何祥美合影留念。一贯坚毅的祥美，此时也在首长旁边露出了腼腆的笑容。此后，何祥美"枪王"的称号逐渐被大家叫了起来。但是何祥美并不满足于一人之成功，他要把自己的经验传给他人，让更多的战士成为"枪王"。

"80 后"的"何教员"

何祥美有两个身份，平时他是所在班的班长，狙击训练队开始训练后，他又是队里的教员。无论是哪个身份，都少不了和士兵打交道。一代人有一代人的特点，保家卫国的士兵也不例外。有人说"90 后"的兵不好带，但作为"80后"的何祥美却不这样认为，他指出："只能说'90后'的兵个性强，他们喜欢问个为什么，证明他们爱思考，需要我们给予更多的引导。"作为班长，何祥美常常被问到这样的问题："为什么走队列摆臂前后一定要 30 厘米？为什么托枪一定要与身体形成 120 度角？"以往的标准答案是"《条例》规定"，但何祥美为了要士兵在执行起来心服口服，采取逆向方式，他请战士根据自己的想法来做动作，结果一趟队列走下来，战士们反而比平时训练更累。有了亲身体验，何祥美才告诉大家《军人条例》对各动作的规定有其科学性，上面规定的摆臂和托枪角度，是让士兵长时间队列行进后感到最舒服的姿势。这样一来，大家知道了原因，在实际操练中也就自觉自愿地去执行了。

经过一段时间的教学实践，何祥美概括出了一套狙击教学的"四字经"：导、激、调、磨，即行为上要给予战士引导，语言上要给予战士激励，对战士心理要及时调适，此外还要不断磨炼战士的意志品质。在实践中，这套"何氏"教学法，被证明对狙击手的培养非常成功。

刚进狙击训练队，射击难度突然提高，很多队员都出现跑靶情况。这时，他们往往把责任推给自己手中的狙击步枪。每逢这个时候，何祥美不多说话，只是接过他们手中的枪，瞄准、射击、正中靶心，队员们便没了抱怨。何祥美这时却要打开话匣子，引导队员们思考子弹偏离靶子可能的原因，然后根据自己总结的经验教训，再次射击。何祥美有记日记的习惯，但他的日记内容全部是一天射击的成绩与体会，多年下来，已经积累了 12 大本。他认为这对自己射击水平的提高非常有效，于是他也要求其他队员跟着做。何祥美反复对队员们强调，狙击步枪射击不仅需要体力，更需要脑力，有问题一定要靠自己想清楚。一位教官在传授举枪要领时，根据自己的经验，要队员们举枪时一定要把手腕塌下来，紧靠子弹匣。结果这一动作被贯彻后，在实弹射击中弹着点全部右偏。何祥美比较了队员们与该教官的射击动作后，一下子就找到了症结所在。那位教官手比较短，在射击合理位置时，手指正好顶着弹匣，但是队员们的手一般都比他长，手指不是顶着弹匣。而是靠在弹匣外侧，这样在射击过程中，手指就给枪一个作用力，子弹自然就偏了。但何祥美没有直接给队员们把原因讲出来，而是反复地给他们讲右手、左手和脸部三者在射击过程中的关系，接着让他们自己琢磨。半个小时后，当队员们再次走上射击位时，都把那个错误的动作悄悄改掉了。

射击训练是个异常枯燥的事情，加上狙击射击距离远、易跑偏，战士们往往在体力消耗外，还要承受心理上的挫折感，如果心理问题不解决好，很可能一个优秀狙击手的成功之路就会终结。多年来，何祥美也总结了一套心理疏导方法，其中一个是增加训练的兴趣性，兴趣永远是最好的老师。在平时训练

中，何祥美时不时就要和队员们搞个比赛，而比赛内容是100米打矿泉水瓶盖，200米打酒瓶。看到队员有了点小骄傲，他就"给点颜色"，用自己的射击成绩让他们意识到还有进步的空间。但如果发现有些队员出现气馁，他还要故意输上几把。一位队员因为子弹老不上靶有点打蔫，何祥美便走上前去，一定要和他"赌"上几把，条件是谁输一局就买一瓶矿泉水。开始两局何祥美都赢了，从第三局开始何祥美故意让子弹偏上一点，让对方赢。结果那位队员越打越好，一下赢了何祥美33瓶矿泉水。何祥美笑呵呵说："换来一个队员的快速进步，这水输得值。"

何祥美教过的队员对三部狙击题材的影片都印象深刻：《兵临城下》《双狙人》和《狙击生死线》。作为"何氏教学法"的一部分，何教官在休息时段给每批学员都会放上三遍这些影片，第一遍是纯娱乐性的，他要求学员记住大概的故事情节；第二遍放映中，他则要求学员记住影片中一些战术细节；第三遍放映，他则会与学员一起谈感受，讨论哪些战术可以被自己在实际训练中借鉴。俗话说"艺术源于生活，但高于生活"。在何祥美看来，影视剧中的情节总有不真实的地方，比如在远距离一枪打断绳子或苹果柄，他说："现实中，狙击手也有可能打断绳子，但绝对不可能一枪命中，至少要经过一、两枪的试射后，校准才能做到。"而电影中有些细节还真被队员们用在了演习中，比如《兵临城下》中，狙击手为了掩护自己行动，会利用炮声或制造一些其他声音来遮盖自己移动的声音，就被他们成功地运用在演习中。影视教学既丰富了官兵们的业余生活，也激发了他们的兴趣与思考。

"90后"的兵独立、聪明，但是爱偷懒，训练中，有时缺乏坚强的意志品质。而让何祥美成功的，恰恰是百折不挠的意志。有什么样的教官，就会有什么样的兵。除了在技术上的讲解，何祥美也刻意培养士兵们的意志。导气箍是自动步枪上一个只有小拇指长的零件，物件虽小，但正是靠着它，步枪才能完成自动击发过程。可是，如果导气箍安装得比较松，行动中就很容易掉下来，造成丢失，步枪便会失去自动连续射击功能。尽管任何条例都没有规定，如果导气箍丢失，一定要找回来。但何祥美告诉队员，步枪就是自己的生命，上面的每一个零件都不能丢下不管。一次，一个战士把导气箍丢在了丛林中，他搜了一个下午也没找到，就跟何祥美说："这像大海捞针，根本找不到！"何祥美却说："今天找不到，明天接着找，我陪你一起找。"最终，导气箍在草坑里被找到了。但据说这还不是难的一次，有位战士把导气箍掉在礁石缝里，最终也被逼着找了回来。何祥美说："我不是为难他们，只是希望通过寻找过程，磨炼他们的意志，不要轻易放弃。"

天生一副娃娃脸的何祥美，平时留给他人的形象都是笑呵呵的，来了兴致还会抱上吉他，给战友们来上两段，给大家的业余生活带来了很多欢乐。但在训练中，他立刻就像换了一个人，严厉得有些不近人情。朱强曾是何祥美训练过的兵，得知自己的教官是"枪王"，他兴奋了好几天。但几天训练下来，他的兴奋劲儿荡然无存。一连好几天，何祥美只让他们练习据枪定形，一定就是几个小时，就像当年教官要求自己一样，何祥美要求战士们做到纹丝不动。认真训练的朱强把手肘都压破了，他再也忍不住了，开始跟何教员讨价还价："教员，手肘都流血了，能不能少练半个小时？""一个半小时，一分钟都不能少！"何祥美一句话就给挡了回去。有的战士则在训练时耍起了小聪明，偷偷找了根树棍儿撑住手臂。何祥美发现后，一巴掌抽掉了木棒，并罚他多练半个小时。面对何祥美的两副面孔，很多战士一开始都像朱强一样不能理解，但结业汇报时，一步到位的举枪，精准的射击才让他们体会到了何祥美的用心良苦。在他的训练之下，像他一样的"神枪手"不断涌现。

　　但在训练教学中，何祥美也面临着一个难题：我军一直没有供狙击手培训使用的统一教材，狙击手的培训都要靠各个部队自己摸索，耗费了大量的人力和时间。何祥美在成长过程中深刻体会到了没有教材的不便和士兵对教材的渴望。为什么不编一本中国狙击手射击教材呢？他把想法跟训练队队长李治军一说，没想到队长也早有此意，二人一拍即合，马上行动。何祥美之所以有信心编教材源于他多年记下的射击心得体会，而且他还自费订阅了《轻兵器》、《兵器知识》等杂志，搜集了大量资料。但为了能够编写出教材，他和战友们利用自己的休息时间，通过各种途径去收集材料，驻地附近大大小小的书店都被他们跑了个遍，相关网站也被查了个遍。只有初中学历的何祥美硬是啃下了《射击学》、《终极狙击手》等专业书籍。经过十个月的不懈努力，他们最终完成了30万余字的教材，其中包括各种图表60余张，各种数据850组。因为这本教材围绕实战要求，密切联系实际，因而在军区各部队推广。这时，何祥美才发现为了写作这本教材，自己整整瘦了20斤。

英雄的浪漫圆舞曲

　　何祥美成了军中名人后，很多媒体来采访，记者不断想从他的身

幸福的一家三口

上发掘些见义勇为的事迹，比如回家探亲路上勇斗歹徒。每逢此时，何祥美只能憨憨一笑说："这个真没有。"但仔细追寻起来，他还真有一次广为人知的救人事迹，只是这件事后来给他带来一段天赐姻缘，如今讲起来就显得有些复杂。

　　2004年夏，何祥美回家探亲。一天晚上，大雨瓢泼而下，却偏偏有人打来电话求助。电话是他妹妹何飞燕的中学同学朱燕苹打来的，朱妈妈晚饭后突然腹部剧痛，疼得冷汗直流，直不起腰。而朱燕苹的爸爸、哥哥都在外地打工，家里只有母女俩个，这突如其来的情况，让朱燕苹不知所措，情急之下只想到了好朋友何飞燕。何祥美在一旁听出了事情的大概，急忙对妹妹说："还等什么，赶紧往医院送吧！"他一手提起雨伞，一手拉起妹妹就直奔朱家。何祥美小心翼翼地将朱妈妈背起，送到了附近医院。经检查，朱妈妈是急性阑尾炎，再晚到一会儿，形成穿孔可就麻烦了。朱燕苹被吓出了一身冷汗，待冷汗稍稍散去，她仔细地看了看何祥美，眼神中除了感激，还包含了一点别样的情感。此后，朱燕苹时不时地就往何家跑，名义上是找何飞燕玩，但实际上是要多看何祥美两眼。在交往中，何祥美也对小朱有了感情。但很快部队来了消息，急招何祥美归队，准备军事汇报表演。军令如山倒，以服从命令为天职的何祥美，此刻不得不放下儿女情长，与朱燕苹依依惜别。何祥美归队后，两人便开始鸿雁传书，电话诉衷肠。但是，遇到有紧急任务，何祥美几个星期都没有办法给朱燕苹打一个电话，小朱只是默默等候，没有一句怨言。

难敌思念，2006 年 9 月，朱燕苹千里迢迢从江西来到泉州，但是意中人却没有出现在接站的人群里，电话打过去也没人接，人生地不熟的她，靠着不断询问，才找到了祥美所在部队。到了部队才知道，何祥美突然接到命令，正在参加野战训练，要三四天后才能回来。等待是痛苦的，尤其是两人近在咫尺，却不能谋面的等待。但在等待中，朱燕苹逐渐理解了军人的职业特性和作为一名军人家属所要承受的一切，也做好了与祥美一生厮守的准备。对此，何祥美除了愧疚就是感激。朱燕苹给了他最强有力的支持，两人举办婚礼的日期都要完全取决于他在部队的工作安排。虽然天各一方，没有频繁的交流，但何祥美动情地说："我深深地感受到她就是我的另一半。"二人经受住了时间与空间的考验，2008 年终于修成了爱情正果，只是当年风雨夜里救人的事迹变成了姑爷救了丈母娘，如今何祥美的孩子都已经两岁多了。谈到希望，他只盼望通过自己的不断进步，妻子和孩子能早日随军，结束两地分居的日子。此时，"三栖精兵"、"中国枪王"也流露出他的似水柔情。

很多人看了何祥美的报道后，都关心当年坚决反对何祥美参军的何爸爸现在的想法。何祥美自豪地说："儿子在外面争气，当老子的还能说啥。"老家乡亲在电视新闻上看到何祥美，都纷纷向何爸爸、何妈妈求证，是不是他们认识的祥美，两位老人都说："是的，是的。"言语中透着骄傲。如今谁要提让何祥美退伍，何爸爸会第一个跳起来反对，他希望看到儿子更为成功的未来，这也是熟悉何祥美人的共同愿望。

神兵祥美

　　董存瑞、黄继光是战火硝烟中的好兵，许三多是电视剧中的好兵，而何祥美让大家见识了现实中"80 后"的好兵。2010 年度"感动中国"人物颁奖现场的大屏幕上，一条蛇蜿蜒着从枪管上爬过，丝毫没有察觉准星背后涂着伪装油彩的何祥美。油彩中，何祥美的眼睛眨也没眨，一如既往的平静。

　　难怪央视著名主持人白岩松一见他就问："你会有害怕的东西吗？"

　　何祥美笑答："我当然有害怕的东西，我不害怕挑战。作

何祥美在"感动中国"年度人物的颁奖现场

为一名军人，应该敢于面对自己害怕的东西，面对挑战。如果我还没做一件事之前，我就害怕了，那我得到的就只有失败。"

何祥美上天入海的功夫令颁奖现场的人啧啧称奇，但主持人白岩松又给他送上了一道难题："这么一身棒功夫，可能一生都用不上。"

何祥美说，"爱军、精武，是我们的本职。我把武艺练得更精，把本领练得更好，这是我的本分，也是我的工作。可能一辈子我也不会把它们应用到战场上，但只要我做好了，我就完成了军人的使命。"

2011 年 1 月 13 日何祥美被中央军委授予"爱军精武模范士官"荣誉称号，随后，他步入南昌陆军学院学习大学文化、政治理论、军事专业知识和技能，把自己从一名优秀士兵打造为一名基层指挥员。何祥美再度出发，再次面临挑战，一如既往是他眼神中的坚毅与自信。因为他是"兵中之王"！

推选委员陆小华给何祥美的推介词：

士兵当精忠报国，但没有精湛的武艺，又如何却敌报国？拥有足以取胜的能力，才能拥有可以享受的和平。

推选委员陈小川给何祥美的推介词：

"我们有一百万条居安思危的理由，却没有一条安享太平的借口。"这就是这个兵心中的忧患和肩上的使命。

CCTV
感动中国2010年度人物
MOVES CHINA

第一部分

09

姐姐

刘　丽

"感动中国"组委会
授予刘丽的颁奖辞：

为什么是她？一个瘦弱的姑娘，一副疲惫的
肩膀。是内心的善良，让她身上有圣洁的光
芒。她剪去长发，在风雨里长成南国高大的
木棉树，红硕的花朵，不是叹息，是不灭的
火炬。

颖上好人

十年前大家来洗脚都是像寻开心，而现在来洗脚的人，是因为真正不舒服，他要找一个人，来让他自己肩膀舒服一点，睡眠能好一点，那十年后的今天，我就感觉到，我们除了没有挂中医证，没有去穿白大褂、戴白帽子，我们跟中医理疗师做的是一样的工作。

——刘丽

花开无声，她用点点滴滴的善举，播种心中的春天。岁月无痕，她用一双布满老茧的手，温暖着贫困孩子的前程。她并不比你我拥有更多的财富，但她拥有一颗关爱他人的心，不愿意再让贫困孩子有她那样的遭遇。

她，只身一人打工在外，在月收入只有 2000 元左右的情况下，却不遗余力地资助贫困孩子；

她，饱受流言蜚语，却始终坚持自己的信念；

她，对话媒体，成为感动中国的洗脚妹；

她，就是那位被很多人不解，却又受到很多人支持，现在被各种光环环绕，仍在平平凡凡地做着好事的美丽女性——刘丽。

为了自己曾经破碎的梦想

问起刘丽资助贫困孩子的初衷时，她告诉记者：

"就是不想让那些家里穷的孩子再走我的路，不要再有像我一样的遗憾，这就是我帮助他们的原因。"同病相怜，也许是刘丽善行最好的解释。

1980年，刘丽出生于安徽颍上县古城乡一个偏僻的村庄，她在家排行老大，下面还有两个弟弟和两个妹妹。从懂事开始，刘丽印象最深的就是贫困与卑微，也是命运给予这个家最为显著的印记。但刘丽并未屈从于命运……

记得那是一年的夏天，一场暴雨，家中的三间土坯房经雨水浸泡全部倒塌，刘丽返回家中时，已无处可居，全家只能挤在公路边一个用塑料布搭成的棚子中。爷爷因患肝腹水，无钱医治而不幸去世。一个原本贫困潦倒的家，更是风雨飘摇。刘丽说："那时我特别害怕下雨，因为一下雨，棚里棚外都是泥水。"那是他们家最难熬的时光。

有一天，刘丽在院子里玩耍时，无意间听到父母在灶边的谈话："让大女儿继续读书，就没钱培养后面的孩子了。""能有什么办法呢，

生活中的刘丽

培养一个算一个吧！"懂事的刘丽哭着对父母说："我不读书了！我要出去赚钱！"那天晚上，刘丽的爸爸告诉她："我想过了，你学习成绩最好，你继续上初中，你的两个妹妹就退学回家吧！"那时，她刚以全乡第四名的好成绩考上初中。一边是上学梦，一边是两个妹妹的前途，刘丽沉默了，那天夜里，她彻夜未眠，她决定把读书的机会让给弟弟妹妹们。第二天一大早，刘丽偷偷地跑到了学校，坐在教室门外的阶梯上，最后一次听了一会儿那朗朗的读书声，擦干泪水浸湿了的脸庞，她把自己的凳子搬回了家。

刘丽辍学了，虽然她装作没事一样，但内心却装满了不舍，每当她在路边看到同龄人背着书包经过，她就止不住伤心。为了不让别人看到，她曾躲到邻居厕所墙边，一边看一边流泪。对知识的渴求，像种子一样从小就播撒在刘丽心中，萌发，生长。为了让弟弟妹妹以后不再因为贫穷而失去受教育的机会，年仅14岁的她外出打工了。

出了山村，刘丽才知道外面的世界是那么大，又那么让人惶恐。她先后到过湖北、江苏、北京等地，那段日子，她犹如一颗浮萍，在举目无亲的城市里四处飘泊，扮演着社会底层各种不同的角色：女工、裁缝、保姆、服务员……

1999年秋天，刘丽随亲戚辗转到了厦门，先是打了两份短工，很快工作没了，又多次求职无果，钱也没了，她只好跟几个拾荒的婆婆为伴，有时住在天桥底下，有时住在寺庙门口，过了28天"天当被，地为床"的流浪生活，每天以捡破烂维持生计。后来实在没办法了，只好卖了自己留了17年的长发，当时卖了30元。以前她在家乡的时候，有人要用一辆自行车跟她换头发，她都没舍得。因为刚到厦门，她实在是生活不下去了，才忍痛割爱，也就是因为有了这30元，她才给了自己一个缓冲的时间。

这一天，疲惫不堪的她，漫无目的地走在街头，看见有一家足浴城招工："无学历限制，工资优厚。"刘丽在门外徘徊良久，咬咬牙，走了进去。那时足浴刚开始在国内流行，在许多人的潜意识里，足浴是和"色情"联系在一起的。刘丽在开始从事足浴工作很长一段时间里，内心无法接受这个现实。可是，无处可去的刘丽，无奈之中只好在足浴城暂且栖身。

也是因为干这个工作，刘丽生平第一次有了羞于见人与屈辱的感觉，虽然她从小家境贫寒，但在学校里她却品学兼优，就是在整个村子里，她也都是数一数二的好学生。可如今，为了生存，她却不得不踏足这个有"色情"嫌疑的场所，当上洗脚妹。那时，人们对"洗脚妹""足浴师"这个职业还有许多误解。"给别人洗脚，心里真不是滋味，要是让家乡父老兄弟姐妹知道了，我可怎么抬得起头来呀！"刘丽回忆起当初的情景说："当时，许多人都是戴着有色眼镜来看待'足浴'的。"通过一段时间的业务培训，并且在当了一段时间"洗脚妹"后，刘丽的抵触情绪逐渐打消了，她发现，足浴也是一个讲求技术的正当职业。人的脚底有 63 个反射区，外加 6 个保健区。工作之余，其他同事们去K 歌、逛街了，刘丽却躲在宿舍里，在自己的脚上画记号，记穴位，练手法。别人需要两个月才能掌握的技能，她只用了一个星期就烂熟于心。在工作的过程中，刘丽时刻记着自己临离开家时父亲叮嘱的那句话："身正影自清，孩子你挣的钱一定要清白啊！"刘丽坚定地告诉自己："一定要用百倍的汗水和艰辛，来坚守自己的道德底线。"

有一次，刘丽帮一个客人洗脚，洗着洗着，那位客人说："你别洗脚了，脚有什么好洗的，过来这边让我摸一摸，我给你十倍的钱。"说完就拉着刘丽的手往他怀里伸……刘丽当时不知道哪里来的勇气，拿起一杯水泼到他身上，趁他在整理衣服，刘丽跑出去和值班经理说："我不干了！"说完后就回家休息了两天，思想上挣扎了一番后，她还是去上班了。没有文化，没有文凭，不干洗脚妹又能干什么呢？刘丽心里酸楚地想。

在足浴城里工作，第一个月，刘丽就挣了 1800 元钱，从小到大第一次见到这么多钱，她激动得一夜没睡好觉，她想的不是怎么花，而是不知放在那里才好。第二天一早，她仅留下300元，一路小跑着到邮局给家里汇了1500元钱。

活中的刘丽

　　刘丽本以为父母收到钱后会高兴，结果他们非但没有高兴，反而把她给骂了一顿。以前寄钱的方式不是用银行卡，而是把汇款单寄到村子里。村里人通过有线广播喇叭通知某家某某寄钱来了，要拿身份证、个人图章去领汇款单。因为刘丽每月都要给家里汇钱，而每次汇钱，村里的大喇叭都要广播一次，渐渐的村里人就很好奇，为啥刘家的女儿每个月都能寄回这么多钱，各种猜疑传到了刘丽父母的耳朵中。她的父母听别人讲：刘家的女儿不争气，在外面不知陪什么人睡觉了，不然怎么能挣那么多钱。刘丽为了不让父母担心、怀疑她干什么不正当的工作挣来的钱，她就谎称在服装厂上班。

　　在足浴城里，刘丽一边要躲避一些突发的骚扰，一边要向父母隐瞒自己的真实工作，她本想减轻家里的经济压力，却没想到给家寄钱也成了父母的精神负担。面对家里人的猜疑，刘丽经常想："在外面受苦受累，受人家的气，忍一忍也就过去了，因为我还有一个家，家里需要我，可是听到爸爸妈妈说这种话的时候，我死的念头都有。"她曾经多次想过，死了算了，但是真拿起刀，实在是砍不下去呀。因为弟弟、妹妹还要读书，她希望他们能成为大学生，自己能用挣来的钱，在生她养她的这个村子里培养出两个大学生来，刘丽就是被这种美好的梦想激励着，活了下来。

　　一转眼到了2000年，因刘丽拼命地工作挣钱，家里的经济状况终于好转，盖起了新房，弟弟妹妹虽然没能完成她的大学梦，但也能挣钱了，生活终于露出了灿烂的笑容。这年端午节，刘丽请了假，踏上了回家的列车，她一想到很快就能见到朝思暮想的亲人，心里就感到非常幸福。

踏入家门，刘丽没有得到想象中亲人的殷切慰问与关怀，相反，父母都铁青着脸，一言不发。刘丽疑惑不解，又忐忑不安，不明白到底发生了什么事情，只能小心翼翼地把买回家的一堆礼物放在桌子上，然后拿出存下的5000元钱递给爸爸，"爸，你身体不太好，这点钱拿去买点补品，好好补一下身子吧！"话音未落，爸爸却粗暴地拨开她的手，把她带回家的礼物都扔到了门外，"我们家再穷，也不能要你这些肮脏钱！你老实说，这些年来，你在外面是不是……在做那种事？"

原来，在厦门打工的同乡隐约间还是知道了她从事的工作，然后又传到了刘丽父母的耳朵里，他们又是失望又是伤心，不禁埋怨质问起了女儿。

"爸爸妈妈，你们相信我，虽然我在足浴城上班，但我从来没做过对不起自己良心的事！我挣的每一分钱，都是干干净净的。"刘丽又急又委屈，急忙对父母辩解。听到女儿亲口承认自己是在足浴城上班，职业又是"洗脚妹"，刘丽的父亲更为愤怒："我跟你妈再没文化，也知道那是个什么地方，现在全家的脸都被你丢尽了！你走吧，我们就当没生过你这个……"

生活中的刘丽

女儿！"随后，大门砰地一声关上，她被家人搡出了门。

那一天，刘丽一路哭着走回了车站。回到厦门后，无意间，刘丽和自己的小学老师取得联系，她了解到，家乡里的贫困孩子仍然很多，一年只要有几百块钱，他们就可以获得上学受教育的机会。这些话对刘丽的触动很大，也唤起了她长久以来深埋在心底的梦想："要不是因为家里穷辍学，现在我也许已经是一个教师或者医生了。"刘丽说，当老师或医生，一直是她从小的梦想。她想到，如果自己能资助这些贫困孩子上学，或许就能避免他们辍学，从而改变这些孩子一生的命运。

为了让父母了解、支持自己所从事的工作，刘丽决定让他们亲自到厦门看看。那一次，刘丽得了结肠炎住院了，当时也没人照顾，刘丽就骗父母说，她住院了，要做手术。父母亲听到这个消息后，从安徽老家坐火车硬座，颠簸了两夜一天赶到厦门。刘丽身体好了以后，就带父母到她上班的地方，叫了两个同事给她父母洗脚按摩。然后，刘丽问她父母："洗完脚舒服吗？"她爸爸说："好像脚还挺轻松的。"她妈妈问："这要不要钱？"刘丽说："我就在这里工作，不要钱。"其实是刘丽签单，从她工资里扣钱。

后来刘丽向父母亲仔细介绍了自己的工作，她告诉自己的父母："我在这里工作了这么多年，就是和她们做同样的工作。从那以后，我父母亲什么话也都没说了。"

2002年起，刘丽的弟弟妹妹都逐渐长大了，刘丽手里也有了一点积蓄，她做出了一个出乎常人意料的决定，要将梦想付诸实践。"最早是收集一些旧衣物，送给村里人，后来又找到老家的教育局，拿到了一份全县贫困生的名单，从中挑选一些贫困孩子来资助。"刘丽说："我知道在这个城市里有许多人和我一样靠自己的努力在打拼，我也知道我们老家或这个繁华的城市里，还有许多人是过着那种入不敷出的日子。我不想看到更多的人有我那样的经历，我也不想我曾经的经历再让更多的人去重复一次。"

饱受流言蜚语,她坚持走自己的路

在足浴城里为了生计艰辛打拼,辛辛苦苦攒下来的大部分积蓄却都捐助给一些贫困孩子,自己却仍然过着苦行僧般的生活。刘丽做着这样的"傻事",不仅家里人不理解,不少同事私下里甚至骂她"神经病",脑袋进水,还有人说她是为了炒作、想出名。听了这些流言蜚语,刘丽自己也曾想过放弃。很多个夜晚,她都是哭着睡着的,醒来后,枕头还是湿的。

人们可能会问:为什么现在像刘丽这样的好人越来越少了,人是不是受教育程度越高,有些好的本质、自然的东西就会丢得越多呢?

在这条捐赠助学路上,刘丽走得实属不易。有人认为:"一个洗脚妹,那么辛苦,一个月也就赚两三千元,自己省吃俭用的,拿去捐给别人,不是神经病,不是傻子,是什么?"

随着刘丽的助学举动逐渐为外人所知,风言风语也逐渐冒了出来。而最让她难过的,是弟弟妹妹的不理解。弟弟退伍后,曾向她要2000元钱买手机,但刘丽只给他汇了1000元钱,告诉他买个一般的就行了。没想到弟弟却发起了脾气:"你有钱给别人,怎么就不能给自家人!"说完便挂了她的电话,此后半年都没有给她打过一个电话。这种冷漠与不懂事,让刘丽心凉了半截,她不明白,到底是这个社会有问题,还是自己做的事真这么让人难以理解?

但时间久了以后,刘丽的心又坚韧了起来,哪怕别人再怎么说她是神经病,她内心的信念却是愈发清晰和坚定。走自己的路,让别人说去吧!是啊,这就是刘丽,她近10年来始终坚持用自己微薄的薪水,和厦门若干爱心人士一起,资助了上百名贫困儿童。

她,也曾饱受非议。因为一个人的能力总是有限,刘丽想到了发动更多的人来帮助贫困的孩子。而洗脚妹(足浴师)这份工作此刻派上了用场,在工作的过程中,她如果感觉到对方是个有教养,并且有

2007年4月，刘丽（右二）带妈妈（中）到北京看当时在当兵的弟弟（右一）

经济能力的人，刘丽就会尝试着邀请他们加入到助学行列中，刚开始时，客人们并不相信她，有的客人还认为她是在骗钱。

　　尽管遭遇过种种挫折，但刘丽的善良和执著还是感动了很多人，很多人被她的善举深深感动，甚至有很多人受到她的感召，加入到了慈善助学的队伍中来。一对搞设计的夫妻听说刘丽的事情后，特地来到刘丽上班的足浴城，真诚地对她说："你一个洗脚妹都能这么做，我们也应当尽自己一份力。"这对夫妻随后一次就资助了30个学生，让刘丽真是又高兴又感动。

　　厦门"小鱼网"的编辑们说，不知为什么，看到刘丽，就联想到了毛泽东那首《卜算子·咏梅》的词："风雨送春归，飞雪迎春到。已是悬崖百丈冰，犹有花枝俏。俏也不争春，只把春来报。待到山花烂漫时，她在丛中笑。"刘丽就像梅花那样美丽、积极、坚贞，不是愁，而是笑，不是孤傲，而是具有时代的操守与傲骨。"小鱼网"也正是看到了刘丽积极坚持善行，乐观面对生活，特别聘请刘丽作为"爱心公益大使"，希望刘丽能号召更多的人们加入到爱心公益的行列中来！

刘丽从资助家乡颍上的几十个贫困孩子开始，每当看到那一笔笔钱汇到家乡贫困孩子的手上，刘丽的心就觉得踏实而快乐。但过了一段时间后，刘丽了解到，由于相隔遥远有中间环节，她寄出的钱并没有如数、全部交给贫困的孩子们，她心里很难过，但刘丽的助学梦依然没有改变。恰巧这时，厦门市妇联向市民发出倡议，号召市民结对子帮扶贫困学生，刘丽心念一动：是啊，为什么不干脆资助厦门的孩子呢，隔得近一点，也更方便真实地了解孩子们的情况啊！她通过厦门市妇联和同安区当地一位热心教育的女士，联系上了当地的贫困孩子，并发动爱心人士共襄善举，在同安区一些中小学校展开一对一资助，资助人数也从最初的几个至十几个，迄今固定资助的已达百人。她把赚来的钱除了留下维持自己的基本生活后，几乎都用于资助贫困学生，雪球越滚越大，现在已有数百位好心人加入到了她的爱心团队。

一转眼近 10 年了，刘丽和她的爱心团队始终在资助着贫困的孩子们。

意外成名天下知

2007 年，刘丽被厦门市妇联推荐参评"十佳外来女工"，当时的评选条件要求：参评人要具有高中学历，结果因刘丽只上过几天初中被刷了下来。那天上午，评选活动结束后，中午刘丽就回到店里上班，一个客人拿着一大包参评"十佳外来女工"的资料，走进足浴城，凑巧是刘丽给他做脚部按摩。当刘丽提及自己也参加了"十佳"评选时，客人说："我知道你！"原来，这位客人是参与"十佳外来女工"评选的工作人员之一。他对刘丽说："学历并不是最重要的，关键在于你为社会做了什么！你是我们厦门外来员工的优秀代表！"虽然无法改变评选规则，但这位客人将刘丽的事迹"报料"给当地媒体。媒体知道了她的事迹后，想采访她，但被刘丽拒绝了，因为她觉得这是自己在做愿意做的事，没什么好宣传的。经过反复沟通，刘丽才接受了当地一家媒体的专访。没想到，专访一出，刘丽一下子就成了名人，不但每天都有很多人专门跑到足浴城去看望她，厦门的网友还把她称为"中国最美的洗脚妹"，2009年，刘丽更是被央视邀请上了《小崔说事》、《半边天》等节目。

节目播出后，更多的人加入到了刘丽的助学队伍，但争议与质疑却也同时汹涌而来，差点让刘丽站立不稳。"这个女人就是想出名，背后一定有推手。""什么洗脚妹，肯定是被富商包了，要不哪里可能拿那么多钱来资助人。"非议、诬蔑之声不绝于耳，刘丽只是个普通人，她感觉自己快承受不住了。这年5月，她终于病倒了，迷迷糊糊地躺在床上时，她一遍又一遍问自己："自己这么做，到底值不值？这个社会为什么这么容不下一个弱女子的真诚与善良？"

那一天，门口响起了轻微的敲门声，打开房门，一张稚嫩的小脸出现在刘丽面前。那是刘丽资助过的10岁女孩吴茹馨，她今天是特地让奶奶带她来探望刘丽的。在床前，吴茹馨拿出自己带给刘丽的礼物，那是一张画满鲜花和苹果的画，画上写着：刘丽妈妈，等我长大了，我要给你买好多好多的花和苹果。

眼泪一下子涌了出来，刘丽知道，这孩子家穷，买不起礼物，所以用真诚的心给她画了这张画，刘丽一把搂过吴茹馨，心里那些阴霾、怀疑与疲惫，此刻都一扫而空。

有一个客人看了节目之后，特地到洗脚城找刘丽，给了1000元现金，让她资助贫困的孩子们。为了资助更多贫困学生，让更多的人参与到公益事业中，刘丽决心用自己的影响力，去改变更多贫困孩子的命运。现在她陆陆续续建立起了十几个QQ群，每天通过网络进行交流的大概有三四千人，有越来越多志同道合的朋友、爱心人士聚集起来，用自己的行动去帮助贫困的孩子们，此刻无论外界有多少狂风暴雨，刘丽的心都坚如磐石，孩子们的笑脸，让她的内心变得无比强大。

现在，刘丽已从一名普通的"洗脚妹"，在媒体的传播中，成为公众瞩目的慈善公益活动的参与者和组织者。2010年，她同时成为了2009"感动厦门"十大人物、2009"感动福建"十大人物。2010年，她又被推举为"感动中国"年度人物的候选人。

对刘丽而言，"成名"最大的好处，就是会有越来越多的爱心人士参与资助贫困孩子。目前，刘丽建立的12个"爱心公益QQ群"，成员都是自愿参加的，有些是慕名的，有些是通过朋友介绍的。大家有了贫困孩子的信息，都会在网上交流，发动志愿者一起捐款捐物。"肯定要有一些人知道我，并且认可我、信任我，这个群才建得起来。"刘丽说："这些爱心人士不

六一节去给帮扶
孩子发红包

刘丽和爱心同伴为 38 名孩子发放助学金

善公益活动的组织者出现在公众面前。她举办过慈善书法展，建立了公益交流群，组织过慈善救助活动。

一双手的力量到底能有多大？ 10年前，当 14 岁的女孩刘丽睡在天桥底下、寺庙门口时，可能从未想过。有一天，她的这双手也可以支撑起那么多人的天空。刘丽一再表示，慈善不是一个人的力量所能完成的，一个人的力量总是有限的，她最大的理想就是能成立一个像中介组织那样的慈善机构或基金会，组织大家共同关注慈善事业，有谁愿意帮助贫困小朋友，她就去妇联那边找贫困（家庭）的名单，然后再约一些朋友一起去做。可以先去做家访，像在QQ 群里面，有些人可能从来都没有见过刘丽，至少有 80% 都是没有见过的，如果他们愿意相信刘丽，可以寄钱过来，以资助更多的贫困学生。

刘丽认为，当一个人真真正正去帮助别人的时候，真的是得到了非常大的财富，那是你没有办法用物质去换来的快乐，确实是这样。慈善有一句话：叫做"伸出你的手，这个世界将充满爱心和希望。"

刘丽现在资助的大多是单亲或父母有重疾，或父母一方去世的穷苦孩

……又有企业老板、机关干部、学校老师等各界人士，还有跟我一样在厦门的打工妹。我从来没有想过要出名，我只是想要帮助那些需要帮助的孩子，其实从小到大我都在尽自己的能力帮助那些需要帮助的人。看到他们高兴的样子，自己也很开心。但我并不是一个想出名、张扬的人。我只想默默地做自己想做的事情。"

从洗脚妹到足浴城总经理

从一个单纯的洗脚妹到足浴城的股东、管理者，刘丽经历了三级跳，人们现在看到刘丽的慈善行为和理念都在发生着蜕变。她现在越来越多地以慈

子，除了每学期寄学费外，她还会在工作之余去看
望这些孩子，给孩子们讲她过去的故事。她也经常跟
爱心人士讲贫困孩子的困境："他们真的很可怜，有
的房子黑黑的，遇到下雨天就漏水，但墙上贴满了奖
状。"每当看到这些孩子取得优异的成绩，刘丽就会
感到莫大的安慰。她说："我现在一点都不自卑了，
心态很正常，我觉得人做什么工作都不重要，重要
的是只要我们不违法，不违背社会道德，我们自己
认为是对的，就一定要坚持做下去。我知道有些人看
不起我们这些洗脚妹，但是我想说，足浴也是一种
医疗保健，做了这么多年，我也积累了很多经验，足疗
让更多的人得到了健康。我除了没有戴白口罩，没有
穿白大褂之外，我不知道我和中医院的中医理疗师
有什么不一样。我觉得自己就像一名没有穿白大褂的
足疗保健师。"

　　是啊，工作并没有高低贵贱之分，只是分工不同，
这句话上了一些年纪的人都耳熟能详。但近些年说的

人不多了，人被分成了三六九等，通过各种努力（正常的、不正常的、合法的、非法的），爬上更高的地位，挣更多的钱，做人上人，成了很多人追求的目标，而刘丽他们通过自己诚实的劳动，在为一些人解除疲劳，提高生活质量的时候，却经常被人看不起。有钱有权有势成了人们追逐的时尚，讲道德，讲良知似乎过时了。当她不忍心看到贫困孩子再因为贫穷上不起学，读不起书，献出自己的爱心，受到诸多非议时，我们可以用"思想多元""价值观不同"来宽容一些"肮脏的念头"，但我们也有权利褒奖那些"好人"，呼唤我们这个社会多一些像刘丽这样的"好人"，并真诚地祝愿"好人"一生平安！

"原乡人足浴城"是刘丽以前的几个客户出钱和她合作开办的，基本上是由刘丽来管理。在"原乡人"开业到现在短短几个月的时间里，她已经瘦了十几斤了，很多事都要刘丽亲力亲为，虽然还是处于亏本的状态，但现在已经慢慢步入轨道，生意有了点起色。

"原乡人"的员工大都是外地到厦门打工的，因为刘丽自己也做过很长时间的"洗脚妹"，比较能设身处地地为他们着想。有些员工刚参加工作，身上没有钱，刘丽就先借钱给员工，让他们先拿去生活。当然也有些员工借到钱后第二天就不再来上班了，但刘丽还是那句话："我也曾是出来打工的，也曾经身上连吃饭的钱都没有了，能理解他们的处境，能帮就帮吧！"

刘丽说，当时与朋友们合作开这家店的时候，就希望通过自己经营的厦门"原乡人足浴城"，将它做成一个慈善交友会所，让更多的人在消除疲劳，提高生活质量的同时，能感受慈善，从中受益。

助学的主题，在这里也得到实现：客人每单消费，将有5元钱被捐献给助学基金。以后"原乡人"赚钱了，还要拿出一部分钱来资助贫困孩子们。她坚信，只有自己强大了，才能帮助更多需要帮助的孩子们。

刘丽正在走向她人生的一个新的阶段。她在创业之路上，越来越多地参与组织公益活动，比如举办各种公益募捐活动，建立个人的公益交流群等。她希望有更多的人参与到慈善公益中来。角色的转变，也使她的慈善蜕变之路越走越宽。但为了帮助更多的孩子，刘丽仍然是把自己的生活开支降到了尽可能低的程度。

慈善、爱心事业仍在进行中

刘丽有过许多不尽如人意的往昔，她没有怨艾命运，她自强自爱自尊，用自己瘦小的身躯承担起一个伟业。由于从事的工作的关系，让她结识了很多的异性客人。有一个客人对她说："你家那么困难，需要用钱的地方那么多。你还年轻，如果我养你 5 年，你就不用担心钱的事情了。"她断然拒绝了。她坚持着"人穷志不能短"的信念。她说："虽然我现在不是很富裕，当我看到有小朋友，也是和我小时候一样，想读书又没有钱交学费，我就想帮他一下，也算完成自己的一个读书梦。想到我能帮助的小朋友越来越多，看到被帮助的孩子们脸上洋溢着天真无邪的笑容，回到了他们向往的学校，我就很有成就感！这些小小的举动让我得到了很多很多内心的快乐，这是无法用言语表达，也无法掩饰的。"

虽然，刘丽在就业、创业的过程也遇到过很多困难，但是她也得到过非常多爱心人士的帮助，让她感觉无比的幸福。不管什么时候她都没有忘记"受人滴水之恩，当涌泉相报"的古训。

面对种种人生的磨难，刘丽没有等、靠、要，而是凭着自己的努力闯出了一片新天地，靠自己勤劳的双手改变了自己的命运，她把点点爱心汇成江海，为需要帮助的人撑起了那片蓝天。

说到未来，刘丽透过曾经的挣扎、久远的遗憾、遥远的梦想，清晰可辨地谈了她的一个想法：成立一个爱心机构，把更多的、有爱心的人士联络起来，帮助那些需要帮助的人！

刘丽站到了"感动中国"年度人物的领奖台上

　　央视主持人敬一丹在"感动中国"人物颁奖现场曾经问刘丽:"将来你也有成家的时候,有没有想过,万一对方反对,要逼迫你放弃资助的那些孩子们,你怎么办?"刘丽的回答是:"这个问题我也想过,挺现实的,但我的标准是对方可以不支持,但不能反对我。我相信,现实生活中还是有很多善良的人。一个人连颗善良的心都没有,也不会是个什么好人,我不会选择他做我的丈夫。"敬一丹接着问了刘丽另一个问题:"除了资助那些贫困孩子,你还有其他的人生梦想吗?"刘丽笑着说:"我还有一个像摘星星一样难实现的梦想,就是在厦门买一间房子,有一个属于自己的家,我现在搬家都搬怕了。不过,厦门的房子那么贵,我一个月才挣两三千元,还要留着资助那些孩子,在厦门买房子就像摘星星那么难。"

刘丽在"感动中国"2010年度人物颁现场接受主持人敬一丹采访

刘丽以她的实际行动感动了很多人，一位台湾人庄奴还专门为她写了一首歌词《中国的最美洗脚妹》："有一位美丽的姑娘，芳名呀叫刘丽。她的小时候家贫穷，立志要自强自立。中国的最美洗脚妹，也就是美刘丽。她的好故事最传奇，令人呀敬佩不已……"

刘丽对于慈善是认真投入，但善行是善行，生活还要继续下去。虽然她捐出去不少钱，但她自己也会有孩子，父母也需要她去赡养，我们希望她自己的生活水平也要保持一定的水准，家里人也要过上体面的生活。刘丽不要一味地捐助，让自己的生活太苦了，这跟慈善的本义是一致的。诚如有一首歌中所唱：只要人人都献出一点爱，这个世界就能变成美好的人间！让我们用真诚的心和勤劳的双手，共同构筑起人类的良知长城！

推选委员孙伟给刘丽的推介词：

刘丽以自身朴素的生活经验，坚守着善良的底线，展现了当代青年没有熄灭的"爱"的光芒。

推选委员王晓晖给刘丽的推介词：

她和她代表的"80后"女孩，是都市森林中的蒲公英，每一朵小伞上顶着一个希望的太阳，真正中国的希望将在他们脚下生根。

CCTV
感动中国2010年度人物
MOVES CHINA

第一部分

10

活着
孙炎明

"感动中国"组委会
授予孙炎明的颁奖辞：

重犯监室年年平安，而自己的生命还要经历
更多风险。他抖擞精神让阳光驱散铁窗里的
冰冷，他用微笑诠释着什么是工作，用坚强
提示着什么是生活。人生都有同样的终点，
他比我们有更多坦然。

警界"保尔"

工作对我来说就是快乐，我自己认为，工作就是快乐。
出门上班就是出征，下班回家就是凯旋。

——孙炎明

孙炎明，1962 年 10 月出生在浙江省东阳市，1982 年 8 月参加公安工作，1995 年 6 月加入中国共产党。他先后在东阳市公安局经济文化保卫科、城中派出所、城北派出所工作过，2000 年 9 月起在东阳市看守所任监管民警。

从警 28 年来，孙炎明不管在哪个岗位，始终爱岗敬业,恪尽职守，默默奉献着他的光和热。尤其是 2004 年以来，他经医院诊断，患有脑癌，先后三次动过大手术。面对癌症的威胁，孙炎明始终没有放弃他所热爱的公安事业，以乐观积极的心态和坚强的意志与病魔顽强抗争，坚持边治疗，边坚守岗位，充分发挥自己管教经验丰富的优势，教育挽救了一大批失足人员,他所分管的监室始终保持着秩序最好、教育转化效果最好的记录。

在平凡的岗位上，孙炎明以生命为代价做出了不平凡的业绩，以实际行动践行了"忠诚、为民、公正、廉洁、奉献"的人民警察核心价值观，树立了人民警察的良好形象。同志们赞许他，称他为"警界保尔"，他无愧于"优秀人民警察"的光荣称号。

面对病魔从容淡定,快乐工作

2004 年春,孙炎明的左后脑勺出现肿块,有点红,有点痒。妻子张春香催了他多次,要他去看病,但因为看守所里工作忙,他总是拖着,一直拖到两个月后才去医院,在门诊做了一个手术。几天后,孙炎明的主治医生詹晓洪打电话到他家里,想找张春香,没料到是孙炎明接的电话。詹大夫说话显得有些吞吞吐吐。孙炎明预感到他一定是有什么难言之隐,就对詹大夫说"我是当警察的,最擅长的就是戳穿谎言。没事的,你和我说实话就好。"詹晓洪最后无奈地说:"病理诊断出来了,是脑癌!必须尽快再次手术!"

得知病情后的孙炎明,大脑嗡的一下,顿时一片空白,精神受到很大打击!他一个人在自家的沙发上呆呆坐了一个小时,时钟滴答滴答一分一秒的敲击声分外清晰,就像自己的心在滴血啊!那急促的敲击声像是在催促,像是在安抚,那样的急迫。当时他想,现在就死掉了,看样子恐怕不行,太早了吧!但心中不免有些绝望。漫长的一个小时过后,他渐渐清醒起来,情绪也稳定了许多,他果断地作出决定:既然病魔已经降临,就要勇敢地直面它,精神上绝不能被它击倒。接受手术,战胜癌症!"这是我 40 多年来任凭悲伤蔓延的一个小时,也是唯一的一个小时。"孙炎明心情有些沉重地讲述了自己当时的心情和作出决定的过程。

是啊,正值生命和工作黄金时期的孙炎明,面对"患有脑癌"的医院诊断,他也曾和常人一样痛苦过、失落过、甚至绝望过。但面对家人、亲友、领导、同事的关心,面对自己穿了 20 多年的警服,他最终选择了"起来"坚强,他从容淡定地表示:"我允许自己有一个小时的悲伤"。随后,孙炎明慢慢地调整好心态,勇敢地直面癌症。

金华市委常委、公安局长毛善恩慰问孙炎明

自2004年起，孙炎明经历了三次大手术，如同三闯鬼门关。但是，只要治疗一结束，他就立刻赶回看守所上班。他始终保持着一种积极向上的人生态度，快乐工作，快乐生活，他把自己的病看做人生道路上的一道坎，顽强地与命运抗争，与时间赛跑。患病6年来，孙炎明从没在领导和同事们面前谈起自己的病痛，从未向组织提过任何给予照顾的要求，从没因身体不适影响过本职工作。

2007年6月份，经过杭州医院检查，医生告知他的病情有所恶化，叫他立即停止工作，在家休息养病。局里的领导、同事和他的妻子，都劝他好好休息，但他表示："与其默默地在家里等死，还不如在工作岗位上干死，况且所里警力紧张，如果我不上班，其他民警就要多承担工作任务，如果我离开了朝夕相处的战友，我的生活也快乐不起来。"

所领导拗不过他，就提议："要不这样，你想来就来，具体岗位就不要安排了。你呢，来了就四处转转，协助其他同事做做工作，你看这样行吗？"孙炎明认真地说："那不行！我都没有把自己当病人，希望你们也不要把我当成病人，一个萝卜一个坑，既然占着一个岗位，就应该是个整劳力。更何况对于我来说，工作是件快乐的事情。我的生命延续一天，就要干好一天的工作，我的生活才能快乐一天。"

2007 年 11 月，看守所领导调整，新上任的何所长第一次找孙炎明谈话时，关心他的病情，对他说："工作能干多少就干多少，吃不消的话，随时提出来，不要硬撑着。"一听此话，孙炎明有些急了，他说："我自己很清楚，老天留给我的日子不会很多，你如果让我休息，让我去整天想着病情，愁都要把我愁死，说不定还会让我早点离开人世。2004 年开刀做手术时，与我同病房的几人，都已相继去世了，我正因为有这份工作，才感到快乐，才使我的生命延续到现在。我不要组织照顾，工作有什么难事尽管分配给我，千万不要把我当病人看待。"至今孙炎明仍然与其他民警一样，主管着两个监室，同时还协管两个监室。

手术后，孙炎明会经常性头痛，浑身无力。家里的活，妻子从不用

与领导交流探讨工作

他插手。可即使如此，看着孙炎明每天面带倦容地回到家中，妻子还是心疼不已，有时免不了要叨叨上几句。可孙炎明却总是要求自己"既然去上班，就该尽心尽职，不能稀里糊涂混日子，出工不出力。"妻子的劝说换来的是孙炎明一次又一次的坚持，无奈之下，妻子也只好认同了。

看守所的工作除了巡视、值班以外，提审在押人员也是很重要的一项工作。平均下来，每天提审的人员基本上在 60~70 个左右，就按 60 个人算，提出提进就是 120 趟，距离估计需要 30~40 公里的路程，一天下来两条腿的感觉就像灌了铅一样，很累。恢复工作后，孙炎明也跟健康人一样承担着非常繁重的工作，他说："最多的一天要提审 90 个犯人，要说不累那是假话，确实很累，但是孙炎明不这样想这个问题，他说："锻炼身体跑步都要跑吧，我就把提审走的路，看做是自己在跑步，把这个事情当成在锻炼身体，不是也很好嘛。"这种积极思维、乐观向上的精神不仅使他总能感受到工作中的乐趣，或许对他忘掉病痛、放松心情也是有好处的。

日复一日地带病工作，会给脑部带来什么样的压力和疼痛呢？没有患过病的人是无法想象的，孙炎明也从来不对别人说。但同事们常常发现，哪怕是接近零度的寒冬，他都经常跑到水龙头底下，用冷水冲淋脑后的伤疤。有的时候，他一个下午可能要去两三次。同志们关切地问其缘由，孙炎明不以为然地解释："伤口有时候痛起来很难过的，像东西拼命地拉着一样，凉水有刺激作用嘛，冲一冲，就麻痹它一下，过一会儿就好了。"

5 年来，许多当年的病友都已经不在人世了，可孙炎明依然乐观积极地活着。尽管医生说：这种病人，有的是几个月，有的几年就没掉了，能够生存下来 5 年的是很少的人。恶性肿瘤什么时候复发，什么时候出现问题是不可以预知的，随时都有复发的可能性。存在复发的可能性就意味着存在着有期徒刑，存在死亡的有期徒刑。孙炎明说："确实生命很可贵，但是对我来讲，不是说生命可贵，而是你活着那一天，就是很可贵，那一天你一定要做好。"孙炎明就是这样以超乎常人的毅力、以生命为代价，矢志不渝地去做着自己应该做的事情，一做就是几十年，而且无怨无悔，他用自己的一言一行诠释着平凡中的伟大。

乐观淡定的孙炎明认为,出门上班就是出征,下班回家就是凯旋。每天出门上班时,孙炎明与妻子告别时会说:"我打仗去了。"下班回到家一进门就说:"老婆,我又多活了一天了! 胜利了! "

爱岗敬业执著坚守,勇挑重担

孙炎明对监管工作的重要性有着自己的认识,他始终认为,作为关押犯人的特定场所,监所的安全,很大程度上关系着一方的稳定,不出事就是监所最大的成绩。他觉得自己在监管岗位上工作了多年,有一定的管理经验,他主动向领导要求,把一些难管、不服管的在押人员放到自己的监室。在工作中,他从来不分你我,经常帮助同事做好新入监人员的思想工作,消除他们的对立情绪。尤其是那些罪大恶极的死刑犯,由于特殊的身份,造成他们存在特殊的心态,他们也就成了最难管、最令看守所民警担心的群体。但孙炎明相信他们扭曲的心灵在自己的细心、耐心、诚心和爱心管教下,肯定会被感化。

2008 年 1 月 17 日,安徽人叶某,因涉嫌故意杀人罪,进了看守所,他是因为逃避赌博欠款而杀死了自己妹夫并分尸的罪犯。叶某自己意识到死期已近,索性破罐子破摔,经常在监室里大喊大叫,不服管教,屡犯监规,成了东阳看守所最令人头疼的重刑犯之一。起先,叶某并不在孙炎明的监室,在孙炎明的强烈要求下,领导把叶某调到他负责的监室。通过了解叶某的成长经历,分析他的内心世界,剖析他的犯罪过程,孙炎明的心里有了底,开始有针对性地找他交心谈心,耐心教育引导。

孙炎明对叶某说:"即使你被判死刑,你现在还没有被枪毙,可能比我活得还要长。我是得了癌症的人,哪怕今天跟你讲过话了,明天可能就死了。"他耐心地给叶某分析:"就是你死刑判了,你的遗产是什么东西? 今后假如你儿子长大起来,到我们东阳来了,了解你的情况的时候,你叫我们怎么去和他讲? "

就是这些动之以情、晓之以理的话，复苏了叶某最后的良知，他开始安静下来，开始思考自己的问题了。与此同时，孙炎明对叶某在生活上给予关心。一段时间后，叶某的情绪渐渐平稳。就在此时，一封家信又使他暴跳如雷，唉声叹气。家人的指责使他悔恨、惶恐，万般情结纠结在一起，叶某想到的是早点死。"我知道你现在想什么。想一死了之，是吧？"孙炎明当即找叶某谈话，把话挑明了说："但是你这样死，对你妹妹，对你妹妹一家人有什么意义吗？你要做的是如何还这份债！"见叶某无语，孙炎明进一步开导他他，说道："你想过没有，你自己可以救自己。"叶某听得认真起来。"如果你在押期间有重大立功表现，死刑是可以减成死缓的，死缓也可减为无期乃至有期徒刑。"这次谈话确实对叶某有很大触动。紧接着，第二天一大早，孙炎明又找来叶某谈心。

孙炎明同志学习活动动员部署大会

当第三天孙炎明再次找叶某时，叶某主动表示："孙管教，我知道你身体不好，但你仍这样关心我这个罪犯，我向你道歉！我愿接受处罚，今后我一定遵守监规，服从管教，不再惹麻烦。"

2010年1月29日，金华市中院一审判处叶某死刑，叶某也没啥过激情绪波动，更没有做出违反监规的事。叶某被执行死刑那天，孙炎明和同事们一起押送他到金华。临刑前，他要求见孙炎明最后一面，当孙炎明出现在他面前时，叶某一下子泪流满面，对孙炎明说出了临终前的最后一句话："孙管教，给你添麻烦了，谢谢你！你的恩情来生再报！"

这么一个曾经刺头的死刑犯为什么会对一个看守所管教心怀感激，并能够平静地面对法律的惩罚呢？孙炎明有什么与众不同之处呢？

揭示人性的光辉，以爱融化坚冰

在许多人的眼里，罪大恶极的死刑犯，根本不值得同情和可怜。每天面对一拨拨"戴罪之人"，很多人会紧锁眉头、避而远之，但孙炎明从来都是微笑面对，他时刻牢记作为一名看守所的监管警察的社会责任，以他那宽厚仁爱的心温暖教育那些迷途违法的青年，每当有人问起他有什么秘诀的时候，他总是娓娓道来："人心都是肉长的，爱可以融化坚冰……"

孙炎明将刚提审完的在押员带回监室

作为管教民警，孙炎明始终认为，我们的工作对象是一个特殊群体，他们曾经危害过社会，今天交到我们手里，如何让他认罪伏法、改过自新、重新回归社会是我们的责任。他始终抱着强烈的社会责任感、以人为本的坚定信念，挽救了一个又一个迷途的青年。他善待失足的少年，重小节、讲大义，以自己的人格魅力感化着每一颗扭曲的灵魂。自从生病后，他也确实感觉到自己的精力明显不如以前，大伙也都让他少干点。可他想，如果能在有生之年多挽救几个误入歧途的青少年，那该是多么大的功德呀！

一样的值班执勤，一样的巡视看守，一样的送医投牢……虽说病痛会时不时地袭来，重新回到工作岗位的孙炎明却感到非常充实。

2010 年 5 月 19 日，孙炎明在金华市公安机关"无悔从警 丹心印忠诚"践行人民警察核心价值观先进事迹巡回报告会发言

东阳市公安局党委委员、政治处主任楼雁讲到孙炎明时说："2008 年的冬天，那天我刚好值主班，晚上 8 点多钟，寒风凛冽，气温骤降，天空中飘舞着层层叠叠的雪花。这时，门突然打开了，孙炎明披着满身雪花走进来，手里抱着一件棉大衣。我问他：'老孙，今晚

你不是休息的吗？来干什么？'孙炎明搓搓冻得通红的脸说：'今天发现监室里有一个病号，怕他晚上冻着，过来送件大衣。'望着他远去的背影，楼主任不由得为那名在押人员感到幸福。这件大衣虽然只盖在一个人的身上，却温暖着所有在押人员的心！"

对孙炎明来说，像这样的事例还有很多。他用自己无数次发自肺腑的真情开解、引导，换来了在押人员的改过自新；他用自己无数个不眠之夜，换来了看守所的安全稳定。多少次，为了让死刑犯能平静下来，他忍着病痛、耐心引导；多少次，为了让在押人员放弃绝望的念头，他废寝忘食、嘘寒问暖。他不为名、不为利，只为心中那份信念和忠诚。

孙炎明从警28年，在监管民警这个岗位也有10年了，他一直兢兢业业地从事着最基层的管教工作，他究竟是如何做到淡泊名利，如何面对管教对象？为什么他们都很信服他呢？

孙炎明深有体会地谈到，首先要安心这个岗位、这个工作，才有可能钻进去；只有深入进去，才能根据不同的对象施教。比如，同样是盗窃，他们的出发点、目的、手段却有各自的不同，只有具体问题具体分析，有针对性地启发、帮教，才能点到他的致命处，才能让犯人口服心服，痛改前非。

看到那么多年轻人犯罪，孙炎明打心眼儿里替他们可惜，"他们还那么年轻呀！如何帮教他们认识犯罪的根源，今后不再犯罪，这是我们管教人员的责任。只有他们真正认识了犯罪的原因，伏法改过，今后不再去犯罪，我们的目的才能达到。因此必须有针对性地帮助他们认罪改过。"

通过多年的监管工作，孙炎明总结出一些带规律性的经验。比如，对于中学生犯罪，他感到往往源于这些孩子不好好读书，家长溺爱等原因，致使他们小小的年纪就走上犯罪道路。在看守所里，实际上是教育他们学会从生活自理到能够自立的本领，通过学习、参加劳动、提高自己创造财富的能力，督促他们锻炼改造。

　　孙炎明非常注意分析、揣摩关押人员的心理活动，他发现刚进看守所的人，通常都有对立情绪，对监管人员不信任。但是，另外一点，他们这时又是最无助的人，渴望接受帮助。另外，在没有宣判之前，作为一个人，监管人员要尊重他们的人格，根据不同的情况去做工作，使他们信任监管人员，把心里话对监管人员讲，只有耐心听他们讲出真实的想法，才可能对症下药，启发他的人性方面尚可触动的良知，动之以情，晓之以理，才能帮助他捐弃前嫌、痛改前非。

　　例如，在孙炎明监管的人员中有一名盗窃犯，他小时候亲眼看到母亲杀死了父亲，后来村里的乡亲把他养大，亲戚们教育他恨他的母亲。这是个典型的从小没有父爱母爱、心理有残缺的青年。以致他后来盗窃抢劫，这也是仇恨所致。对于这个犯人，孙炎明就主动关心他，让他体会人间有爱的温暖，后来此人被劳教也是心服口服的。

　　又如，监管人员中，有两个罪犯一起爬高楼偷东西，其中一个人掉下来摔死了，另一个被逮住关进看守所。起初他不服，孙炎明就跟他讲："人家父母来，只能拿个骨灰盒回去了，你现在被劳教，还可以改过自新呀。"人之常情，使这位犯人安静了下来，从而服从管教了。

　　经过一系列的对管教对象案例的分析，孙炎明认识到，光上大课讲道理、宣讲法规，犯人往往听不进去，难以触动他们思想的根源；一定要具体问题具体分析，根据不同的人，不同的动机，不同作案原因，有针对性地进行帮教，才能使犯人听得进去，真正认识错误根源。这种教育，对他们今后一生所走的道路都会是很大的帮助。

　　同时，对待罪犯要抓住关键点，帮助他改掉恶习、强制他们，不给恶习有可乘之机。比如，对于犯有盗窃罪的人，强制他管住自己的眼睛，不许乱踅摸，不许看别人，因为这些人往往是惯于左右乱踅摸，见到机会就管不住自己的手，如果教育他把眼睛管住了，只看自己眼前一点，就不会犯接下来的毛病。当然，这只是一个手段，还需要有其他帮教措施相辅助。但这是不可忽略的一个方面。如果帮教对象能够

认罪伏法，对周围的人也有影响。有些方法是越用越
灵的。

　　湖南省溆浦县 32 岁的文某，仅读过几年书，由于
不懂法，糊里糊涂地干出了许多犯罪的事，因涉嫌抢劫
于 2009 年 3 月被刑事拘留。

　　文某由于怕被法律严惩，内心恐惧，但表面装强镇
静，极不配合办案民警审查，拒不交代犯罪事实。进所
后，孙炎明反复地开导他，解开了文某心头的死结，文
某供出他的同伙人，在义乌、宁波等地抢劫、盗窃作案
的 30 多起案件，使一些陈案得到了侦破。

　　随着审判时间临近，他发现文某的情绪有些波动。
那天，在开庭回监的路上，他发现文某哭了，问其缘由，
文某说自己对不起同伙，是自己的交代连累了同伙。
"应该是他们对不起你，要不是同伙带你作第一起案
子，你会落到这个地步吗？""现在你主动坦白交代，在
法官量刑的时候，肯定会考虑的。"文某点头称是，觉
得他说得有道理，不再自怨自艾了。在那些日子里，他

2010 年 10 月 15 日，孙炎明先
进事迹报告团在金华市文化中
心参加报告会，少先队员向孙
炎明献花敬礼

特别关注文某，只要发现他的情绪稍有波动，就马上找他谈心。后来文某被判处无期徒刑，2010 年 3 月 26 日，顺利投送劳改。

所有在他的监室关押过的人员都会提及他们初来时见到孙炎明的一个奇怪的发现孙炎明脑后有一个很大的疤。他们非常疑惑孙炎明的后脑怎么没头发呢？如果不是这个无法掩盖的脑后的伤疤，谁也不会相信，这个成天乐呵呵的孙管教在五年前就被发现得了"脑癌"。

在日常工作中，孙炎明特别注重从心理上开导，耐心细致，春风化雨，帮助在押人员解开心结。

2010 年，他的监室里关进来一个东阳籍的在押人员。这个年轻人在杭州干了大半年，没挣到啥钱，坐车回老家东阳时，在西站下车后，怕两手空空回家被父母骂，就到小巷内偷了辆摩托车。被刑事拘留后，他想不开，嚷嚷着要自杀。孙炎明把他叫出监室，带到教育室，扭过头让他看自己后脑的疤痕说："你可知道我这后脑的疤痕是咋回事吗？是打架打出来的吗？当然不是！是不小心跌出来的吗？也不是。我告诉你，是开刀动手术留下的。脑袋上开刀动手术，够吓人了吧！我再告诉你更可怕的，我得的是脑癌！我现在跟你谈话，说不定明天就死了，可我今天仍要好好过。你还这么年轻，知错就改，仍有美好的未来！"

孙炎明的一番话把在押的年轻人给说愣住了，他羞愧地说不出话来。打那以后，这个小伙子打心底里佩服管教民警孙炎明，再也不寻死觅活，自觉遵守监规，服从管教。

29 岁的金某，因涉嫌抢劫杀人，被公安机关刑事拘留。到孙炎明负责的监室 24 天，孙炎明就找他谈了 8 次话，了解到金某曾当过兵，就叫他负责队列训练，让他找回当年当班长时的感觉，增强了金某改过自新的信心和勇气。正如金某自己所说："孙管教待我们如自家人，像是我的兄长，要是我能早几年碰到孙管教，听到他的教诲，我也就不会有今天这样的下场。不管我的人生结局如何，今生能遇上孙管教，是我的大幸！"

在押犯人心里都明白，孙管教做了很多并不是他份内必须做的工作，一年四季的羁押犯有些是流动人口,各种原因造成有些犯人缺衣少穿,孙炎明总是不声不响自己买来送给他们用,他为犯人买了多少件衣服、多少条内裤、多少双袜子、多少件外衣真的是数不清楚。

在在押人员的眼中,孙炎明是他们的"贴心人"。自调入看守所工作以来,每逢春节,他都是先跟在押人员过春节,因为他知道越是在春节这个万家团圆的日子里,在押人员的心情就越低落,思想波动也越大,越容易出现问题。在押人员在生活中无论遇到大事小事,都愿意向他反映倾诉。而他就像一位慈祥的家长,认真仔细地了解情况,不厌其烦地做好疏导教育工作。这些年来,他每天与在押人员谈话不下 10 次。有时为校正一个错误的想法,他能谈上半天,从不让一个问题过夜,绝不让一个在押人员成为教育"死角"。

每天下班前,孙炎明总会挨个巡查监室。看到自己负责的监室安全正常,秩序良好,孙炎明才会放心地下班。

从 2000 年孙炎明进看守所工作,已是第十个年头了。每年他都会接到已在外地的原劳改服刑人员来信,信中都是感谢之词。他认为作为一名管教民警,能够帮助在押人员回归社会,是自己的职责。"我不要他们记住我,只要他们记住我的话,好好做人就行。"

孙炎明分管的两个监室,在全看守所始终保持着两个"最好":在押人员秩序最好、教育转化效果最好。

孙炎明的女儿谈到自己的爸爸时说:"前段时间看到报道爸爸的事迹,我听到了一个新词叫'孙爸爸'。 听说,在 2007 年过年的时候,当我爸爸巡视他监管的监室时,所有人都跪下来,喊了他一声'孙爸爸'。他们说:'孙管教真的像我们的爸爸一样,孙管教能为我们这些在押人员做这么多,真的很伟大,真的。'我这才明白,爸爸为什么陪我的时间这么少,原来他在看守所里'养'了这么多的'儿子'。他把所有的心血都倾注在了自己管教的那些失足年轻人身上。那一刻,我对'爸爸'这个词有了更深的理解和认同。"

对于孙炎明那么全身心地投入管教工作,他的妻子有时不很理解,常有微词。因为他妻子是小学教员,她觉得自己教育的那些孩子真的都是健康的,是祖国的花朵，她说自己是园丁感到很自豪。反过来责问孙炎明："你帮那些人有什么意思？他们都是坏人，是社会的渣子，是害人精呀！"孙炎明不同意他妻子的观点，很耐心地跟妻子讲："你这样说是错误的。拿一棵树木做比方，有弯的，有直的，并不是说弯的就无用了，弯的经过修整也可以有其他用处啊！我的工作同样很重要，教育他们回归社会也是很有意义的哦！"

待人处事严于律己，情怀朴素

孙炎明长年在艰苦、复杂、繁重的基层一线工作，不贪名图利，敬业守责，倾情岗位，勤奋工作，踏实创业，任劳任怨。始终做到干一行，爱一行，专一行，精一行，始终怀着一颗感恩的心，对待组织、对待同事，对待他人。他多次谢绝组织上给他调换轻松岗位的安排，与其他民警一样正常值班，分管监室，坚守工作岗位，严守工作纪律，认真履行职责，舍小家，顾大家，把对亲人、对家人的爱深埋在心底，平凡之中见伟大。

孙炎明的女儿还说："我最佩服爸爸的是，从小到大，从来都没有听到他抱怨过什么，夸耀过什么，也从来没听过他在背后议论别人的长短，怨天尤人。他就像一滴纯净的水，滋润着我幼小的心灵，清澈得没有任何杂质。我也是听妈妈说的，爸爸现在做的是管教犯人的事，以前干的可是追捕犯人的活，常常身处险境，好几次都处在生死关头。但我从来没听爸爸埋怨过一句话，更没有听到爸爸说要去争什么。"

孙炎明生病 6 年来，从来没有向组织上提出任何给予照顾的要求。有一次，孙炎明向所长请假，说在老家乡下的老母亲身体不好，要去探望一下。所长当场批准给假，同时考虑到他的身体状况，要给他派车。孙炎明连说："不用，不用。我自己坐公交车走。"所长说："我给你派车，是希望你能早点回所做工作。"这下，孙炎明没话说了，坐上了公车。谁知没过多久，驾驶员就开车回所了。所长问驾驶员怎么回事，驾驶员说："孙炎明叫我送他到车站后，自己坐公交车走了。"

2008 年 6 月，孙炎明又感觉身体不太好，头部经常疼痛，于是他找到了所里的教导员。看着脸色泛青的孙炎明，教导员说："老孙，你赶紧请假休息吧！"孙炎明问教导员："老马（所里的同事）的年休假是不是批了？"教导员说："是的，老马家里盖房子，他的年休假已经批了。"看出孙炎明心思的教导员说："老孙，你的身体大家都知道，只要你感觉不舒服，你任何时候要休息，我们领导都会批给你的。"孙炎明笑笑说："我没事的，所里最近本来人手就少，我还可以坚持，等老马回来，我再休息也可以的。"说完，孙炎明不顾教导员的劝解，又主动回到了工作岗位上。

孙炎明是个闲不住的人，更是个热心人，在做好本职工作的同时，他非常乐于去帮助他人。他在看守所工作近 10 年，先后协助 4 名民警监管过渡监室，从没有发生过安全责任事故。2007 年 8 月 17 日，这是个星期日。刚刚值完后半夜班的孙炎明发现 35 监室在押人员杨某腹部疼痛难忍，他立即报告所领导，并主动放弃休息时间，与所里的医生一起，迅速把杨某送到东阳市急救中心治疗，避免了一起意外事故的发生。

孙炎明没有惊天动地的英雄壮举，也没有振聋发聩的豪言壮语，有的只是朴实的情怀和默默的奉献，一天爱岗不难，难就难在从业几十年如一日地敬业，孙炎明难能可贵地做到了，对理想的执著追求，对事业与岗位的执著坚守，让他这个平凡的基层监管人民警察不再平凡。孙炎明的事迹告诉我们，当生活没有给你更多阳光时，如果你心里有阳光，一样可以活出灿烂！

快乐生活的感言——"我很幸福"

"说实在的，我们一家现在能够这样坦然面对，都是老孙的乐观态度在影响着我们。"孙炎明的妻子张春香如是说，看到丈夫笑对病魔，几十年来的辛酸劳苦，都化为欣慰与自豪。

孙炎明一家住在一套不足 90 平方米的套间里，一家 3 口住了 20 来年。房间里没有什么像样的家具，几件主要的家电都也是上世纪八九十年代买的。

孙炎明在办公室里与在押人员谈心

虽然生活不算富裕,但一家人相亲相爱,令人羡慕。

张春香在一所小学当教师,她对丈夫的工作给予了最有力的支持。她说:"老孙是一个很淡定的人,对生活向来都没什么要求,他认为平平淡淡、顺其自然就好。在工作上,他从没有一句抱怨的话,从民警转变为管教也不挑剔。跟孙炎明从结婚到现在,我觉得精神上很充实。"

至今,孙炎明的女儿仍念念不忘高考完毕去见父亲时的情景:病床上,父亲戴着眼镜悠闲地翻着书本,与她想象中插着氧气管、病恹恹的病人大相径庭。父亲的坚强与乐观使她擦干了眼泪。

正在复旦大学读博士的女儿谈到爸爸时,充满理解和骄傲地说:"人最大的幸福是有人爱、有事做、有理想,我爸爸做到了!他总说他很幸福,因为警察这份神圣而崇高的职业,就是要把奉献作为自己的一种责任、承诺、精神和义务,让生命在奉献中得到升华。爸爸现在做的就是快乐工作、快乐生活,奉献自我、不留遗憾。"

　　孙炎明看淡职位的升迁，"漠视"绝症的侵袭，并非他不食人间烟火。只是他始终觉得，踏踏实实地生活着、工作着就是幸福，奉献着就是快乐。在奉献中，他收获了阳光；在工作中，他实现了人生价值。

颁奖现场的感动

　　"他和他的同事他的同行，都不常出现在公众的视线里，他的工作对象也很特殊，然而就是在这样的环境里，他享受着工作的快乐，就像享受着生命。"

　　主持人的话语把我们带入一位普通却不平凡的干警的精神世界，大屏幕上播放了警界保尔孙炎明的事迹。

　　主持人白岩松的访谈一开始，就直接了当地问了一个我们每个人都想知道究竟的问题："有很多人会觉得您去看管的都是重犯人、死刑犯、无期徒刑犯等等，为什么还要对他们那么好？"

　　身着警服坐在主持人对面的孙炎明与往常一样，脸上带着和善的微笑，很淡定地对主持人的提问给予了精辟的回答，他说："虽然他们犯了罪，或者甚至是被判死刑，但是在没有执行死刑之前我们应该尊重他们的人格。他们也是一个人。有些没有判死刑的，尊重他们的人格之后，他们就又改回来，走上社会。能够今后再不去犯罪的话，就是我们我们的工作成果，对和谐社会做出了一份贡献。"正是有这种极大的社会责任感、把握着人格尊重的底线，孙炎明才创造了杰出的业绩。

　　主持人敬一丹宣读了"感动中国"组委会授予孙炎明的颁奖辞："重犯监室年年平安，而自己的生命还要经历更多风险。他抖擞精神，让阳光驱散铁窗里的冰冷，他用微笑诠释着什么是工作，用坚强提示着什么是生活。人生都有同样的终点，他比我们有更多坦然。"

　　与此同时，天幕上庄严的荣誉奖碑自上而下显示出获奖人的名字

孙炎明在"感动中国"2010年度人物颁奖现场接受白岩松采访

"孙炎明"。那一刻,千万双眼睛注视着英雄的名字,千万颗心被他的事迹感动,不禁肃然起敬。紧接着两个标志获奖者精神的大字——"活着"定格了全场的肃穆和尊敬,祝福"警界保尔"孙炎明!祝愿我们的社会更加和谐安宁!

推选委员涂光晋给孙炎明的推介词:

死刑犯临刑前这句话的背后,凝聚着他怎样的耐心与诚心,怎样的坚守与坚持。他用他的生命诠释着钢铁是如何炼成。

推选委员任卫新给孙炎明的推介词:

职守在一个特殊世界里,但却让死囚的心灵重新感受到久违的温暖。警界保尔——特殊的爱献给了特殊的你。

CCTV

感动中国2010年度人物 ［特别奖］

MOVES CHINA

第二部分

01

八位维和英烈

"感动中国"组委会
授予八位维和英烈的颁奖辞：

中国人为和平付出了生命的代价，那一刻，
感动的不仅是中国，还有世界。

祖国为你们的
国际人道主义精神骄傲

2010 年 1 月 12 日 16 时 53 分，位于加勒比海北部的海地共和国遭遇了 200 年来最强的地震 7.3 级，联合国特派团总部大楼发生严重坍塌。正在这里与联合国官员商谈维和任务的中国公安部赴海地维和工作组和驻海地维和警察防暴队的八位警官不幸被埋在大楼的废墟中。

1 月 17 日，经过 60 多个小时的不间断搜救，遇难的八位中国警官的遗体全部被找到。他们都是多年来奋战在维和事业一线的优秀干警。

中共中央总书记、国家主席、中央军委主席胡锦涛向我国在海地地震中不幸遇难人员表示沉痛哀悼，向遇难人员亲属表示深切慰问，并要求有关方面全力做好善后工作。中共中央政治局常委、国务院总理温家宝，中共中央政治局常委、国家副主席习近平，中共中央政治局常委、中央政法委书记周永康也就做好善后工作作出指示。

消息传出，震惊全国。1 月 19 日，祖国以至高的荣誉迎接英雄回家，人们用各种各样的形式缅怀追思八位维和英烈。

朱晓平

1962 年 3 月出生的公安部装备财务局局长朱晓平，上任 6 个月时间，深入 12 个省市区的市、县两级公安机关调研；经常每天工作近 20 个小时，跟他一起出差的年轻人都有点吃不消；40 来岁年纪，却因积劳成疾心脏搭上了支架……他常说，做事要"敬业、勤奋、认真、敏锐、承担"，做人要"骨气树人格、正气树形象、勇气克困难、智气迎挑战、朝气养精神、和气赢民心"。

朱晓平

朱晓平这样说了，也这样做了，始终把满足和适应基层与实战需要作为公安装备财务工作重心。

郭宝山

1950 年 7 月出生的公安部国际合作局副局长郭宝山，平时主管维和警察工作，常年在动荡不安的海外维和地区间奔波，这次赴海地，原本是他最后一次执行任务。

与他共事 16 年的公安部国际合作局欧洲工作处处长韩林回忆郭宝山时哽咽着说："每天他几乎都要工作 12 个小时以上，周末加班更是家常便饭。他的办公桌上从来看不到堆积如山的文件，因为当天的工作不干完他就不下班。"

郭宝山

王树林

1952 年 10 月出生的公安部装备财务局调研员王

王树林

树林，办公桌上总摆着一张工作时限倒计时表，嘴边常挂着一句口头禅"抓紧点"。

9年前，王树林做了心脏支架手术。但是，工作起来，他根本不去想自己的年龄和身体状况。为了制定《警用特种车辆审定标准》，2009年12月21日、22日，王树林赴郑州组织召开业务研讨会，5天后又赶到无锡的会场上。同事劝他"歇一歇再干"，他回答说："抓紧点，一定要在年前把该做的工作完成，不能拖。"赴海地执行任务前，王树林将下一步工作日程以倒计时表的形式摆在办公桌上。

在公安部装备财务局里有个共识："工作交给王树林做，就一千个、一万个放心。"这不仅因为曾在清华大学留校任教的王树林绝对是个难不倒的专家，更因为他有着细致严谨的作风。

李晓明

1975年4月出生的公安部国际合作局干部李晓明，虽然才35岁，但他在维和警察队伍中已经是位"老同志"，他足迹遍布海地、阿富汗、东帝汶、科索沃等七个联合国维和任务区。

2001年，李晓明第一次出国赴东帝汶执行维和任务，便被任命为维和警队副队长。当时他只有26岁，是年龄最小的维和警队领导之一。在东帝汶的一年时间里，李晓明制订出多个远期发展规划，协助东帝汶建立起科学、系统的警察体系。因此，他受到联合国维和警察总警监的嘉奖表彰，还获得联合国和平一级勋章。

李晓明

评价李晓明，同事们用的最多的一句话就是："表现远远超出他的年龄。"

赵化宇

赵化宇

1972 年 5 月出生的公安部警务保障局副处长赵化宇，曾在日记中这样写道："人的生命只有一次，天底下除了傻子之外，没有谁会不怕死亡。我既然选择了维和，也就时刻做好了为和平事业牺牲的准备。"

2004 年 9 月，中国第一次组建维和警察防暴队赴联合国海地维和任务区执行任务，赵化宇作为具体负责后勤装备的组长，随先遣队抵达海地。大到武器装备，小到衣食住行，中国维和警察在海地所需的所有物品差不多都是他一手操办的。经过各种培训和多次考试，他经历了维和派遣体制由全国选拔到各省组队变革的近 3 年默默等待，赵化宇终于登上前往海地的航班，成为第七支中国赴海地维和警队队长。他深知，维和警队是一支带枪的有特殊纪律的队伍，代表中国和联合国在海地任务区执行维和任务，不允许出现任何闪失和差错。为此，他果断宣布维和期间全程禁酒，即使在刚到中国防暴队营地的欢迎晚宴上也不例外。

李钦

1963 年 6 月出生的云南省公安边防总队司令部副师职参谋长李钦，外号叫"李大胆"。2008 年 4 月 7 日，海地发生了自联合国海地稳定特派团（联海团）进驻海地以来最严重的暴力骚乱。"联海团雇员一家5口被绑架，请速前去营救！"接到命令后，李钦带领中国维和警察防暴队奔赴距太子港200公里远的莱卡，执行处突平暴任务。

莱卡市区内，暴徒在主要街道设置路障，焚烧轮胎，城内浓烟滚滚。李钦果断下令强行驱车破障冲到目标建筑物前，迅速分成外围警戒、抓捕、掩护三个战斗小组，占据了有利位置，交叉掩护前进，最后破门而入。绑匪还没来得及从枕头下拔出枪，便被防暴队员制服。仅用了25分钟，中国维和警察防暴队员就将被绑人质全部解救上车。

随后，中国维和警察防暴队相继成功营救联海团越野车4辆，解救受到死亡威胁并遭人群围攻的海地参议员1人，强行驱散骚乱人群39处，仅用10天时间就迅速恢复了莱卡地区的秩序。

李钦

钟荐勤

钟荐勤

1975年12月出生的云南省公安边防总队政治部宣传文化处干事钟荐勤，是个比战斗队员出枪还快的新闻官。

"我首先是个防暴队员，其次才是新闻官。"2007年参加中国第六支赴海地维和警察防暴队不久，钟荐勤看到队友们任务繁重，便主动申请与队友一同执勤。有队员劝他干好新闻就行了。那意思他很明白，队友们是怕他误事。他一听就火了："别看我是新闻官，但我的战斗力绝对不比你们差，我拔枪都比你们快。"队友们不服，就和他比试出枪速度，结果纷纷败下阵来。原来，出发前在国内的演练中，其他队员一个动作就进入了战斗状态，而钟荐勤则需要"放摄像机、拔枪"两个动作才能完成出枪，比别的队员要慢2秒。而这2秒，势必会给自己和队友带来巨大的危险。于是，他利用执勤的空闲时间，反复练习出枪动作，终于把自己练成了一名"快枪手"。参加中国第八支赴海地维和警察防暴队时，钟荐勤的妻子即将分娩，但他毅然告别临产的妻子。他到海地的第四天，女儿就呱呱落地了。为此钟荐勤非常内疚，因为在妻子怀孕期间，他说过一定要陪伴在妻子的身旁，一定要好好抱抱孩子……然而，为了他热爱的维和事业，钟荐勤永远失去了抱抱女儿的机会。

和志虹

　　1975年3月出生的云南省公安边防总队昆明边防检查站政治教导员和志虹，是不让须眉的"纳西警花"。

　　2007年11月28日，和志虹作为中国第六支赴海地维和警察防暴队先遣队员，赶赴海地任务区，并担任联络官兼女兵小队队长、党总支委员。当时，孩子才1岁多，可她硬是说服亲人，毅然踏上了维和征程。

　　出发时，和志虹对战友们说："到达任务区后，我们就要争分夺秒了解联海团组织框架、运作方式等，尽快适应新环境，熟悉新情况，为大部队抵达海地顺利开展工作打下良好基础。"

和志虹

炎炎烈日下，她带领全体女队员身着防弹衣、头盔等25公斤重的相关装具，与男队员一道摸爬滚打，汗水一遍遍打湿了衣裳，身上经常摔得青一块、紫一块，也毫无怨言。

和志虹还发挥自己的英语特长，当好联络官、翻译和"形象大使"，与任务区42个国家的维和人员，以及防暴队、维和部队的官兵进行互访交流，建立了深厚的战地友谊。

与此同时，和志虹还承担起汉语教学任务。每到周末，常有海地学生来中国防暴队营地向她请教汉语。

英魂归故里

天若有情天亦老，八位烈士用牺牲时的身姿，诠释了战士的忠诚和英雄的本色。

英雄归来，英魂归来！长安街两侧，人们列队相送。灵车队特意贴近公安部门口驶过，让烈士最后看一眼他们的家。从首都机场到八宝山公墓，八位维和英烈的战友们和成千上万自发前来的群众在寒风中坚持了四五个小时，依依不舍地迎接英烈为英烈送行，场面极其壮观，感天动地，催人泪下。

1月20日8时，在北京八宝山革命公墓礼堂隆重举行向海地地震遇难中国维和警察遗体送别仪式，胡锦涛、吴邦国、温家宝、贾庆林、李长春、习近平、李克强、贺国强、周永康等党和国家领导人来到八宝山革命公墓礼堂，同首都各界群众一道，深情送别在海地地震中不幸遇难的朱晓平、郭宝山、王树林、李晓明、赵化宇、李钦、钟荐勤、和志虹等八位中国维和警察。

接着，胡锦涛等围着烈士灵柩缓缓绕行一周，向八位烈士作最后的送别。胡锦涛心情沉重地对烈士亲属说："听到朱晓平等八位同志不幸遇难，我同你们一样，感到非常悲痛。八位烈士为执行海地维和任务献出了宝贵生命，他们不愧是祖国人民的优秀儿女，不愧是世界和平的忠诚卫士。烈士的英灵将永远活在全国人民心中，我们会永远怀念他们。"胡锦涛嘱咐烈士亲属节哀保重，烈士亲属向胡锦涛表示感谢。

国务院、中央军委下发命令，追授中国第八支赴海地维和警察防暴队原政治委员李钦、宣传官钟荐勤、联络官和志虹"维和英雄"荣誉称号。命令指出，"李钦、钟荐勤、和志虹同志肩负国家使命，以英勇的实际行动，模范践行了当代中国革命军人的核心价值观，集中体现了中国维和警察牢记宗旨、报效祖国、献身使命的政治本色，用鲜血和生命为国旗、党旗增添了光辉。他们不愧为党和人民的忠诚卫士，不愧为祖国的优秀儿女，不愧为武警官兵的杰出代表，不愧为维护世界和平的英勇战士。"

人力资源和社会保障部、公安部决定，追授朱晓平、郭宝山、王树林、李晓明、赵化宇同志"全国公安系统一级英雄模范"荣誉称号。

感动中国 感动世界

八位维和英烈以自己的英勇行为和热血，模范诠释了中国政府坚持履行国际人道主义的大国责任的

两位维和代表领奖

一贯立场。伴随着中国国际影响力的持续上升，中国维和部队在解决国际和地区热点问题方面不断发挥着积极作用。中国不但明确表明自己的立场，而且通过各种方式积极推动问题的和平与合理解决。中国维和部队官兵冒着战场的硝烟，战胜各种疾病和恶劣自然环境的挑战，为维护世界和平谱写了光辉篇章。中国维和部队不但赢得当地人民的称赞，而且获得国际社会的高度评价，日益成为维护世界和平不可或缺的重要力量。海地大地震发生后，中国政府和人民以人道主义精神、以生命的名义，向灾区伸出了援助之手。一部国际人道主义援助的大爱诗篇，在海地传诵，在世界人民心中铭刻。联合国秘书长潘基文曾说，"中国在解决国际问题上一直在尽最大的努力。"中国维和部队在海地做出突出业绩的事实，再次证明了这一点。

2000年以来，中国先后向七个国家和地区派出维和警察1500多人次，维和人员不怕牺牲、恪尽职守、纪律严明、作风过硬，展现了威武之师、文明之师、和平之师的良好形象，受到了联合国和驻在国民众的高度赞扬，为祖国赢得了荣誉。中国正越来越多地参与联合国在世界各地的维和行动，中国在联合国维和事业中发挥的重要作用已经得到国际社会的承认。中国维和人员在执行任务时所表现出的良好素质和奉献精神。包括军事观察员、警察、医护人员和工兵在内的中国维和人员不仅圆满完成了联合国赋予的维和使命，同时也为驻地人民提供了良好的服务，加深了当地人民与联合国维和部队之间的感情，为维和部队顺利履行职责作出了贡献。

从八位维和英烈身上，世人再次看到：中国维和部队队是一支能吃苦、能奉献、能战斗的队伍，是一支祖国和人民完全可以信得过的队伍。祖国人民为你们的事迹深受感动，为你们成就感到骄傲！

"感动中国"2010年度人物颁奖盛典的主持人说："中国人为和平付出了生命的代价，那一刻，被感动的不只是中国，还有世界！"两位维和部队代表胸佩闪闪的奖章，英姿勃勃地接过奖杯和鲜花，高高举起，场上响起雷鸣般的掌声。

CCTV
感动中国2010年度人物 [特别奖]
MOVES CHINA

第二部分

02

K165次列车
乘务组

"感动中国"组委会
授予K165次列车乘务组的颁奖辞:

临危不惧,让我们看到了他们的工作态度,
而临危不乱,让我们看到了他们的职业水准,
正是这个团队,成了奇迹的创造者。

见证奇迹的时刻

　　2010 年 8 月 19 日 15 时 15 分，由西安铁路局西安客运段昆成车队第二乘务组值乘的 K165 次旅客列车运行至宝成线德阳至广汉区间时，突发的洪水致使石亭江大桥桥墩倾斜倒塌，造成列车机后 5 ～ 17 节车厢脱线，1318 名旅客的生命财产安全遭受严重威胁。危急时刻，K165 次列车乘务组临危不乱，迅速组织旅客有序撤离，短短 15 分钟内把所有旅客安全转移，创造了列车无一人伤亡的抢险救援奇迹。

生与死的考验与抗争

　　"从列车紧急停车，到旅客全部安全撤离，虽然只有短短的十几分钟，但我们却经历了一场生与死的考验与抗争。"

　　2010 年 8 月 19 日，四川境内暴雨不断。下午 15 时左右，由列车长王巧芬负责的乘务组担当值乘任务的 K165 次列车，满载 1300 多名旅客驶出德阳站，沿宝成线向广汉方向运行。谁也没有想到，就在前方的石亭江桥，一场突如其来的生死考验正等候着这列载有 1300 多名乘客的列车。

　　15 时 15 分，列车行至沱江支流上的石亭江大桥，

"水好大啊！"乘警长孙昭望着窗外翻滚的浊浪嘟囔道。熟识这条线路的孙昭见惯了石亭江温顺的一面，平日里，江水温和秀丽，柔情脉脉。话音未落，机车猛地一震，伴随着车轮和铁轨间"吱吱嘎嘎"刺耳的摩擦声，列车开始"叮咚哐当"地颠簸起来，然后在混杂的巨响中猛然一顿。这一顿，桌上的东西撒了一地，也把孙昭顿了个激灵：出事了！

　　此时此刻，附近工棚的工人忽然看到了从来没有看到过的景象，在桥上行驶的火车居然像蛇一样在铁轨上扭动。

　　事实上，当班机车司机曹继敏第一个感觉到了不同寻常的颠簸和摩擦。几乎是凭靠直觉，他拉动了列车的紧急制动阀。

　　附近正望着这列奇怪的火车的工人们又一次发出了惊呼！他们看到，列车前半截已经过了桥面，后半截却停在了石亭江大桥上，有两节车厢已经脱离，接着，钢筋铁骨的火车"服软"地搭在大桥上，而那

坠车现场

座支撑整个列车的大桥，在暴雨和连日洪水的冲击下，两个桥墩严重倾斜，摇摇欲坠。

在另一节车厢里，列车长王巧芬几乎被这种剧烈的颠簸震得站不起身来。凭借多年的经验，她立刻判断出这阵剧烈的摩擦声不同寻常。出事了！作为列车长，她必须在第一时间了解情况。她摇摇晃晃地站起来，向车门冲去。28秒后，列车在猛烈的摇晃中停了下来。一定是当班机车司机拉动了列车的紧急制动阀。

跳下车的王巧芬见到了惊悚的一幕：列车已经从10号、11号连接处断开20多米；11号车往后全部停在桥上，两节车厢明显下沉；脱轨的列车在轨枕和道床上轧出深深的沟槽，钢轨扭曲，车体变形。

坠车现场

对王巧芬来说，从18岁进入工作状态开始，在30年的工作中，这是从未遇到过的情形。震惊、紧张、些许恐惧，一时都颠簸进她的心头。她不知道这座桥还可以承受多久，不知道断裂的车厢还能"坚持"多久，但是，这些已经来不及估量，甚至，来不及恐慌。她深吸一口气，努力让自己平静下来。

"拧紧1号车厢和10号车厢的手制动机！"

"逐车断掉列车电源！"

……

发送指令安抚旅客，反复播报疏散旅客命令……各车厢乘务员在王巧芬的指挥下迅速组织旅客向列车的东、西两头快速转移！

在如注的大雨里，王巧芬迅速分工：副车长张亮到1~10号车厢安抚疏导，查看情况；乘警长孙昭负责河心那头的16、17、18号车；自己和检车长赵祥云上桥查看 11 ~ 15 号车厢。接着，就向抖动最厉害的 15 号车厢跑去。进入 15 号车厢时，她不由倒吸一口气，15 号、16 号车厢已经扭曲呈"V"字形，倾斜的桥梁缓缓下沉，车厢正在一点点向下沉。

同时，王巧芬开始用手机向段安全生产指挥中心报告险情："15 点 16 分，在德阳至成都间一座桥上，列车脱线！"

王巧芬在认真检查列车工作

在剧烈的震动中，乘务员王肃当即被剧烈的颠簸掀翻在地。然而，强烈的震惊立刻代替了疼痛，他看到原本平整的车厢已经开始扭曲变形，车厢连接处多处撕裂，平整结实的地板纷纷翘了起来。在地板的空隙中，钢轨、灰枕清晰可见。他赶忙爬起来，从窗户往外看，窗外，翻滚而下的洪水正凶猛恣肆地冲击着大桥。

此时，火车上的旅客还没有从晃动中回过神来。刚开始，许多乘客还不清楚究竟发生了什么，以为是火车让道，临时停车。接着，有旅客发现了异常，惊恐的尖叫声在车厢中接连响起。

K165 次列车司机曹继敏在查机车车钩情况

王巧芬快速回想着自己刚才的应急处理——拧紧手制动机，可以延缓车厢下沉的速度；断掉列车电源，避免了火灾危险。一切都符合应急预案的处理程序，没有什么纰漏，她稍稍安定下来。此刻，检车员、乘务员、广播员正按照自己的命令，紧张有序地开始工作。王巧芬紧张地盯着正在被疏散的旅客，来不及放下的心又悬得老高。在这样的危难时刻，旅客们很可能争着向门口冲，导致踩踏事件，甚至可能会砸破窗户跳下，如果那样，后果不堪设想！

K165 列车里，弥漫着恐慌的情绪喧闹、尖叫，旅客们纷纷开始寻找着逃生路径。在旅客们的哭喊中，车厢里的乘务员及时得到命令，最先镇定下来。列车广播很快响起来，刚才还可有可无的广播，忽然吸引了所有人的注意力。那声音虽然没有了刚才的柔美，却仿佛一颗定心丸，不断提醒乘客，危险面前，自己并不曾被抛弃！列车上的全体工作人员已经镇定下来，有序的疏散正在进行。

　　硬席车厢里，正在弯腰收拾垃圾的乘务员王利平被剧烈晃动甩出去几米远，腰部猛烈地撞在茶几上。虽然还没来得及看清情况，但凭着多年的乘务经验，她立刻明白，列车一定处在危险中。她强忍着腰部的疼痛，站起身来，大声向车厢中的旅客喊话："请大家赶紧抓紧扶手，注意安全，千万不要乱跑！"接着，她立即按照广播的指示，组织车厢内的旅客向4号车厢转移，并打开厕所、乘务间的门，以方便疏导过来的旅客站立。在惊慌中，大家虽然有些不知所措，却也都清楚：倘若在这个时候慌了神，一个劲儿地往前冲，场面一定

K165 次列车乘务组

失去控制，那样大家都出不去了！在每节车厢里，不断
放送的列车通知和工作人员的引导让旅客们稍稍安定
下来，最先平静下来的几个旅客开始协助乘务员，引导
其他旅客下车。怀着不安和恐惧，旅客们井然有序地
向车外走去。车厢外虽然狂风依旧，暴雨不断，此时却
成了最安全的所在。

　　广播室里，播音员正在不断播送着疏散通知，疼痛
也开始渐渐漫上脸庞，在刚才的颠簸中，她被狠狠撞在
玻璃窗上，整个脸火辣辣的。

　　与此同时，整个车厢正随着倾斜的桥墩不断下沉，
车厢里发出"嘎吱、嘎吱"的尖锐声响，地板渐渐向江
心倾斜，人们眼睁睁地看着地板从平面开始倾斜，接着
变成通向江心的"滑梯"。

　　"还有没有旅客？"王巧芬和15号车厢的乘务员
王肃一边大声呼喊着，一边查看整个车厢。在确定车
厢里已没有滞留旅客后，他们迅捷地跳下了火车。此
刻，歪向江水的车厢距离江面只剩下不到1米的距离。
紧接着，在"轰隆"的巨响中，惊魂未定的人们看着几
分钟前还在乘坐的这节车厢坠入江中。

　　此时，右侧的16号车厢也岌岌可危！然而，因为
车厢严重扭曲变形，车厢门竟然无法打开。里面，列车
员周晓茹焦急地又是比画，又是呼喊。外面，所有已
经脱险的人心又提回了嗓子眼儿，列车长王巧芬拼命
地用石头敲着玻璃，示意大家用力去撞门。"咚"，"咚"
乘务员赵俊鹏和两名彝族旅客立刻用身体狠命地撞起
门来。间似乎被拉长了，车外的人站在暴雨里，却感到
嗓子不断发干。一次、两次……终于，车门被撞开了。

旅客们陆续下了车，列车员检查确认车厢里已没有遗漏的旅客后，赶紧从车上跳下来，脚跟还没站稳，就听到钢轨的断裂声，回头一看，16号车厢已掉入江中，瞬间就被洪水冲走了。

14号车厢外，是匆匆赶来的附近工地的工人和四川省广汉市公安局的工作人员，他们用从工地上带来的工具砸开窗户，帮助旅客跳出窗户。

在暴雨里，脱险的旅客们望着桥段两侧波涛汹涌的江水，打量着素不相识却共患难的旅伴，刚才的危险仿佛只在一瞬间，又仿佛那么漫长。此刻，后怕、激动、幸运把他们凝聚在一起。然而，K165次列车的工作人员却来不及回味，甚至来不及多看一眼与自己朝夕相伴的列车，他们迅速搭建起一组"人墙"，搀扶着老、弱、病、残、孕的旅客优先撤离，接着安全疏散车上所有旅客。列车长王巧芬用对讲机通知副车长、乘警长和检车长，确认车上1318名旅客全部到达安全地带后，才和同伴们相互搀扶着离开石亭江大桥。刚才的一幕幕惊险画面开始反复撞击着他们的心扉，然而自豪与喜悦之情更是充盈在他们的心头，从创造全部旅客"零伤亡"的救援奇迹，到安全转移所有旅客，K165次列车第二乘务组只用了15分钟时间，他们不愧是广大旅客的生命保护神！

新的旅程

风雨和惊险之后，鲜花和掌声、荣誉与赞美接踵而至。国务院副总理张德江在第一时间作出重要批示，

"感动中国" 2010 年度人物颁奖现场

要求对 K165 次乘务人员予以表彰；铁道部授予 K165 次列车第二乘务组 "抗洪抢险勇救旅客英雄列车" 荣誉称号，给予记大功一次，同时授予 "火车头奖杯"；王巧芬、赵俊鹏、张亮等 17 名同志获 "抗洪抢险勇救旅客先进个人" 称号，同时授予 "火车头奖章"；王巧芬、赵俊鹏、张建华、李文胜、王利平等 6 名同志获 "全国铁路优秀共产党员" 荣誉称号；张亮、赵俊鹏、周晓茹、王敏、黄媛等 6 名同志获 "铁路青年五四奖章"；王巧芬、许莹、周晓茹、黄媛、王敏等 6 名同志获 "陕西省三八红旗手" 称号；张亮、周晓茹等 3 人 "火线入党"，成为光荣的中国共产党预备党员。

　　2011 年 2 月 14 日晚，"感动中国" 2010 年度人物评选活动揭晓，西安铁路局 K165 次列车第二乘务组荣获特别奖。颁奖现场，主持人宣布颁奖辞："临危不惧让我们看到了工作态度，而临危不乱让我们看到了职业水准！正是这个团队，成了奇迹创造者。"

是的，这是奇迹！

距离"8.19"救援仅过了 55 天，全长 790 米的新石亭江大桥又建成通车了。王巧芬和她的同事们又开始了自己的工作。种种赞誉还在耳边，生活却已复归平凡。也许正如乘务员王敏和黄嫒所说："其实，只要大家都平安就好，作为一名列车员，这都是我们应该做的。"然而，和这座新桥一样，这的确又是新的旅程的开始。掌声也许会渐渐淡出时间和记忆，但是，石亭江的救援，已经成为他们生命中永不褪去的亮色。从重大事故到惊世传奇，生与死的距离只有短短几十秒。生命中的奇迹让我们叹为观止，不是因为它完美无憾，而是这些光彩与危险和深渊的距离，只在一步之遥。

危机是最好的试金石，勇气、责任、信任、真诚……那些被遗忘，被疏忽的语词，在只有在这块试金石前，才能磨砺出最纯粹的光辉。总有一种力量让我们泪流满面，因为那些人用坚定坦荡的眼睛注视着我们，告诉我们：遗忘的，必将归来；迷失的，终会重逢！

（本文图片由铁道部宣传处提供）

第二部分

03

志愿者群

"感动中国"组委会
授予志愿者群的颁奖辞：

也许我们已经习惯了志愿者就在我们的身边，我们更要习惯，你也是志愿者当中的一个。在2010年不同的背景上，我们在玉树、在舟曲、在世博、在亚运，在那些鲜为人知的地方，都可以看到志愿精神在闪耀。我们把它转变成一颗又一颗志愿的心。属于志愿者的奖杯应该颁给太多太多的人，它属于你，属于我，属于他。让这个奖杯在人群中传递，在你的手中传递，就像一个邀请，你，也是志愿者当中的一员。让它，带着我们的温度，一个接一个地向下传递。

志愿精神暖人心

近年来，中国的志愿者逐渐增多，他们活跃在祖国各地，服务于老弱病残鳏寡孤独等各种各样需要关怀照顾的弱势群体之中。在北京举办奥运会、上海举办世博会、广州举办亚运会以及抗震救灾等重大活动期间，中国志愿者的表现十分突出，十分抢眼，受到了世界人民的广泛赞誉，因而"感动中国"2010年度人物评选推荐委员会将2010年的特别奖颁发给"志愿者"。

志愿者（英文 Volunteer）联合国将其定义为"不以利益、金钱、扬名为目的，而是为了近邻乃至世界进行贡献活动者"。中国志愿者的定义是"自愿参加相关团体组织，在自身条件许可的情况下，在不谋求任何物质、金钱及相关利益回报的前提下，合理运用社会现有的资源，志愿奉献个人可以奉献的东西，为帮助有一定需要的人士，开展力所能及的、切合实际的，具一定专业性、技能性、长期性服务活动的人"。

志愿者也叫义工、义务工作者或志工。他们致力于免费、无偿地为社会进步贡献自己的力量。 志愿工作是指一种助人、具组织性及基于社会公益责任的参与行为，其发展可追溯至二次大战后，福利主义抬头导致各国政府支出崩塌，发展义务工作以解决社会上不胜负荷的需求。

随着互联网的发展，越来越多的人使用网络，而且有不少人通过网络参与志愿行动，因此这部分人也被称为网络志愿者。网络志愿者有狭义的和广义的，前者指志愿者通过网络在线形式为他人提供信息、解答问题、分享快乐等，远程教育、博客就是很好的例子。后者指志愿者通过网络结识及组织活动，从虚拟归于现实的活动方式。现在网络志愿者主要是通过网站、QQ 组织，截至 2008 年 4 月 31 日，腾讯 QQ 注册人数已超过 7.834 亿，活跃账户超过 3.179 亿。据第 22 次中国互联网发展统计调查报告，截至 2008 年 6 月 30 日，中国网民数量达 2.53 亿，网络正建构着"人人志愿服务，共同奉献爱心"的理念。所有的网络志愿者都是网友自发组织的，是自下而上的民间组织，他们有两件事可做——捐钱物和捐时间。网络志愿者来自不同的职业，拥有不同的网名，但有一个共同的名字——网络志愿者。

北京奥运会志愿者

2008 年北京奥运会、残奥会期间，志愿者得到我国社会各阶层人士的广泛参与。人人都以能够作为一名奥运会志愿者为荣耀。有 112 万人申请成为赛会志愿者、207 万人报名成为城市志愿者，北京奥运会、残奥会志愿者报名和参与人数创历届奥运会之最。

北京奥运会志愿者演练

志愿服务是举办一届超过历届奥运会组织服务水平的需要，是构建和谐社会和精神文明建设的需要，是服务于各国运动员、教练员、记者和观众的需要，也是

京奥运会残奥会骨干志愿者

志愿者本人的需要。志愿者在提供服务的同时，能收获精神素质的提高、自身的发展和内心的愉悦。北京奥运会、残奥会的志愿者招募始终秉持着尊重并发挥志愿者服务的宗旨。

在举办北京奥运会、残奥会期间，共计 10 万名赛会志愿者、40 万名城市志愿者、百万名以上社会志愿者开展志愿服务，同时还有 20 万名拉拉队志愿者和近千万人次文明观众在赛场内引导文明观赛，在全社会开展以广泛传播志愿精神和微笑理念为主旨的"微笑北京"主题活动。在奥运赛场内外，每一位社会公众都将有机会参与不同类型的志愿服务，不分男女老少，不分职业、国籍、民族，人人可为，时时可为，处处可为。

志愿者准备了地图、急救药箱、马扎、老花镜等等在奥运会期间观众用得着的物资，无私地请需要者无偿使用。2008 年 7 月 1 日上岗以来,志愿者们的服务,

北京奥运会志愿者

处处体现以人为本,细致周到。他们配备"掌中宝",方便游人查询购物和饮食信息;配备"万国旗",如果外宾不会说英语,指出自己国家的国旗,志愿者就可以快速接通多语种服务热线。热情周到的服务,友善的笑容,赢得的是"你们做得很好"的真诚感谢与评价。

所有志愿者都经受了严格的培训。通用培训,包括志愿服务通用知识、通用技能、身心素质等;专业培训,包括志愿服务岗位要求掌握的相关专业知识和技能;场馆培训,包括场馆运行知识、竞赛信息、场馆团队情况、规章制度及相关工作要求;岗位培训,包括岗位职责、工作任务、业务流程、操作规范等。残奥会志愿者还要参加助残理念、知识、技能和残奥竞赛项目的知识培训。

随着气温的日渐升高及国内外游客的大量涌入,工作量及艰苦程度都将不断上升。志愿者们持之以恒,以饱满的志愿热情和专业的服务水平,向世界各国人民展示北京热情好客的国际形象。除了赛场上竞技的运动员,每个志愿者都是北京奥运会的形象大使,优质服务和发自内心的微笑是北京最好的名片,是国家和民族最好的名片。

北京奥运会志愿者们用自己的实际行动证实着他们的誓言:"我

意成为一名光荣的志愿者。
承诺：尽己所能，不计报酬，
助他人，服务社会。践行志
精神，传播先进文化，为建设
结互助、平等友爱、共同前进
美好社会贡献力量！"奥运
愿者感动着观众，感动着外
运动员、教练员、记者，得到
他们的高度评价。

海世博会志愿者

2010年上海世博会期间，
博园区内共有13批次8万
园区志愿者上岗，服务总量
过1000万小时，志愿服务超
4.6亿人次。

世博会结束后，有关方面

对在世博会志愿者工作中涌现出的先进个人和先进集体进行了表彰，授予100名志愿者"杰出志愿者"称号，授予1万名志愿者"优秀志愿者"称号，并表彰了志愿者工作先进个人和优秀团队以及给予世博会志愿者工作帮助和支持的单位和组织。

世博会期间，在上海全市和周边无锡、太仓、昆山设立的1281个城市志愿服务站点，共有100228名站点志愿者上岗，服务市民和游客超过了2436万人次。城市文明志愿服务行动共有近200万名志愿者，涉及平安世博、交通文明、清洁城市、文明游园、窗口服务、市民巡访、世博宣传、社区服务等八个方面。

除了通过报名、面试、培训的"小白菜"、"小蓝莓"、"小香橙"（这是上海市民根据志愿者穿着的颜色对志愿者的亲切称呼），上海世博园外还活跃着一批"编外志愿者"，浦西耀江花园的居民林龙全就是其中一位。世博开

世博会志愿者

园后，林龙全和半淞园街道的居民们发现光靠城市服务站点无法完全应对 2 号门附近游客的需求，经过申请后，便自掏腰包成立"编外服务站"。"每天早上，居民们骑着黄鱼车，把凳子、遮阳伞搬到服务点，6 点准时将自费购买的决明子茶烧好灌倒茶桶里，准备好一次性水杯、红药水、血压计等。"184 天里，半淞园街道 600 多名城市文明志愿者自发地担负起服务世博的职责，其中有 10 多岁的小朋友、肝硬化患者、80 多岁壮心不已的老太太……

世博会志愿者招募启动仪式

　　世博会历时 184 天，这场人类文明的盛大宴会，给上海、给中国、给世界留下了太多美好印象。志愿者，世博会上最勤快的人，最有耐心的人，最乐于助人的人，最可爱的人，他们感动了整座城市，感动了到会的参观者，他们塑造了新的"精神名片"。志愿者已经成为了上海这座城市最亲切的称呼，最时尚的身份。

世博会志愿者上岗宣誓

广州亚运会志愿者

　　报名申请广州亚运会、亚残运会志愿者的人数达到 1512331 人，而招募人数约为 59 万，报名人数接近计划招募人数的 3 倍。据统计，志愿报名者中，超过 90% 为广州市民；从职业方面分析，以高校师生为主，有 80 多万人，约占总报名人数的 56%；此外，穗外、境外报名人数超过 10 万人。经选拔，选出亚运会赛会志愿者 6 万名，亚残运会赛会志愿者 2.5 万名，城市志愿者 50 万名。6 万赛会志愿者上岗以来，累计服务 800 万小时，城市志愿者累计服务达 2266 万小时，共计"亚运志愿时"3066 万小时。志愿者们无私奉献，他们默默耕耘，他们响亮地喊出亚运志愿者口号："一起来，更精彩！"使志愿服务成为广州这座南国之都、千年羊城的新时尚，更成为了这个文明城市最亮丽的风景线。

　　来自暨南大学新闻专业的美丽女孩梁令芬学习成绩优秀，年年都拿奖学金，经过 40 天魔鬼式训练，最终脱颖而出，成为 2010 年广州亚运会礼仪志愿者。她和其他 300 多名"亚运天使"每周都在亚运场馆里挥汗如雨地加紧彩排，在亚运颁奖场做到了"零失误"，最后获得"暨南大学优秀青年志愿者"的称号。

　　黄婧 2010 年 6 月份从华南师范大学毕业，最终还是作了出国读书的打算，也报名参加过一些出国英语的培训。虽然处于紧张的出国备考阶段，但知道广州亚运会开始招募志愿者后，黄婧毫不犹豫地报了名，经过层层选拔与培训，成为了一名赛会志愿者。她每天都在为亚运志愿服务奔走着，已经没有更多的时间备考出国英语，也没有更

2010 年 11 月 13 日，团中央书记周长奎视察亚运城市志愿者站点，陈东 王焕清陪同

亚运城市文明志愿者在中山五路引导行人文明过马路

详细指引

多的精力去关注出国申请，出国学习的计划一下子就停滞了。她认为自己还年轻，出国的计划明年可以继续，但广州亚运会不会等着她，如果这次不能作为一名志愿者参与其中，一辈子都会后悔的。她曾参与过第四届东亚运动会、第八届民族运动会、第七届中国金钟奖、第九届中国艺术节和上海世博会等大型活动与赛事的志愿服务工作。通过这些活动，她从一位埋头苦干的志愿者，逐渐成长为善于思考、懂得协作的志愿者骨干，当碰到许多困难时，支撑她不断前进的便是参与志愿服务的一种责任感。她懂得，在志愿服务中，要做一个不断实现自我提升的人。

在广州亚运会的闭幕式上，20名小朋友向20名广州亚运会志愿者代表敬献鲜花。这20名志愿者代表包括10名被称为"绿羊羊"的亚运会赛会和城市志愿者，10名身穿红马甲、被称为"木棉红"的社会治安志愿者。他们代表了默默奉献在亚运各个岗位上

万亚运志愿者，其中包括 2209 名港澳台、华
华侨、外国人志愿者。

愿者背后的故事

　　无论是北京奥运会、上海世博会还是广州
运会，来自世界各地的人们，看到了中国志
者，更在心中记住了中国志愿者。

　　同样，我们也不能忘记，志愿者背后，那些
愿者的组织者们——北京奥组委志愿者部、
海世博会志愿者部、广州亚运会志愿者部。
愿者这个庞大的队伍，之所以能有条不紊的
转，正是因为志愿者背后的组织者们强大的
统支持。

　　志愿者的招募、审核、培训，《志愿者服务
册》的编写，志愿者的服装、餐饮，志愿者服
背后的信息平台建设……所有这些，都是组
者们呕心沥血、日夜奋战的心血结晶。

　　正如共青团广东省广州市
委书记、广州亚运会志愿者部
部长王焕清所说："志愿服务是
展现和提升城市文明水平的有
效载体，也是引领广大青年报
效国家、奉献爱心、服务社会的
重要平台。"深入开展"和谐
新生活"亚运志愿服务，引领
青年在构建社会主义和谐社会
中贡献力量，志愿服务事业的
发展水平是衡量社会和谐程度
的重要标尺。

　　正是在这种理念的引导
下，才有了世人面前的志愿者。

传递奖杯，感动着颁奖盛典的每一个人

　　在玉树、在舟曲的救灾行
动之中，在街道里弄邻里们之
间的相互帮助之中，在抢救危
重病人的过程之中，在帮助残

2010 年 10 月 26 日，共青团广东省广州
市委书记、广州亚运会志愿者部部长
王焕清与志愿者交流

疾人、智障者、艾滋病患者、精神病患者的过程之中，在帮助失学儿童，关心教育下一代的义务教育活动之中，在深入老少边穷的扶贫活动之中，我们到处可以看到志愿者高大的身影，忘我的举动，无私的善举，热心的帮助，悉心的指点，耐心的辅导，热情的宣传，倾囊的赞助……他们是中华民族数千年积淀的美好道德的弘扬者；他们是新时代精神文明建设的实践者；他们是顾全大局、为国分忧、不计得失、服务社会的崇高精神先驱者；他们是危难关头、舍己为人、不怕牺牲、无私援助的牺牲精神献身者；他们是默默无闻、无私奉献、不计名利、敢为人先的奉献精神实干者；他们也是伟大、崇高、善良、真诚、无私的美好化身，志愿者为一切需要帮助的人领航、铺路、架桥、照明、助力，闪烁着金子一般的纯洁心灵，留下天使一般的美好。

在"感动中国"年度人物的颁奖现场，那晶亮的奖杯在每一位现场观众手中传递。因为你我他，人人都可以成为志愿者。不在于你做出多么大的奉献，只要你能在需要的时刻伸出一把手，勇于帮助那些需要帮助的人和事，你就值得尊重！你就证明，你完全可以摆脱自私自利的狭隘之心，去做一个高尚的人，去为构建和谐社会添一份力量。如果人人做好事，不做坏事，帮助他人，完善自我，那么我们的社会就会不断地走向进步，走向美好！你感动了别人，别人也在感动着你！

祖国需要志愿者，人民需要志愿者，危难关头离不开志愿者！受到灾害的人民更需要志愿者。志愿者留在人民心中的光荣丰碑永远高耸；志愿者上演的精彩大剧，永不落幕！

志愿者，这个无比高尚光荣的名称，获得"特别奖"，当之无愧！

感动中国
2010年度人物
候选人

"感动中国" 2010年度人物
候选人

（以姓氏笔画为序）

马学千　空难中勇救7人的残疾者

马学千

马学千，47岁，黑龙江伊春残疾人。2010年8月24日，一架从哈尔滨飞往伊春的客机在伊春机场降落，接近跑道时断成两截后坠毁，55人遇难。空难中，部分乘客在出事时被甩出机舱，机场保洁员马学千拖着一条病腿，不顾飞机随时爆炸的危险，一边组织轻伤员相互搀扶，离开现场，一边搜寻那些骨折、烧伤的重伤者。最终，他连搀带架，总共从火堆旁转移出了7名伤者。

马庆军　肝癌晚期仍一心扑在医疗事业上

马庆军

马庆军，1954年12月生于山东临朐，"首都十大健康卫士"，北京大学第三医院骨科副主任，我国著名骨科专家。

2008年10月9日，主刀医生马庆军昏倒在手术台前。马庆军一生淡泊如水、纯朴至金。生命垂危之际，马庆军嘱咐家人，在他去世后，遗体旁一定要放上一件医生的白大褂，他要带着对这份职业深深的眷恋去另一个世界。

大龙隆司　为科尔沁沙漠进行绿化的日本人

大龙隆司，日本非政府环保组织"绿色网络"（GreenNet）中国区负责人。

大龙隆司

1997 年，大龙隆司来到内蒙古西部伊盟（现在的鄂尔多斯市）考察，他第一次看见内蒙古的金色沙丘，便萌生了把这金黄变为一片绿色的想法。回到日本后，大龙与朋友成立了"绿化网络"。

十年的光景，科尔沁后旗地区焕然一新，荒漠呈现一片绿色，当地人从质疑到渐渐认可了大龙的做法。

王天喜、王盼父子　为抓贼倒在血泊中

王天喜，男，45 岁，湖北省罗田县白莲河乡归云山村农民；王盼，男，20 岁，湖北省罗田县白莲河乡归云山村农民，王天喜之子。

受伤的王天喜

2010 年 4 月，在上海王天喜、王盼父子为抓 4 个小偷被小偷刺伤倒在了血泊之中，随后赶来的群众，将父子二人送往医院。王天喜的股动脉多处被割断，经过 27 天的持续抢救才转危为安。然而，心脏被刺伤、失血过多的王盼却再也没能苏醒过来。

王文忠　从商海老板到为民村官

王文忠，男，1962 年出生，1980 年入伍，1984 入党，1985 年底退伍。退伍前系第二炮兵某部战士，现任河北省衡水市枣强县大营镇芍药村党总支书记。

王文忠

退伍后，他自强自立、艰苦创业，逐步成为一名拥有亿元

资产的商人。2007 年，他欣然接受所在镇党委及村民的任命和邀请，回乡担任芍药村党支部书记。经过 4 年努力，使过去有名的上访村、穷村、乱村迅速改变面貌，成为新农村建设示范村，村党支部被评为"河北省先进基层党组织"。

2008 年和 2010 年，他分别带领所在村"青年突击队"和"党员突击队"参加汶川、玉树抗震救灾，赢得了灾区人民的赞誉。

巨晓林　知识型新型工人

巨晓林

巨晓林，男，汉族，中共党员，1962 年 9 月出生，陕西省岐山县人，高中文化。

1987 年 3 月，巨晓林成为中国中铁电气化局一公司的农民工。只有高中文化的巨晓林，自学了铁路电气化的大学教材。23 年来，他记了 70 多本、230 多万字的笔记，不论遇到任何问题，他都始终积极向上，刻苦钻研，恪尽职守。他主编的《接触网施工经验和方法》，被配发给接触网工作人员作为工具书。

巨晓林热爱生活，乐于助人，虽不善言辞，却喜欢写诗和画画。他用忠诚和勤奋赢得了领导和工友们的一致赞扬，用智慧和汗水谱写出知识型新型工人的精彩华章。

左利军　人民公安为人民

左利军

左利军，男，41 岁，中共党员，汉族，生前任北京市甘家口派出所西钓鱼台社区民警。2010 年 3 月 20 日凌晨 3 时左右因连续工作劳累过度，不幸牺牲，年仅 41 岁。多年来，他为社区群众做了无数的好事，处理了无数的纠纷，从警 12 年以来，左利军始终积极践行"人民公安为人民"宗旨，他的高风亮节和无私情怀，感动着大家，令人敬仰。

王江　方圆百里只身一警

王江

王江，男，中共党员，黑龙江省佳木斯市公安局郊区分局四丰派出所民警。他所在的松木河警区面积 133 平方公里，距离市区 30 多公里。作为一名共产党员，王江把全心全意为人民服务作为宗旨。15 年来，不管村里的大事小情，王江都要去管，作为一名公安卫士，他把人民警察保护人民的铮铮誓言，铸造成打击犯罪、维护稳定、确保一方平安的钢铁脊梁。王江给自己定了个原则："再远也不能少走一户人家，再累也不能耽误一次出警，再险也不能放过一个嫌疑人。"2006 年大年初四，他只身一人面对杀人恶魔毫不畏惧，带着病重的身躯与歹徒殊死搏斗，最终将杀人恶魔擒获。

2010 年 1 月 7 日，王江因积劳成疾久患重病，经多方抢救无效逝世，终年 55 岁。弥留之际，他命令刚刚成为人民警察的儿子庄严敬礼，以示继承父亲遗志的郑重承诺。

王家岭矿难救援　中国抢险救援史奇迹

2010 年 3 月 28 日下午 13 时 40 分，山西省吕梁山最南端的乡宁县与河津市交界的王家岭煤矿传出令人震惊的消息，矿内发生严重的透水事故，导致 153 名矿工被困井下。本着"不抛弃、不放弃"的原则，面对巷道空间狭小、井下空气复杂等困难，数千名抢险队员不顾个人安危，日夜奋战在抗灾救人的第一线，经过十多个昼夜的不懈努力，井下被困的 115 名矿工被成功救出。遗憾的是，另外有 38 名矿工不幸遇难。

王家岭矿难救援

中国女子短道速滑队　冰上铿锵玫瑰

2010 年，温哥华冬奥会上，中国女子短道速滑队包揽了

500 米（王濛）、1000 米（王濛）、1500 米（周洋），以及 3000
米接力 4 枚金牌，成为名副其实的"梦之队"。其中周洋在
1000 米半决赛中，以 1 分 29 秒 049 的成绩打破了之前由王濛
保持的世界纪录。

中国女子短道速滑队

　　短道速滑项目在冬奥会设立以来，之前还没有任何国家
在女子项目实现这样的壮举。中国队彻底改写历史，包揽女子
全部金牌，书写了一个新的篇章。

　　在 3000 米接力项目中，中国女子短道速滑队不仅夺冠并
打破了世界纪录（4 分 06 秒 610），结束了在这个项目上 18 年
的等待，打破了韩国人 16 年的垄断。

方舟子　打假斗士

方舟子

　　方舟子，本名方是民，1967 年 9 月 28 日生于福建省漳州
市云霄县。1995 年获美国密歇根州立大学生物化学博士学位。
2000 年他创办中文网上第一个学术打假网站"立此存照"，通
过发表自己的文章以及刊登网友文章，揭发中国科学界和教育
界的学术腐败现象，批判新闻界的不真实报道，以及批判基督
教、伪科学、伪气功、伪环保等。

旦增　玉树高原的脊梁

旦增

　　2010 年 4 月 14 日 7 时 49 分，青海省玉树县发生 7.1 级
地震，房倒屋塌，烟尘四起，许多房屋瞬间被夷为平地。青海省
玉树军分区副政委旦增（藏族）在第一时间带领 6 名官兵向
离军分区最近的受灾群众家里奔去，15 日凌晨，先后救出了
20 多人。地震中，旦增家中房屋全部倒塌，8 位亲戚遇难，10
多位亲属受伤。

"仔仔""80 后" 打拐志愿者

"仔仔"，男，出生于四川阆中的贫困山区，因为家里穷，只读了一年初中就辍学，19 岁时进入武警部队。2003 年底，"仔仔"从武警部队退役。一次偶然的解救花童行动，让他把关注的目光投向了被拐卖儿童。多年来，"仔仔"一直义务参与解救被拐卖儿童。近年来他转战江西、河南、四川、山东等地，与人贩子周旋，协助公安机关解救了 50 多名被拐儿童。

仔仔与被解救的被拐孩子

申雪、赵宏博　冰上童话

申雪，32 岁。赵宏博，37 岁。中国冬奥会花样滑冰双人滑运动员。

申赵两人携手冰上运动 18 年，几经艰辛终于在 2010 年迎来全面丰收，夺得了中国体育史上首个花样滑冰奥运会金牌。同时，两人的爱情也终于修成正果。

申雪、赵宏博

西安交大六君子　学术打假

西安交大六君子：杨绍侃、陈永江、郁永章、林峡、冯全科和屈宗长，他们是我国压缩机研究领域的元老，西安交通大学教授。

平均年龄都在 70 多岁的老教授们，早已到了颐养天年的年纪，然而他们担忧这种靠弄虚作假、剽窃别人学术成果的不正之风会不断滋长，因此义无反顾地走上了捍卫正义的道路。一只眼睛失明的陈永江教授，不远千里到涉嫌造假的有关单位调查取证，在老伴的协助下，一年时间完成了 147 篇博文和 122 篇《造假内容剖析》，详细记录了 6 名老教授举报西安交通大学李连

西安交大六君子中的陈永江、郁永章、杨绍侃

生、束鹏程学术造假的全部过程。他们曾遭到过恐吓、同化、招安、威胁、打击，被骂是全校的害群之马，但他们像6位坚强的战士一般无所畏惧，为的就是让某些年轻的教师从泥沼中清醒过来，知道该做什么，不该做什么，明白为人师表的意义。

吕清森　31年山路巡线人生

吕清森

吕清森，1960年6月出生，吉林省电力有限公司吉林桦甸供电分公司送电检修班工人。吕清森31年如一日，坚持巡护吉林地区海拔最高、环境最差、巡视难度最大的66千伏红白线（红石到白山）。他每月徒步巡线超过200公里，累计行程超过7万公里。他总结形成并运用"采光巡线法"等行之有效的巡线方法，及时发现供电缺陷5000多件，确保输电线路连续安全运行无事故，累计为企业减少直接和间接经济损失6000多万元。

刘盛佳　轮椅上书写人生的独腿教授

刘盛佳

刘盛佳，男，1938年10月28日生于湖北省团凤县，生前系华中师范大学城市与环境科学学院教授，博士生导师。2010年10月3日因病逝世，享年72岁。

从教50年来，他从未因身体残疾而离开讲台。每次上课，学生用轮椅把他推进教室，他挂着拐杖讲课，由于病痛的折磨，额头上经常渗出冷汗。在他的书房里，方格稿纸上工工整整地写着《地理学之美编纂大纲》，前三章已写好，第四章只写了一个"4"；他的藤椅已用了20多年，正中间磨出一个洞，用塑料带缝补；书桌两侧放胳膊的地方，棱角被磨掉足有一个指厚……

刘忠勇　大义好人"刘大胡子"

刘忠勇，男，四川省都江堰市龙池镇南岳村村民，守望客栈和龙溪人家乡村酒店业主，被村民称为"刘大胡子"。2010年8月13日，龙池镇由于持续强降暴雨，造成了特大的泥石流灾害，刘忠勇同救援小分队一起搜救被困群众。经过近8个小时的努力奋战，游客、村民、山上做工的工人都被转移到相对安全的龙溪山庄里安顿。

在此次特大山洪泥石流灾害中，他先后从山上救出300多位受困群众，自己的妻子、女儿却被山洪无情地夺去了生命，岳母被洪水冲走，至今下落不明。

刘忠勇

孙影　大山深处的"最美女支教老师"

孙影，女，30岁，中共党员，支教志愿者。从2006年8月至今，4年多来，孙影两度放弃深圳的高薪工作，孤身一人在山里支教助学，期间，曾几度遇险、也累坏了身体，但面对大山的艰辛，她却用柔弱的双肩，担起山里孩子沉甸甸的梦想。4年多来，由孙影牵线搭桥、深圳爱心企业共捐资200多万元，为贵州大方县、赫章县捐建了6所希望小学。几年来，她花光了2万多元积蓄，连父母资助的4万多元也花完了，还欠下3万多元的外债。为了山里的孩子们，正当花季绽放的年纪，"80后"的她，放弃了都市生活，把爱与温暖带进了乡村学校的课堂。

孙影

刘锦成　视员工如亲人的好老板

刘锦成，男，湖北监利人，广州明珠星集团总裁。10年前，

刘锦成

湖北监利农民涂纪文在广州打工时，身患尿毒症，工厂老板刘锦成花了20多万元助其换肾。10年间为涂纪文共花费了50多万元。一个部门主管得了癌症，刘锦成同样拿出30多万资助了他。对于这些事，刘锦成只说，人命关天的事，如果连这个忙都不帮，赚再多钱又有什么用呢？多年来，刘锦成始终认为，员工们为工厂的发展付出艰辛，等到完成了原始积累，就应该回报员工。

李素芝　雪域高原的"门巴"将军

李素芝

李素芝，男，53岁，中共党员，1976年7月毕业于解放军第二军医大学，1976年12月自愿进藏任军医，现任西藏军区副司令员兼西藏军区总医院院长、主任医师、博士生导师，少将军衔。李素芝自1976年入藏以后，他主刀外科手术13000多例，抢救垂危病人、重大手术600多例，被誉为"高原一把刀"。

李连杰　功夫皇帝的慈善之路

李连杰

李连杰，1963年4月26日出身于中国北京，著名动作明星、国际功夫巨星、武术家、慈善家，"壹基金"创始人，新加坡籍华人。

2004年12月26日，李连杰在马尔代夫度假遇海啸地震，随后，他付诸实际行动，号召成立"壹基金"救助更多需要帮助的人。2008年，李连杰奔波在汶川地震第一线，积极参与抗震救灾活动。2010年4月初，南方干旱，李连杰带队到云南、广西考察慰问灾民，带去了大量的饮用水以及树苗；在青海玉树地震后，李连杰率领"壹基金"带着帐篷、饮用水、药品等生活物资，第一时间赶往灾区，对灾区进行各方面救援。

2010 年 8 月 8 日，甘肃舟曲发生特大山洪泥石流，李连杰率先带领演艺界捐款捐物，并组织"壹基金"救援队向舟曲运送物资，对舟曲的人员救援提供了巨大的帮助。

张良　大连救灾殉职消防战士

张良，1985 年 2 月 21 日出生，辽宁辽阳人。生前系大连消防支队战勤保障大队三班班长，中士警衔。曾参加四川汶川地震的抗震救灾，并在救灾过程中入党。·

2010 年 7 月 16 日，在大连油管爆炸起火事件发生后，大连消防支队战勤保障大队三班班长张良第一时间带领战士赶赴现场。7 月 20 日，大连海域风力达 8 至 9 级，为了保证供水不间断，张良、韩晓雄用安全绳固定渔船钢索，进入海里清理浮艇泵，由于海面突变，一个巨浪将 2 人吞没。张良不幸牺牲，韩晓雄获救。当日 14 时 25 分，张良的遗体最终被找到。

张良

何敏　生命高地的闪光足迹

何敏，现任解放军第四医院外科副主任、副主任医师。

入伍 16 年来，她视事业重于生命，待患者胜似亲人，立足岗位忘我工作，多次参加医院高原医疗队深入州县、牧场、村户，救治人民群众，宣传普及健康知识。特别是"4·14"青海玉树地震发生后，她在患有乳腺癌、准备住院手术的情况下，置个人安危于不顾，毅然赶赴灾区，忍着高原缺氧的不适和巨大的病痛，用生命抢救生命，用生命践行忠诚，为抗击地震灾害、抢救人民群众生命作出了贡献，获"全国三八红旗手"、"全国抗震救灾模范"、"优秀共产党员"、"高原兵妈妈"等荣誉称号，受到了胡锦涛总书记的亲切接见。

何敏

张泽石

张泽石　忠于祖国的志愿军老战士

　　张泽石，男，祖籍四川广安，1946年考入清华大学物理系，1947年入党，从事地下学运、农运及敌后武装斗争。1951年参加抗美援朝，任第60军180师538团宣教干事，因部队陷入重围负伤被俘。1954年，张泽石作为最后一批交换战俘回国。　张泽石先后创作出版了《我从美军集中营归来》、《战俘手记》、《我的朝鲜战争———一位志愿军战士的自述》等作品，为我们还原了当年那一段刻骨铭心的历史。虽然人生历尽坎坷，但是张泽石对自己当初的选择从来没有后悔过，在他心中，祖国，重于一切！

邱成龙

邱成龙　为导弹写"剑谱"的人

　　邱成龙，男，中共党员，1940年出生，第二炮兵装备研究院研究员。2009年10月29日，因患肺癌病逝，终年69岁。从事科研工作35年来，他始终以对党和人民的赤胆忠心、对军队科研事业的无比热爱，在科研战线上无私奉献，勤奋钻研。作为导弹作战运用的首席专家，邱成龙为全军、第二炮兵组织的重大演习及战备任务提供重大决策咨询和技术保障数百次，为导弹科技事业发展和作战运用研究做出了重大贡献。

吴冠中

吴冠中　艺术的旗帜

　　吴冠中，具有国际影响的现代中国绘画的代表画家之一；2010年逝世，享年91岁。吴冠中先生一生对艺术有着执著的追求。他不懈地探索东西方绘画两种艺术语言的不同美学观念，坚韧不拔地实践着"油画民族化"、"中国画现代化"的创

作理念，形成了鲜明的艺术特色。他执著地守望着"在祖国、在故乡、在家园、在自己心底"的真切情感，表达了民族和大众的审美需求。

杨佳　中国的软实力

杨佳，女，1963年出生，汉族，湖南长沙人，九三学社社员，硕士，中国科学院研究生院教授，联合国残疾人权利委员会副主席，十一届全国政协委员。她15岁上大学，19岁留校当教师，24岁成为中科院最年轻的讲师，但在29岁时不幸失明。她毅然选择在困境中重生，克服种种困难，付出比别人多几倍的心血和汗水，不仅重返讲台教博士生，组织科研项目，还成为哈佛大学建校300年来第一位获MPA学位的外国盲人学生。她不仅成为联合国残疾人权利委员会副主席，还被哈佛大学肯尼迪政府学院院长约瑟夫·奈誉为"中国的软实力"。

杨佳

陈光标　中国首善

陈光标，男，1968年7月生，江苏泗洪人。江苏黄埔再生资源利用有限公司董事长。

"5·12"汶川地震发生后，陈光标带领120名操作手和60台大型机械组成的救援队千里救灾，还向四川汶川地震灾区捐赠款物过亿元。

多年来他积极投身社会慈善事业，从事大量社会公益活动，截至2009年6月3日，10年来向慈善事业捐款捐物累计突破8.1亿。

2010年9月，陈光标在其公司网站上刊出了致比尔·盖茨和巴菲特的一封信，称死后全捐50余亿元人民币财产。他被

陈光标

誉为"中国首善"。

赵小亭　付出生命的志愿者

赵小亭

　　赵小亭，女，武汉大学大三学生。2010 年 7 月上旬放暑假后，20 岁的赵小亭到贵州省黔南布依族苗族自治州贵定县马场河乡中心小学开展暑期义务支教，她支教的小学条件十分艰苦，白天上课，晚上就将课桌拼凑起来做睡床。艰苦的生活没有难倒这位从没在贫穷大山里生活过的女孩。

　　7 月间，贵州地区遭遇了连续多日的降雨，赵小亭等 19 名队员走在一段崎岖的山路上时，一块巨石从高高的山上滚落，不幸砸中了躲闪不及的赵小亭，巨石从她的头部滚落，身材娇小的赵小亭顿时倒在地上，当场遇难。

赵俊方　中华大爱使者

赵俊方

　　赵俊方，男，汉族，濮阳市清丰县大屯乡裴营村人。1952 年 3 月，赵俊方出生在重庆。小时候，他因家境贫寒无法上学读书。如今，他不希望那些家庭贫困的孩子们辍学。他靠在窑场等地打工挣的血汗钱，资助了 19 位贫困生，其中 14 人已考上清华、北大和人大等知名学府。2008 年四川省汶川大地震，2010 年 4 月 14 日青海省玉树地震，2010 年 8 月 7 日甘肃舟曲发生特大泥石流自然灾害，赵俊方都是第一时间赶赴灾区，为灾区奉献自己的力量。

钟杏菊　白衣丹心映碧海

　　钟杏菊，女，浙江省舟山市嵊泗县人，1954 年 2 月出生，嵊泗县壁下社区唯一的驻岛医生，全国卫生系统先进工作者。在烟波浩渺的东海深处有一个面积只有 1.2 平方公里的壁下岛，岛上没有蔬菜、自来水，常住居民不足 200 人，钟杏菊医生 35 年如一日坚守在海岛上，用心守护着岛上居民的生命与健康。

钟杏菊

2009 年 3 月，钟杏菊退休了，医院领导想返聘她回去为岛上渔民继续服务，渔民们更是希望她继续留在岛上。钟杏菊挣扎着作出决定，暂时离开身患尿毒症、在县城接受治疗的丈夫，留在岛上为乡亲们看病。

原学军　三年营造谎言安慰妻子的丈夫

中国科学院武汉物理与数学研究所高级工程师。

2007 年的春天，原学军的妻子郑静峡身患中晚期胃癌，且癌细胞已经扩散。一直忙于照顾妻子，他没有发现儿子因为精神压力过大，已患上了重度抑郁症。2007 年 3 月 26 日，儿子在家中自杀。原学军对妻子隐瞒了儿子的噩耗，并嘱托所有亲属保守秘密。儿子火化后，骨灰寄存在了武昌殡仪馆。

原学军

三年来，他小心翼翼地用儿子的手机像往常一样向妻子发送信息，在这些信息中，"儿子"毕业了、工作了、恋爱了、出国无法探家……于是，三年来，妻子都在牵挂与满足中安心地度过，全然不知自己心爱的儿子早已去了另一个世界。2010 年 1 月 19 日，原学军妻子病逝，原学军随即在武汉九峰一处公墓买了两个紧邻的墓位，将儿子的骨灰盒取出后，于 1 月 21 日一同下葬。

郭雪姣　癌症妈妈

郭雪姣，女，江苏省江都市邵伯镇人。1985 年生，2010 年

郭雪姣

3月郭雪姣经诊断得知自己身患胃癌。郭雪姣有个两岁半的儿子，小名叫天天。"是我把他带来这个世界的，我不能丢下他不管"，因为儿子，郭雪姣觉得自己更应该活下去。2010年7月28日，癌症妈妈郭雪姣开始用微博直播自己的病情发展及治疗进程，短短的话语无不透着乐观和坚强，郭雪姣赢得了几乎所有造访者的尊敬。不少网友留言要捐钱捐物，一些网友甚至留下了自己的手机号，说"有困难随时联系"。郭雪姣感到自己被曲解，于是连发了几条微博"澄清"。

她的乐观和坚强一直坚持到最后，2010年10月10日凌晨3时，因胃部大量出血，"癌症妈妈"郭雪姣匆匆告别了这个世界。 10月22日，"癌症妈妈"的丈夫来到扬州市慈善总会，将社会各界捐给妻子的爱心余款2451.30元全部捐出，他说这样做既是妻子生前的本意，也是为了延续社会的爱心。

郭文香　小旅馆驶出"生命方舟"

郭文香

郭文香，女，65岁，中共党员，秦皇岛市北戴河区海滨镇草场村村民。从1984年办起"文香旅馆"，至今20多年的时间里，救助了110余名轻生及离家出走者，使其扬起生命的风帆。20多年来，郭文香先后为"希望工程"、"东南亚海啸"、"南方水灾"、"汶川地震"和市、区"营造城市森林"等公益性活动捐款4万余元，为四面八方有各种困难的人们无偿资助10万余元。多次为学校、银行、部队、医院等单位作义务报告近百场。

郭福喜　轮椅上"行走"中国

郭福喜今年38岁。16岁时的一场大病，让他只能终身与轮椅为伴。1997 年他不顾亲友的反对，筹齐了上路的费用，要摇着轮椅走遍中国 2470 个县（市）。在安徽黄山，他的钱包和手机被偷过；在甘肃兰州，他的睡袋被人抢走；在西藏，他经常连人带车摔下山。其中最艰难的一段路，要数穿越唐古拉山了。当时，因为高原缺氧，他昏倒在路边，幸亏路人相救，才活了下来。10 多年来，郭福喜没有回过一次家。他说："我不是脑子有问题，也不是作秀，主要是想通过自己的行动唤起社会对残疾人的关爱。"

郭福喜

黄福荣　志愿精神的践行者

黄福荣，男，生于 1964 年 7 月 6 日，香港居民。原是一名集装箱货车司机，2002 年开始在中国内地做慈善工作。2010 年 4 月 1 日，黄福荣揣着 1 万元港币，从香港出发前往玉树县，他此行希望能够帮助设立在结古镇的玉树慈行喜愿会的孤残孩子们添置一些生活、学习用品，为他们修建一座厕所。4 月 14 日，在玉树地震中，黄福荣已及时逃离受破坏的孤儿院，但当获知还有 3 名师生压在倒塌的瓦砾堆中后，即奋不顾身冒余震危险折返救人，最后不幸牺牲。

黄福荣

梁从诫　"自然之子"

梁从诫，男，生于 1932 年，祖籍广东新会。祖父梁启超，父亲梁思成，母亲林徽因。曾任全国政协委员、全国政协常委，全国政协人口、资源、环境委员会委员，民间环保组织"自然之友"创办人、会长。2010 年 10 月 28 日下午 4 时，在北京病逝享年 79 岁。

梁从诫

廷骏

谢廷骏　英雄导游

谢廷俊，男，香港康泰旅行团的领队，2010年"8·23"菲律宾劫持香港游客事件遇难者之一。谢廷骏被凶徒铐在车门当人质，在双方的交火中，坚守全团，直到中枪身亡。

曾凯　坚守在高墙内的"灵魂工程师"

凯

曾凯，女，江西省高安市看守所所长。"挽救一个服刑人员，就是挽救一个家庭；挽救一个家庭，就能为社会增添一份和谐。"曾凯把在押人员当做迷途的"羔羊"，像老师对待学生一样，悉心教导和关爱。她自费数万元购买草药为在押人员治病，却从未收过在押人员及家属一分钱，"多一份遵纪守法，就少一份歪风邪气"，曾凯经常这样教导全所民警。在她的带领下，高安市看守所连续12年民警无违纪、安全无事故，先后荣获"全国公安监管系统深挖犯罪先进单位"等荣誉称号，两次荣立集体三等功。

程龙富　铁肩父亲

龙富

程龙富，37岁，湖北麻城人，农民工，为了给儿子多多治疗白血病，将家里的猪、牛等一切值钱的东西都卖了，还在餐馆洗碗、挖排水沟、送电话卡、搬水泥，一个人打起了6份工，用一天18小时的超负荷工作，支撑着儿子的生命和一个家。也正因此，他被人称为"铁肩父亲"。

曾懿丽　从容镇定的香港母亲

曾懿丽，40岁，香港市民，2010年8月23日上午，在菲律宾马尼拉市中心基里诺大看台附近被菲律宾前警察劫持，绑匪第一次释放妇女儿童的时候，团员曾懿丽得到了被释放的机会，她看到旁边一名同团的不相识的小男孩，急中生智向绑匪示意，这名小男孩也是她的亲属，也要一起下车。在得到绑匪的准许之后，面色沉稳的曾懿丽带着3个孩子下了车，疾步离开，没有回头，成功地从险境中多救出一个年幼的生命，但这也成为这位英雄妈妈和自己丈夫的永别。没能离开的曾懿丽的丈夫和男孩的父母都不幸遇难。

曾懿丽

颜展红　瓶瓶罐罐助学情

颜展红，男，生于1963年11月，扬州市江都信用联社临时工。2002年1月起，他便从每天帮别人扛煤气罐得来的报酬中抠出5角钱，资助贫困学生，为了能资助更多的孩子，老颜同时打了三份工，白天在信用联社负责水电管道维修，下班后挨家挨户送煤气，晚上给证券公司看门值班，7年来，颜展红用点滴爱心汇成了一条充满人间温情的长河。

颜展红

魏迪仁　孝慈楷模

魏迪仁，82岁，湖北职业技术学院离休干部。先后参加过解放战争、抗美援朝，三次荣立三等功。魏迪仁与英雄黄继光是一个营队，精心照顾"黄妈妈"邓芳芝，直到"黄妈妈"去世；魏迪仁的妻子患精神病，50年来，魏迪仁精心照顾妻子，从未动摇，演绎了感人至深的人间真情。

魏迪仁

CCTV
感动中国2010年度人物
MOVES CHINA

第四部分

附录

感动中国大事记

2002 年 10 月

中央电视台首次启动"'感动中国'2002 年度人物"评选活动。这也是国内媒体第一次以"感动中国"为主题评选年度人物。

2003 年 2 月 14 日

中央电视台播出"'感动中国'2002 年度人物评选"的颁奖盛典。

2003 年 2 月 15 日

在中央电视台元宵节联欢晚会上，贾庆林、周永康、吴仪等中央领导见到主持人白岩松时交口称赞："清新动人，感人至深"。

2003 年 3 月

中宣部新闻局阅评组以《中央电视台"感动中国"专题创意新效果好》为题专门撰文，对"感动中国"评选活动及颁奖晚会给予了高度评价，并要求把"感动中国"作为一个品牌持续地坚持下去。中宣部新闻局的意见和观点得到了李长春同志的赞同，3 月 10 日，李长春同志批示："完全同意阅评的观点，望继续办好。"

2003 年 3 月

《感动中国 2002 年度人物》一书出版发行。

2003 年 3 月

适逢原湖南省委副书记郑培民同志逝世一周年，中宣部、中组部等部门在全国联合推出了学习郑培民同志的活动高潮,"感动中国"的评选材料也收入此次活动的学习材料中。

2003 年 7 月 3 日
三峡百万移民获得的"感动中国"奖杯和证书入三峡博物馆永久收藏。

2003 年 11 月 18 日
"中央电视台感动中国 2003 年度人物"评选正式启动。中央电视台在世纪坛召开了隆重的新闻发布会,国内上百家媒体参加了发布会。发布会上发布了活动相关信息和组委会推荐的 25 位人物的详细资料。

2003 年 11 月
中央电视台指定 30 家地方合作媒体,共同寻找感动,传播感动。

2003 年 12 月 1 日
由 60 位专家、学者和社会各界精英组成的推选委员会成立。

2003 年 12 月
推选委员会开始推举工作。

2003 年 12 月—2004 年 1 月
各地方合作媒体纷纷在所在地配合"感动中国"开展以"感动"为主题的人物评选活动。

2004 年 1 月
根据推选委员的推举、观众、读者、网友的投票推荐,20 位候选人确定。

2004 年 1 月 5 日
中央电视台《东方时空》栏目开始候选人物展播。

2004 年 2 月 1 日
央视国际网站发布 20 位候选人资料,开始网上选举投票。

2004 年 2 月 12 日
"感动中国"2003 年度十大人物揭晓。中央电视台在保利剧院举办盛大的"CCTV'感动中国'2003 年度人物"评选颁奖典礼。

2004 年 2 月 20 日

央视一套晚 8 点黄金时间播出颁奖盛况。

2004 年 3 月

"'感动中国'2003 年度人物"被《新周刊杂志》评为"年度电视秀"。

2005 年 2 月

"感动中国 2004"年度十大人物揭晓。

2005 年 12 月 19 日

"感动中国"2005 候选人物展播。

2006 年 2 月 9 日

"感动中国"2005 年度十大人物揭晓。

2007 年 2 月 26 日

"感动中国"2006 年度十大人物揭晓。

2008 年 2 月 17 日

"感动中国"2007 年度十大人物揭晓。

2009 年 2 月 5 日

"感动中国"2008 年度十大人物揭晓。

2010 年 2 月 11 日

"感动中国"2009 年度十大人物揭晓。

2011 年 2 月 14 日

"感动中国"2010 年度十大人物揭晓。

感动中国2010年度人物评选推荐委员会成员

（按姓氏笔画排序）

丁俊杰	中国传媒大学教授
于　丹	北京师范大学教授
王晓晖	中央人民广播电台副台长
王振耀	北京师范大学公益研究院院长
水均益	中央电视台主持人
白岩松	中央电视台主持人
冯骥才	中国文联副主席
刘姝威	中央财经大学研究员
朱　玉	新华社记者
纪宝成	中国人民大学校长
孙玉胜	中央电视台副台长
孙　伟	中央美术学院教授
关海鹰	中央电视台新闻评论部主任
任卫新	词作家
杜玉波	教育部党组副书记、副部长
谷云龙	中央电视台新闻中心策划部主任
阿　来	作家
张瑞敏	海尔集团首席执行官
陆小华	媒介研究专家
陈　彤	新浪网总编辑

陈小川　　《中国青年报》总编辑
陈章良　　广西壮族自治区政协副主席
陈　淮　　建设部政策研究中心主任
明立志　　中宣部新闻局副局长
罗　明　　中央电视台副台长
易中天　　厦门大学人文学院教授
金　庸　　作家
钟南山　　中国工程院院士
秦绍德　　复旦大学党委书记
贾平凹　　作家
涂光晋　　中国人民大学新闻学院教授
阎　肃　　词作家
梁建增　　中央电视台新闻中心副主任
崔永元　　中央电视台主持人
彭长城　　《读者》主编
敬一丹　　中央电视台主持人
喻国明　　传媒学者
谢国明　　人民日报社副总编辑
濮存昕　　艺术家

历届感动中国获奖人物

2002 年度"感动中国"十大人物

郑培民 湖南省委原副书记

颁奖辞：他身居高位而心系百姓，他以"做官先做人，万事民为先"为自己的行为标准，直到生命的最后时刻仍然不忘自己曾经许下的诺言。他树立了一个共产党人的品德风范，他在人民心里树立起一座公正廉洁为民服务的丰碑。

张荣锁 河南辉县上八里镇回龙村党支书

颁奖辞：他已经拥有了财富，但他心里装着还在贫苦生活中的乡亲；他已经走出了大山，但他还想让所有乡亲都能够走出与世隔绝的山崖！他成就了一个多少代人未能实现的梦想，他拿出愚公移山的执著和勇气劈开了大山，在悬崖峭壁上为乡亲们开凿出通往外面世界的大道，更在人们的心中打开了一扇希望之门。它结束了一段贫困的历史，开创出一种崭新的生活。

王 选 中国受害者诉讼原告团团长

颁奖辞：她用柔弱的肩头担负起历史的使命，她用正义的利剑戳穿弥天的谎言，她用坚毅和执著还原历史的真相。她奔走在一条看不见尽头的诉讼之路上，和她相伴的是一群满身历史创伤的老人。她不仅仅是在为日本细菌战中的中国受害者讨还公道，更是为整个人类赖以生存的大规则寻求支撑的力量，告诉世界该如何面对伤害、面对耻辱、面对谎言、面对罪恶，为人类如何继承和延续历史提供了注解。

刘姝威　中央财经大学研究员

颁奖辞：她用自己的大智大勇向一个虚假的神话提出质疑，面对一个强大的集团，面对一张深不可测的网，面对死亡的威胁，她以自己个人的力量坚持着这场强弱悬殊的战争，坚守着正义和良心的壁垒。正是这种中国知识分子的风骨，完美地证明了中国还有一双揉不进沙子的眼睛，推动了中国股市早日走上正轨，推动了中国经济的发展。

张瑞敏　海尔集团首席执行官

颁奖辞：无论在种种赞誉和表彰中，或是在种种质疑和非议中，他都一如既往。以自己的创新与开拓树立了来自东方的产品品牌；以自己的智慧和魄力打造出与时俱进的企业文化；以自己的胆识和勇气缔造着融入世界的品牌传奇。

张前东　重庆鱼田堡煤矿 103 队队长

颁奖辞：他在灾难发生的时候做出了一个伟大的选择，虽然他自己已经远离了死亡的阴影，但他却又一次奔向了死神，为的是把生命的阳光同样带给在死神面前挣扎的同伴。他无畏、清醒、果敢，他的人格光辉照亮了黑暗的矿道，照亮了几百个矿工的生命，更照亮了人们的心灵。

黄　昆　国家最高科技奖获得者

颁奖辞：他一生都在科学的世界里探求真谛，一生都在默默地传递着知识的薪火，面对名利的起落，他处之淡然。他不仅以自己严谨和勤奋的科学态度在科学的领域里为人类的进步做出卓越的贡献，更以淡泊名利和率真的人生态度诠释了一个科学家的人格本质。

姚　　明　篮球运动员

颁奖辞：他用高超的体育技能，在一个强手如林的国家运动项目中占有了一席之地，成就了很多人的梦想，更成为中国人的骄傲。他出色的表现和随时听从祖国召唤的爱国精神，使他带给人们的思考已经远远超过了体育本身。对祖国的情感，对现在的把握和对未来的期待，都将使他成为中国体育和 NBA 的历史人物。

赵新民　乌鲁木齐市小西门派出所原教导员

颁奖辞：他出于人民警察的天职，无畏地走向危险。这一刻他无需选择，因为走向危险已经是他的职业习惯，因为在选择做警察的时候，他已经准备好了这一刻。在爆炸带走一个朝气蓬勃的生命的同时，人们的心灵也被强烈地震撼。

濮存昕　演员，预防艾滋病义务宣传员

颁奖辞：他用人们熟悉的微笑温暖着艾滋病患者的心，他紧握艾滋病患者双手的手传递着社会对他们的关爱，更传播着预防艾滋病知识，激发着人类战胜这个世界杀手的勇气。他把人们对他的喜爱和信任再度回报给社会，投入到社会公益事业中，以公众人物的号召力，承担起社会责任。

特别大奖授予舍小家为大家的三峡移民，奖杯由中国三峡博物馆永久收藏。

2003 年度"感动中国"十大人物

　　杨利伟　"神五"航天员

　　颁奖辞：那一刻当我们仰望星空，或许会感觉到他注视地球的目光。他承载着中华民族飞天的梦想，他象征着中国走向太空的成功。作为中华飞天第一人，作为中国航天人的杰出代表，他的名字注定要被历史铭记。成就这光彩人生的，是他训练中的坚韧执著，飞天时的从容镇定，成功后的理智平和。而这也是几代中国航天人的精神，这精神开启了中国人的太空时代，还将成就我们民族更多更美好的梦想。

　　钟南山　为抗击"非典"做出重大贡献地中国科学院院士

　　颁奖辞：面对突如其来的 SARS 疫情，他冷静、无畏，他以医者的妙手仁心挽救生命，以科学家实事求是的科学态度应对灾难。他说"在我们这个岗位上，做好防治疾病的工作，就是最大的政治"。这掷地有声的话语，表现出他的人生准则和职业操守。他以令人景仰的学术勇气、高尚的医德和深入的科学探索给予了人们战胜疫情的力量。

　　陈忠和　中国国家女子排球队主教练

　　颁奖辞：他带领女排赢得了久违的胜利，而他的贡献不仅仅在于一座阔别了 17 年的奖杯，更重要的是，他把自己对人生不幸坎坷的生活态度融入到体育事业中，他不仅在教女排姑娘们怎样打球，更在引导女排如何面对人生荣辱，他使女排真正感受到什么是体育的魅力，他使女排和他一样，无论面对成功还是失败总能面带微笑。这种微笑出自内心，也因此更加动人。

　　尾山宏　帮助中国人战争受害者索赔的日本律师团团长

颁奖辞： 一位 70 岁的日本老人，承受着巨大的压力，用自己大半生的时间对日本政府侵华战争的罪行进行着不懈的追问。在他身上，人们看到了跨越国家和民族的正义力量，这力量启示着人们，在捍卫正义的道路上，人们可以超越一切界限，而唯一不能失去的就是正义响在心中的声音。

梁雨润 山西运城市纪检委副书记

颁奖辞：他视百姓为衣食父母，他以人民利益为根本利益。他有着高度的责任感和使命感，他始终不渝地追求着为老百姓办事的政治理想，而这种追求需要莫大的正气和勇气。这样的为官生涯，架起了执政党和百姓之间的桥梁，完整地体现出一个执政党的执政原则：立党为公，执政为民，而这正是百姓和国家的希望所在。

巴 金 作家

颁奖辞： 穿越一个世纪，见证沧桑百年，刻画历史巨变，一个生命竟如此厚重。他在字里行间燃烧的激情，点亮多少人灵魂的灯塔；他在人生中真诚地行走，叩响多少人心灵的大门。他贯穿于文字和生命中的热情、忧患、良知，将在文学史册中永远闪耀着璀璨的光辉。

高耀洁 救助艾滋孤儿的民间人士

颁奖辞： 这是一位步履蹒跚的老人，但她在实现"但愿人皆健，何妨吾独贫"的人生理想的道路上却迈着坚定的脚步。她以渊博的知识、理性的思考驱散着人们的偏见和恐惧，她以母亲的慈爱、无私的热情温暖着弱者的无助冰冷。她尽自己最大的力量推动着人类防治艾滋病这繁重的工程，她把生命中所有的力量化为一缕缕阳光，希望能照进艾滋病患者的心间，照亮他们的未来。

达吾提·阿西木　　在新疆地震中救助村民的基层干部

颁奖辞：他隐藏起最深重的悲痛，他紧握心灵的伤口，在他那颗流血伤痛的心里还装着更多的村民。他以一个共产党员对群众朴素的感情，在百姓中传播着温暖；他以舍我其谁的气魄，在危难的时候担当起百姓的精神支柱；他在废墟中挺起脊梁，他的坚强和无私为刚刚经历了噩梦的村民们撑起重建家园的希望。

成　龙　　热心于公益事业的影星

颁奖辞：作为演员，他对事业的执著追求和顽强的拼搏精神，演绎了精彩的艺术人生，在国际影坛展现出中国影人的形象，为世界打开了一扇了解中国文化的窗口；作为公众人物，他对国家的情感和对社会的爱心影响着他人，在最需要的时候鼓舞着人们的信心，传递着人与之间的温情。

特别奖　在衡阳特大火灾中牺牲的衡阳武警消防兵

颁奖辞：　他们以火一样的激情投身火场，他们怀揣群众利益走向危险，他们用自己的生命捍卫了他人的生命，捍卫了武警消防兵这个崇高的职业。那壮烈的一幕将永存史册，他们勇往直前、舍生忘死的英雄气概更将长留在人们心里，那将是对什么是敬业精神的最好诠释。

2004 年度"感动中国"十大人物

牛玉儒　鞠躬尽瘁的人民公仆

颁奖辞：名叫牛玉儒，人像孺子牛，背负着草原人的幸福上路，这幸福是他的给养，也是他的方向。风雨人生、利弊得失，他兢兢业业地遵循着"位卑未敢忘忧国"的祖训。为官一任，他给我们留下激情燃烧的背影，让精神穿越时代长青。他让活着的人肃然起敬；他让天空成为雄鹰的故乡！

梁万俊　创造飞行奇迹的飞机试飞员

颁奖辞：鹰是天空中最娴熟的飞行家，但是他却有比鹰还要优秀的飞行技能。万米高空之上，数险并发之际，他从容镇静，瞬间的选择注定了这次飞行像彩虹一样辉煌。生死八分，惊天一落，他创造了奇迹！为你骄傲！中国军人，钢铁是这样炼成的。

刘　翔　奥运冠军

颁奖辞：　12秒91，他就实现了一次伟大的跨越，100年来的记录成了身后的历史，十重栏杆不再是东方人的障碍，因为中国有刘翔，亚洲有刘翔！这位风一样的年轻人，他不断超越，永不言败，代表着一个正在加速的民族。他身披国旗，一跃站在世界面前。

明正彬　坚持一线工作多年的缉毒警察

颁奖辞：刀尖上的舞蹈，之所以能够夺人心魄，是因为那是铁与血的交响。明正彬就是在刀尖上跳舞的人。在毒贩子面前，他吓不怕，买不动，难不倒！而毒贩子在他手下，过不去，藏不住，逃不掉！因为有他和他的战友，我们才能享受阳光的灿烂。

任长霞　扫恶打黑的女公安局长

颁奖辞：她是中原大地上的又一位女英雄。扫恶打黑，除暴安良，她铁面无私；嘘寒问暖，扶危济困，她柔肠百转。十里长街，白花胜雪，挽幛如云，那是流动在百姓心中的丰碑！一位弱女子能赢得百姓的爱戴，是因为，在她的心里有对百姓最虔诚的尊重！

孙必干　在动乱中返回伊拉克的前外交官

颁奖辞：他于花甲之年临危受命，远离故土只为续写使命传奇。为了达成和平，他游刃于战火之间；为了挽救生命，他斡旋在死亡边缘。"苟利国家生死以，岂因祸福趋避之。"2004年，这位老人不知疲倦地奔走，前方，是他必赴的使命；身后，是让他骄傲的祖国。

田世国　为母捐肾的孝子

颁奖辞："谁言寸草心，报得三春晖？"这是一个被追问了千年的问题。一个儿子在2004年用身体做出了自己的回答，他把生命的一部分回馈给病危的母亲。在温暖的谎话里，母亲的生命也许依然脆弱，但是孝子的真诚已经坚如磐石。田世国，让天下所有的母亲收获慰藉。

徐本禹　在贵州山区担任教师的青年志愿者

颁奖辞：如果眼泪是一种财富，徐本禹就是一位富有的人，在过去的一年里，他让我们泪流满面。从繁华的城市，他走进大山深处，用一副刚刚毕业大学生的稚嫩肩膀，扛住了倾颓的教室，扛住了贫穷和孤独，扛起了本来不属于他的责任。也许一个人力量还不能让孩子们的眼睛铺满阳光，爱，被期待着。徐本禹点亮了火把，刺痛了我们的眼睛。

袁隆平　水稻之父

颁奖辞：他是一位真正的耕耘者。当他还是一位乡村教师的时候，已经具有颠覆世界权威的胆识；当他名满天下的时候，却仍然只是专注于田畴。淡薄名利，一介农夫，播撒智慧，收获富足。他毕生的梦想，就是让所有人远离饥饿。喜看稻菽千重浪，最是风流袁隆平！

桂希恩　艾滋病防治专家

颁奖辞：他清贫而充实，温和而坚定，仁者的责任让他知难而上。

他让温暖传递,他让爱心汇聚,直到更多人向弱者张开双臂,直到角落里的人们看到春天。他不惧怕死亡,因为他对生命有更博大的爱。

　　特别奖　世界冠军中国女排

　　颁奖辞:中国女排,曾经沸腾了一代人的热血,也在中国人的心里留下了长达 20 年的期待。2004 年的一天,于无声处,绝地反击。是她们,让最后的希望攀援着意志的臂膀上升,直到最后一记重扣敲开欢庆的锣鼓。金牌唤回曾经的光荣,胜利开启崭新的梦想!

2005 年度"感动中国"十大人物

　　魏青刚　为救落水者三次跳入巨浪的打工青年

　　颁奖辞:沧海横流,方显英雄本色!为了一个陌生人,他在滔天巨浪中三进三出。危险面前,他根本不需要选择,因为这瞬间动作源自内心品质。从人群中一跃而出,又悄然回到人群中去,他,是侠之大者。

　　丛　飞　身患重病仍然坚持助学的歌手

　　颁奖辞:从看到失学儿童的第一眼到被死神眷顾之前,他把所有的时间都给了那些需要帮助的孩子,没有丝毫保留,甚至不惜向生命借贷,他曾经用舞台构筑课堂,用歌声点亮希望。今天他的歌喉也许不如往昔嘹亮,却赢得了最饱含敬意的喝彩。

　　黄伯云　荣获连续空缺六年科技大奖的学者

　　颁奖辞:这位和世界上最硬材料打交道的人,有着温润如玉的性格,渊博宽厚,抱定赤子之心;静能寒窗苦守,动能点石成金。他是位值得尊敬的长者,艰难困苦,玉汝以成。三万里回国路,二十年砺剑心,大哉黄伯云!

李春燕　深山里的赤脚医生

颁奖辞：她是大山里最后的赤脚医生，提着篮子在田垄里行医，一间四壁透风的竹楼，成了天下最温暖的医院，一副瘦弱的肩膀，担负起十里八乡的健康，她不是迁徙的候鸟，她是照亮苗乡的月亮。

洪战辉　带着妹妹上学的大学生

颁奖辞：当他还是一个孩子的时候，就对另一个更弱小的孩子担起了责任，就要撑起困境中的家庭，就要学会友善、勇敢和坚强。生活让他过早地开始收获，他由此从男孩开始变成了苦难打不倒的男子汉，在贫困中求学，在艰辛中自强。今天他看起来依然文弱，但是在精神上，他从来是强者。

陈　健　在北大荒为烈士守墓37年的上海知青

颁奖辞：一个生者对死者的承诺，只是良心的自我约束，但是他却为此坚守37年，放弃了梦想、幸福和骨肉亲情，淡去火红的时代背景，他身上有古典意识的风范，无论在哪个年代，坚守承诺始终是支撑人性的基石，对人如此，对一个民族更是如此。

邰丽华　用美丽舞蹈打动观众的残疾人艺术家

颁奖辞：从不幸的谷底到艺术的巅峰，也许你的生命本身就是一次绝美的舞蹈！于无声处，展现生命的蓬勃，在手臂间勾勒人性的高洁！一个朴素女子为我们呈现华丽的奇迹，心灵的震撼不需要语言，你在我们眼中是最美的。

杨业功　鞠躬尽瘁的司令员

颁奖辞：铸就长缨锐旅，锻造导弹雄师。他用尺子丈量自己的工作，用读秒计算自己的生命。未曾请缨提旅，已是鞠躬尽瘁。天下虽安，忘战必危,他是中国军人一面不倒的旗帜!

王顺友　20年行走在马班邮路上的邮递员

颁奖辞:他朴实得像一块石头,一个人一匹马,一段世界邮政史上的传奇。他过滩涉水,越岭翻山,用一个人的长征传邮万里,用20年的跋涉飞雪传心。路的尽头还有路,山的那边还是山,近邻尚得百里远,世上最亲邮递员。

费俊龙、聂海胜　"神六"航天员

颁奖辞:谁能让全世界1/5的心灵随着他们的节奏跳动五天五夜?谁能从前所未有的高度见证中国实力的飞跃?他们出征苍穹,画出龙的轨迹,升空日行八万里,巡天遥看一千河,他们是中国航天的黄金一代。

特别奖青藏铁路的建设者

颁奖辞:每当汽笛声穿过唐古拉山口的时候,高原上的雪山、冻土、冰河,成群的藏羚羊,都会想念他们,想念那些有力的大手和坚强的笑容。他们能驱动钢铁,也会呵护生命。他们,是地球之巅的勇者,他们,缔造了世界上最伟大的铁路!

2006 年度 "感动中国" 十大人物

丁晓兵　军队中的独臂英雄

感动印象:这位用左手敬军礼的人我们以他为骄傲,战时敢舍身,平时能忘我,从逆境中挣扎启程。在顺境中保持清醒,沙场带兵敢称无愧无悔,把守国门能说有骨有节。他像一把号角,让理想与激动,在士兵心中蔓延.

颁奖辞：一条臂膀，也能撑起血染的军旗，他是真的勇士。

华益慰　人民的好军医

感动印象：不拿一分钱，不出一个错，这种极限境界，非有神圣信仰不能达到。他是医术高超与人格高尚的完美结合。他用尽心血，不负生命的嘱托。

颁奖辞：一辈子做一件事：就是对得起病人！爱人，知人，医乃仁术。

叶笃正　获得国家科技大奖的气象学家

感动印象：风华正茂时已经是奠基人，古稀之年仍然是开拓者。让外国人同我们接轨，这是一个年过九旬的大学者的大气象。笑揽风云动，睥睨大国轻。

颁奖辞：定力与信念，让他上下求索！天问的路上，生命融入科学！

王百姓　公安部排爆专家

感动印象：十年时间，15000颗炸弹，专门与危险打交道。谁能不害怕，平常人只有一次遭遇炸弹，已经够惊心动魄的了，而他和我们一样，有家、有妻、有娃，只不过头顶上有警徽，警徽上有国徽，所以他才把家人的担忧，战友的期盼，一肩担起。

颁奖辞：王百姓时时命悬一线，老百姓才能天天平安。

季羡林　学术大家

感动印象：智者永，忍者寿，长者随心所欲。曾经的红衣少年，如今的白发先生，留得十年寒窗苦，牛棚杂忆秘辛多。心有良知璞玉，笔下道德文章。一介布衣，言有物，行有格，贫贱不移，宠辱不惊！

颁奖辞：学问铸成大地的风景，他把心汇入传统，把心留在东方。

孔祥瑞 具有创造力的蓝领专家

感动印象：不管什么时代，劳动者都是社会的中流砥柱。但是在今天，更值得尊敬的 ，还应该是那些不仅贡献汗水还贡献智慧的人。150 项革新，给国家带来 8000 万效益，这就是一个蓝领工人的成就。

颁奖辞：在轻视铁锤的时代，工人何为？他说："全世界的门吊，我都能开！"在英雄辈出的年代，工人有为！

黄 舸 身患重病心怀感恩的阳光少年

感动印象：我们需要静下心来体会这个场面，一个四肢无力的孩子，每天都在和死神赛跑，跋山涉水，万里迢迢，他就像一小截被命运丢弃的蜡烛。善良的人点亮他，他就欢快地燃烧起来。藏起眼泪，还给人们光明和希望。

颁奖辞：生命的倒记时，滴答、滴答，扯动人们的心弦。人生路上，他是阳光少年！

霍英东 爱国爱港的慈善家

感动印象：生于忧患，以自强不息成就人生传奇。逝于安乐，用赤诚赢得生前身后名。他有这样的财富观：民族大义高于金钱，赤子之心胜于财富。他有这样的境界：达能兼济天下。

颁奖辞：聚散有道，义利兼能。国旗和紫荆维系他一生的光荣！

林秀贞 30 年扶老携幼的爱心大姐

感动印象：用 30 载爱心，让一村之中老有所终，幼有所长，鳏寡孤独废疾者皆有所养。富人做这等事是慈善，穷人做这等事是圣贤，官员做这等事是本份，农民做这等事是伟人。这位农妇让九州动容！

颁奖辞：善良在村庄流淌，她用 30 年的热心，去温暖世道。

微　尘　青岛爱心群体

感动印象：他来自人群，像一粒尘土，微薄，微细，微乎其微，寻找不到，又随处可见。他自认渺小，却塑造了伟大，这不是一个人的名字，这是一座城市的良心。

颁奖辞：微尘有心，微尘有情，尘埃落定，大爱无声！

特别奖　改变中国历史的英雄群体——中国工农红军

2007年度"感动中国"十大人物

钱学森　民族脊梁

颁奖辞：在他心里，国为重，家为轻，科学最重，名利最轻。5年归国路，10年两弹成。开创祖国航天，他是先行人，披荆斩棘，把智慧锻造成阶梯，留给后来的攀登者。他是知识的宝藏，是科学的旗帜，是中华民族知识分子的典范。

李剑英　天地英雄

颁奖辞：烟笼大地，声震蓝天。星陨大地，魂归长天。他有22年飞行生涯，可命运只给他16秒！他是一名军人，自然把生命的天平向人民倾斜。飞机无法转弯，他只能让自己的生命改变航向。

钟期荣、胡鸿烈　树仁立德

颁奖辞：狮子山下的愚公，香江边上的夫子。贤者伉俪，本可锦衣玉食，却偏偏散尽家产，一生奔波。为了学生，甘为骆驼；与人有益，牛马也做。我们相信教育能改变社会，而他们为教育做出楷模。

孟祥斌　义无反顾

颁奖辞：风萧萧，江水寒，壮士一去不复返。同样是生命，同样有亲人，他用一次辉煌的陨落，挽回另外一个生命。别去问值还是不值，生命的价值从来不是用交换体现。他在冰冷的河水中睡去，给我们一个温暖的启示。

方永刚　践行信仰

颁奖辞：一个真正的战士，在和平年代也能找到自己的方向；一个忠诚的战士，在垂危的时候，不会忘记自己的使命！他是一位满怀激情的理论家，更是敢于奉献生命的实践者。在信仰的战场上，他把生命保持在冲锋的姿态。

李　丽　心灵强者

颁奖辞：残疾打不垮、贫困磨不坏、灾难撞不倒，坚强和她的生命一起成长。身体被命运抛弃，心灵却唱出强者的歌。五年时间，温暖8万个冰冷的心灵，接受、回报、延伸，她用轮椅为爱心画出最美的轨迹。

闵恩泽　人生如炬

颁奖辞：在国家需要的时候，他站出来！燃烧自己，照亮能源产业。把创新当成快乐，让混沌变得清澈，他为中国制造了催化剂。点石成金，引领变化，永不失活，他就是中国科学的催化剂！

陈晓兰　大医医心

颁奖辞：虽千万人，吾往矣！曾经艰难险阻，她十年不辍；既然身穿白衣，就要对生命负责！在这个神圣的岗位上，良心远比技巧重要的多！她是一位医生，治疗疾病，也让这个行业更纯洁。

谢延信　有信延信

颁奖辞：当命运的暴风雨袭来时，他横竖不说一句话；当生活的重担压在肩膀上，他的头却从没有低下！用33年辛劳，延展爱心，信守承诺。他就像是一匹老马，没有驰骋千里，却一步一步地到达了善良的峰顶。

罗映珍　真爱无疆

颁奖辞：把爱人从沉睡中唤醒，是生命的奇迹，还是心灵的力量？她用一个传统中国女人最朴素的方法诠释了对爱人不离不弃的忠贞。甜蜜不是爱情的标尺，艰难才能映照爱情的珍贵！

特别奖　"嫦娥"团队

颁奖辞：一个千古不变的奔月梦想，几代中华儿女的不懈追求，"嫦娥"一号是中国航天科技创新的转折点，更是中国航天人完成代季交接的里程碑。从此我们仰望星空，"嫦娥"不再寂寞；环顾宇宙，骄傲在中国人的心中荡漾……

2008 年度"感动中国"十大人物

十三农民兄弟　大爱至朴

颁奖辞：不是归途，是千里奔波，雪中送炭；不是邻里，是素不相识，出手相援。他们用纯朴、善良和倔强的行动，告诉了我们"兄弟"的含义。

李桂林　陆建芬　烛照深山

颁奖辞：在最崎岖的山路上，点燃知识的火把；在最寂寞的悬崖边，拉起孩子们求学的小手！19年的清贫、坚守和操劳，沉淀为精神的沃土,让希望发芽!

武文斌　死的光荣

颁奖辞:山崩地裂之时,绿色的迷彩撑起了生命的希望! 他竖起了旗帜,自己却悄然倒下! 在那灾难的黑色背景下,他 26 岁的青春,是最亮的那束光。

韩惠民　这就是爱

颁奖辞:他用百姓最朴素的方式,回答了生活中最为深奥的问题:有比爱情更坚固的情感,有比婚姻更宏伟的殿堂! 34 年的光阴,青丝转成白发,不变的是真情。

张艺谋奥运团队　惊世华彩

颁奖辞:长卷舒展,活字跳跃,圣火激荡,情感喷放。他们用人类共通的语言,让 5000 年文明跃然呈现,那一夜,中国惊艳世界!

金　晶　大写尊严

颁奖辞:那是光荣的一刻! 她以柔弱之躯挡住残暴,她用美丽的微笑传递力量,她让全世界读懂了奥运的神圣和中国人的骄傲。

吉　吉　点燃生命

颁奖辞:白的雪,红的火,刺骨的风,激荡的心。鹰失去了同伴,但山的呼唤让她飞得更高。她,是高山上绽放的雪莲。

“神七”航天员　傲拓天疆

颁奖辞: 中国人的足迹,从此印进寥廓而深邃的星空,当他们问候世界的时候,给未来留下了深远的回声。

李　隆　男儿榜样

颁奖辞：火场、废墟，有多少次出生入死，就有多少次不离不弃。他用希望扩展希望，用生命激活生命。

经大忠　中流砥柱

颁奖辞：千钧一发时，他振聋发聩，当机立断；四面危机时，他忍住悲伤，力挽狂澜！他和同志们双肩担起一城信心，万千生命。心系百姓、忠于职守，凸显共产党人的本色。

2009 年度"感动中国"十大人物

卓　琳　平凡至伟

颁奖辞：彩云之南的才女，黄土高原上的琼英。携小平手 58 载，硝烟里转战南北，风雨中起落同随。对她爱的人不离不弃，让爱情变成了信念。她的爱向一个民族的崛起，注入了女性的坚定、温暖与搀扶。

宋文骢　壮志凌云

颁奖辞：少年伤痛，心怀救国壮志；中年发奋，澎湃强国雄心。如今，他的血液已流进钢铁雄鹰。青骥奋蹄向云端，老马信步小众山。他怀着千里梦想，他仍在路上。

阿里帕·阿力马洪　母爱最真

颁奖辞：不是骨肉，但都是她的孩子，她展开羽翼，撑起他们的天空。风霜饥寒，全都挡住，清贫劳累，一肩担当。在她的家里，水浓过了血，善良超越了亲情。泉水最清，母爱最真！

萨布利亚·坦贝肯　光明心生

颁奖辞：她看不到世界，偏要给盲人开创一个新的天地。她从地球的另一边来，为一群不相识的孩子而来，不企盼神迹，全凭心血付出，她带来了光。她的双眼如此明亮，健全的人也能从中找到方向！

张正祥　勇者无敌

颁奖辞：生命只有一次，滇池只有一个，他把生命和滇池紧紧地绑在了一起。他是一个战士，他的勇气让所有人胆寒，他是孤独的，是执拗的，是雪峰之巅的傲然寒松。因为有这样的人，人类的风骨得以传承挺立。

陈玉蓉　母爱齐天

颁奖辞：这是一场命运的马拉松。她忍住饥饿和疲倦，不敢停住脚步。上苍用疾病考验人类的亲情，她就舍出血肉，付出艰辛，守住信心。她是母亲，她一定要赢，她的脚步为人们丈量出一份伟大的亲情。

朱邦月　一家之主

颁奖辞：这个奇特的家庭，集中了世界上最多的苦难，也凝聚了人间最真的情感。头发花白，面带微笑，这个温和而坚定的老人，胸中盛满40年的艰难。他这支拐杖，是一家人的翅膀！他这双肩膀，扛住了生命的重量！

沈　浩　践行信念

颁奖辞：两任村官，六载离家，总是和农民面对面，肩并肩。他走得匆忙，放不下村里道路工厂和农田，对不住家中娇妻幼女高堂。那一年，村民按下红手印，改变乡村的命运；如今，他们再次伸出手指，鲜红手印，颗颗都是他的碑文。

李　灵　心灵放歌

颁奖辞：一切从零开始，从乡村开始，从识字和算术开始。别人离开的时候，她留下来；别人收获的时候，她还在耕作。她挑着孩子沉甸甸的梦想，她在春天播下希望的种子。她是"80后"！

翟　墨　云帆沧海

颁奖辞：古老船队的风帆落下太久，人们已经忘记了大海的模样。600年后，他眺望先辈的方向，直挂云帆，向西方出发，从东方归航。他不想征服，他只是要达成梦想——到海上去！一个人，一张帆，他比我们走得都远！

特别奖——何东旭、陈及时、方招等勇救落水儿童的大学生集体

感动，有没有用？
——主持《感动中国》的点滴感受

白岩松

　　如果您要问过去这10年，中央电视台原创了哪些成功的电视品牌，我想《感动中国》一定可以名列前茅，甚至排名榜首。这个安排在年初的年度特别节目，从2003年2月播出首期，到2011年，已经持续举办了9年。和其他大型节目比起来，它火起来的速度太快，当年就得到上级领导和电视观众的高度评价，并被迅速确立为中央电视台的年度项目。它扩散得也很广，到现在为止，全国各地的《感动××》无处不在，已经构成一种现象。如果说，对于其他类型的节目来说，被克隆是一件让人不舒服的事情，但《感动中国》被复制，却是一件让人开心的事情，因为它意味着更广泛地寻找感动，更大范围地传播感动。当然，这样的复制，也会反过来让《感动中国》感受压力。不过，这是好事，也真的会变成动力。这几年，每当我走进《感动中国》的办公室，总能看到黑板上一行一直没有被擦掉的字："一直被模仿，从未被超越。"

　　《感动中国》的两个多小时，对于每个普通的观众来说，可能意味着无法被擦干的泪水，或者是心灵的一次净化。但对于这个社会与时代来说，《感动中国》的走红意味着什么？

　　泪水里，人们有一种怎样的期待？夸奖里，哪些标准被悄悄地改变了？四处开花，是寻找还是播种？当越来越多的普通人感动着中国的时候，意味着我们在精神上的富有还是贫穷？这感动，与我们寻找中的信仰有关系吗？我们，还会感动多久？感动，有用吗？

　　在社会的道德底线被不断突破的背景下，人们心中向善的愿望并没有泯灭，甚至因此变得更强烈。生活中的人们，哪怕一些为自己的利益做着不那么光彩事情的人们，面对屏幕时，也依然可能被感动，因为残存的良心以及与利益无关的尊重；更不用说芸芸众生们，中国人的内心原本善良。

当然，大家都感动，也来自于《感动中国》回到一种人性的表达，不是概念，不是口号，不用空话套话，而是用心讲述真正好人的故事，用细节用情感用回到土地的质朴来讲述。这就拆掉了人们心中的墙，这时，不管你身居高位，还是普通百姓，都只复原到一个有血有肉的个体上面，感动，就变得简单。

李长春曾打来电话，对徐光春说：《感动中国》这个节目令人十分感动……相信广大电视观众看了都会感动，我是含着泪看完这台晚会的。这台晚会再一次证明，主旋律的节目，只要坚持"三贴近"是不会枯燥的，而且是会有强烈的吸引力和感染力的……

《感动中国》这个工作团队超级稳定，我和敬大姐主持9年没变，制片人朱波9年一贯制，导演樊馨蔓9年做了8年，其他工种也同样如此。相关领导往往不以领导的身份介入制作，但却以另外一种方式投入。按理说，当时的广电总局的副局长胡占凡（现任《光明日报》老总），每年看完节目把个关表个态就可以，可他为《感动中国》颁奖词的朗读问题给我打了40分钟电话，这时候，他绝对不是什么副局长，而是一位对声音表达绝对内行的文人，一个被《感动中国》打动的老大哥。

中央电视台副台长罗明，是《感动中国》的出品人和把关人，可大家不知道的是，很多《感动中国》的颁奖词及4个字的定评之词，都是出自他的笔下。

我一直认为，每年用"感动"开始，是一种运气。我想，团队中的人也有同感，因为有人陪着哭，有时也是一种幸福。而做《感动中国》的主持人，这是一件既幸福又痛苦的事情。幸福在于，你可以离感动如此之近；而痛苦在于，当你被感动时，你必须克制，不能放纵泪水一次又一次地滑落。这种痛苦，只有身在其中，才能强烈地感受到。普通人被隆重地颁奖，或许，正是感动中国的关键所在。因为他们与我们一样，原本平凡，因此，伟大就变得真实，不拔高、可触摸，泪水的滑落，也就顺其自然。

当《感动中国》遇到微博

敬一丹

　　《感动中国》到了第九年，微博在中国方兴未艾，我在微博上听到对《感动中国》的各种各样的声音。

　　早年间，《感动中国》播出后，听到的多是赞许之声：精神洗礼、好人颂歌、浩然正气、人性光辉……我们享受着成功带来的满足和喜悦。都有点习惯了。编辑部办公室的白板上留着一行字："总是被模仿，从未被超越。"一年又一年，虽没有被超越，也不太有超越自己的能力了。

　　而在微博的天地里，各种评价中，少了客气，多了问号。"真的还有什么能感动我们吗？"这位网友也许失望太多，也许心底不再柔软，于是，他半信半疑地发问了。想想，我们也该问自己啊！从 2002《感动中国》第一次播出，我就有一个感觉，它是一种呼应，它呼应着人心底本来就有的需求和愿望，希望人更好，世界更好，谁都需要有信心，对自己，对世界。在 2010《感动中国》录制时，我说出了多年积蓄的这样的感觉："这盛典，呼应着您善感的心。有善感的心，听到孩子的笑声，看到老人的眼神，闻着春雨的味道，摸着手心的温度，都会心动，更不要说面对感天动地的人。"后来节目播出时，由于时间的关系，这段话被删掉了。此刻，我很想用这段话来和那位网友交流，我们在这滚滚红尘里，能不能有善感之心呢？

　　有位网友说，"之所以感动，是因为太少。"是感动我们的人物少？

还是媒体发现传播少？还是兼而有之？对世风，对道德，人们早有忧虑。更让人纠结的是，自己也在其中，自己也没有做更多。我曾在西部干旱地区采访一位放羊老汉，天旱，羊渴，苗也渴。老汉没办法，趁着没人看见，让羊去吃青苗，他说，人心也给吃了呢！看得出，老汉不是心安理得，他内心有矛盾，有自责，有不安。人世间，老汉多着哩，我们何尝不是这样呢！所以在我们的视线里，老汉多，感天动地的人少。而我们去发现，去宣扬，去浓墨重彩地为好人树碑立传，就是为了让好人多起来。

"感动人的故事背后，也让人看到一些政府部门责任的缺失。"网友的这个看法，很多人都有共鸣。你看，那乡村医生，苦苦支撑着小小的卫生所，甚至卖掉了丈夫送给她的耳环，只是为了乡亲们在山里不为缺医少药为难——乡村医疗保障在哪？那残疾的老父亲，照料着久病的妻儿，飘摇之家让人心酸——社会保障的大伞为什么没有庇护他们？那志愿者以年轻的肩膀吃力地扛着山里孩子的教育重担——而教育本该是国家大计啊！那医生，以良知和胆识揭开医疗器械黑幕，不顾个人利益受损——监管机构的责任呢？每个人物都有他生活的背景，而这背景，凸显了人物的价值。也许，很多年以后，背景变化了，其中一定有这些人物的作用。

"这几年，《感动中国》缺点儿什么呢？"这是微博里很有价值的问号。网友这样问我们，我也这样问自己。《感动中国》里有善良，有敬业，有付出，而人们还希望，和更多类型的好人相聚，在这里感受到正义、勇气、责任。

有一个很"微"的微博："感动，有用吗？"

我相信，有用。感动，会让人更像人，会让世界好一点儿。

感动中国　感动你我

中央电视台《感动中国》总导演
樊馨蔓

　　每年年底，翻检日历，搜索悠悠而过的一年光阴中那些已然消失了的，却永远铭刻在我们记忆深处的人与事，做一期年度新闻人物颁奖盛典《感动中国》，已经成为我们所有经历《感动中国》节目制作的参与者不能仅仅当做"工作"去做的一件心头隆重之事。从人物梳理开始，到节目录制、后期制作完成，在我们描述人的尊严的时候，我们感受着尊严的神圣；在我们重复着人的诺言价值的时候，我们在心底再次刷新诺言的力量；我们传递感动的同时，我们依旧一次次被深深打动……

　　每年都有朋友在不经意间问我：今年"感动中国"会好看吗？有什么创新？还没有做烦啊？

　　《感动中国》就不是一个"好看"的节目。他定位在我心里，是一股巨大的、必然要打动每一个人的力量。《感动中国》从本质上讲，也从来不需要创新，积淀在每一年、每一个感动中国人物身上的善良，诚信，尊老护幼，信守诺言，舍己为人，忠于职守，这些难以用文字来概括的淳朴与自然，几千年以来在中国人的身上代代流传，凝结成为中华民族的精神文化品质。我们所谓的"创新"，只需要在被浓烈的西方价值观影响了今天，让它们突破"金钱价值"的错认，以我们完全熟悉的，从小就被感染着的方式，再次激荡起"你、我"心底的柔软与信念，给我们中华民族还将以此坚韧走向未来的信心与力量。

　　文字的表达，总是艰涩。已经是 2011 年临近 5 月，我再次打开视频，信义兄弟，郭明义，王万青，刘丽，才哇，王茂华谭良才……这些熟悉得不能够再熟悉了的画面，他们被采访时的哽咽，他们坦荡的眼神，他们举起"沉重"奖杯，面向镜头的坚毅与尊严,依旧让我的心激荡。我们说过,"感动中国"不是悲伤,是悲壮;"感动中国"流下的眼泪,不是伤情,是信心与力量。

为此,我们每一年《感动中国》的音乐设计,舞美设计,灯光设计,主持人的访谈,人物短片的制作,颁奖过程的细节,都是围绕着这股激荡人心的力量,而不是软弱的悲情而展开的。有观众说,"看感动中国流的眼泪,和看其他电视节目流的眼泪不一样"。是的,《感动中国》不是节目,我们从不去"触动"谁的伤痛。我们流的,是我们自己心里的眼泪,因为每一年、每一个感动中国的人物,激荡的是每一个中国人自己内心的善良、愧疚、豪迈、信念和力量。

这是年度《感动中国》所传递的精神文化品质。它唤醒与激荡的是我们自己内心的久久留藏。

因此,无论怎样的文字表述,在已经9年了的《感动中国》中的任何一位人物的图像面前,都是单薄而失色的。感谢网络的发展,使我们在随时随地,都能够上网搜看到9年以来《感动中国》人物的所言、所行。他们是我们心底最温柔的盼望与记忆,他们让我们想起我们幼小时的父母,我们身边慈爱的老人,我们对于兄长高大身影的依靠,我们成人了的责任,回报。我们对未来充满了光明的信心。在我内心的深处,我深切希望《感动中国》是一粒萌发的种子,它在传播的任何时候,都播撒在每一个被触动的心灵里面,随时萌动发芽,在它长成的时候,生机盎然。

《感动中国》在2011年已经是第九年度了。身边的人,身边的事,哪些将会成为今年的"感动中国"?我们不期待。中国历史悠长,地广人众,13亿人济济一堂。960万平方公里土地上,言忠信,行笃敬,流传了数千年的中国人的行为、道德,为人做事的良心,准则,哪里是一年一度十个人能够概括了的?但是,我们向每一年度的这十位"感动中国"人物致敬、致意!

北京大学王守常教授曾经非常慎重地与我重复了好几遍:感动中国,感动的是你,我;中国,在这里不是地域概念。

是的,"感动中国",感动我们的不仅仅是十个人物;中国,在这里也绝非地理概念。是文化概念。

感动的力量

中央电视台《感动中国》节目制片人
朱　波

　　前两天，我在电视上看到一个节目，也是颁奖典礼，全世界现场直播，场面非常隆重，明星大腕都来了。一个大鼻子外国人压轴上台领奖，他说，是因为听了妈妈的建议，才开始动手工作的。获得这个奖，告诉他和所有人一个道理：听妈妈的话。

　　大鼻子名叫汤姆·霍伯，他领的是 83 届奥斯卡最佳导演奖。

　　我觉得这大鼻子挺可爱，和我儿子有一拼。我儿子今年 13 岁，上中学一年级。他唯一会唱而且唱的还不错的流行歌就是《听妈妈的话》，台湾一个叫周杰伦的年轻小伙写的。

　　听妈妈的话，有那么重要吗？我的青春期是 80 年代，那时候听妈妈话的孩子是受到嘲笑的。但是现在已经人到中年，我忽然觉得这首歌，这句话很中听，说到人心里去了。

　　大鼻子导演，台湾小青年，我，还有中学生都觉得这句话很棒，是不是说明了一点问题？

　　在我们生活的世界里，总有一些观念，在不同的地方不同的时代颠簸起伏，总会慢慢地沉淀下来，成为不同语言、不同年龄、不同文化的人都得认真考虑的东西。这东西你说是价值观也好，是道德观也好，我想，它就是我们作为一个人所不能放弃的东西。

　　一个国家宣称自己有悠久历史，一种文化要证明自己传承有序，一个普通人也要表白自己祖上是书香门第，其实说来说去都是这种东西,不管是摆弄秧苗的还是摆弄股票的,是抡铁锤的还是敲键盘的,他们心里最深的地方都藏着这东西。全面遵守这些东西,还能总结出条文规范到处推广的,那就是圣人了,比如孔丘、释迦、耶稣。心里想着遵受奉行,却常常冒犯,冒犯以后会感到惭愧的就是我们芸芸众生了。

《感动中国》所要做的就是通过一个故事、一段谈话、一个表情甚至是人脸上的皱纹,他袖口的磨痕这些细节,把这种藏在我们内心的东西呈现出来。这到底是什么东西?是价值观吗?不全是,是时代精神吗?有一些,是道德评判吗?包含在内。到底是什么?我说不清楚,只能用"感动"两个字笼统模糊地概括一下。

说不清楚这个概念还因为,其实这是一个会变动的概念集合,时间、背景不同,其中有一些概念会淡化,有些会突出,但是不管怎么变,它们都在这个集合里,也就是藏在你心里,没有被点燃而已。

这时代缺乏圣人,我们也不追求圣人出现,真有了圣人,我们得费劲巴力地把他拉到大家眼前,还怕观众细看。我们只是在芸芸众生中发现那些让我们眼睛一亮的人,先是感叹追问,然后是扪心自问:哦,他居然能做到! 他较什么劲啊? 他放弃了那么多,不难受吗? 要是换了我……

所以《感动中国》不讨论道德伦理底线、价值观冲突和适应这些形而上的理论。我们循着人的心,摸索人心里的秘密小路,保持对生活的敏感,搜集故事、编辑节目、设计仪式,只要你是生活在这世界的人,不管你家财万贯还是不名一文,不管是万人迷还是没人理,看到了、触动了、心里千头万绪的欲望忽然停顿了一下,那就算我们做到了。

因为我们知道,这一次内心中小的触动和停顿,某年某月某日,会起到它的作用。这就是感动的力量。

我那些三教九流的朋友,很久不联络,他们常常会突然在每年春节之后频繁地来电话、邀请、见面、闲扯。我知道,他们不是想念我这个朋友,是因为他们碰巧看了电视,看到了《感动中国》。他们都是芸芸众生中善良的人,心里藏着感动,被点燃了。

出品人寄语

　　博传中华美德，让感动常在！

　　多年来，习惯了邀上几位好友一起看"感动中国"年度人物颁奖晚会，还要求同事看，发上千条信息提醒朋友看。在节目结束之后，总会给我留下长久的思索与追问：是什么样的情怀让他们有如此浩瀚的精神世界？是什么样的机缘使他们令九州动容？走进他们，叩问自我，在感动中寻找本真。

　　中国人一向以各种美德著称，上下五千年的文明财富让我们引以为豪。而在经济快速发展的今天，现实生活中，我们看到太多诚信的缺失，道德的丧失，凌驾于法制和公平上的种种，是是非非不断拷问道德的底线和民族的精神。国家要强大和崛起，国民素质的提高，道德的力量不容忽视，而"感动中国"人物就是我们很好的榜样。

　　《感动中国》如此吸引我们的另一个原因，是因为2006年以来社会经济发生的巨大变化。面对人民币快速升值、石油原材料波澜起伏、金融海啸危机、新劳动法出台、成本大幅上涨等等，让很多企业，特别是劳动密集的外向型工业企业压力倍增，而每年的《感动中国》都从不同角度勉励和鞭策着我们向前行走。

　　真正的感动，不是一时感伤，是你我灵魂的触动，给人以继续前行的勇气；真正的感动，让人动容，触碰到你内心最柔软的地方；真正的感动，让人坚强，让你看到身边还有那么多人，有尊严、善良、坚强地活着，你的心中也就有了坚持下去的力量。

　　相信每位看了"感动中国"颁奖晚会的人都会有一种纯真的圣洁感，就像一次思想的洗礼，让信心更加坚实；像是一次心灵的充电，使步伐更加稳健。于是，又可以支撑起自己，更希望帮助别人；这，正是感动的力量！

　　2010年2月11日晚同好友在燕南飞看完2009"感动中国"颁奖晚会，次日凌晨4点半梦想将这组节目编成书，让感动常在。今年很荣幸得到央视"感动中国"组委会的信任，授权我们的团队来组编《CCTV感动中国2010年度人物》一书。我们采访了"感动中国"2010年度人物，更全面地将他们的故事，他们的伟大、英勇、坚持、乐观、守信、感恩、无私、奉献、爱国的精神力量——当代中国人的精神史诗整理成册，让更多的人能够阅读中华美德这人间最美丽的画卷！美好的心灵和美丽的地方一样，能给我们的生命以最好的滋养。相信也会是您送给同事、客户、朋友、学校孩子们的最好礼物！

　　一起来，将这份感动的力量、希望的火炬，一传十，十传百，百传千千万，不断地传递下去，让感动常在！

图书在版编目(CIP)数据

CCTV感动中国2010年度人物/《CCTV感动中国2010年度人物》编写组.
－北京：中共中央党校出版社,2011.5
ISBN 978-7-5035-4515-3

Ⅰ.①.C… Ⅱ.①C… Ⅲ.①人物－生平事迹－中国－现代 Ⅳ.①K820.7

中国版本图书馆CIP数据核字(2011)第065831号

出品人：陈日铃

书　　名：CCTV感动中国2010年度人物
名誉主编：梁建增　关海鹰　朱　波
主　　编：杲文川
总 监 理：金利剑
策划编辑：王　君　蔡锐华　蔡建元
责任编辑：赵　敏
编 写 组：杜淑英　刘　洋　万　燕
书籍设计：晓笛设计工作室　舒刚卫
出版发行：中共中央党校出版社
社　　址：北京市海淀区大有庄100号
网　　址：www.dxcbs.net
电　　话：(010) 62805799　62805818
印　　刷：北京尚唐印刷包装有限公司
开　　本：700×1000　　16开
字　　数：230千字
印　　张：20
印　　次：2011年5月第1版　　2011年5月第2次印刷30001—80000册
书　　号：ISBN 978-7-5035-4515-3
定　　价：36.00元